DESIGN

디자인보호법의 이해

윤선희

PRO TECTION ACT

박영사

PREFACE 머리말

외국에서의 오랜 유학 생활과 강의활동을 마치고 한국에 들어왔던 1990년대 초반, 한국의 지적재산권 분야는 말 그대로 걸음마 단계였다. 지적재산권법을 정규과목으로 개설한 대학도 많지 않은 상태였으며, 관련 서적 역시 변리사 시험을 위한 수험서에 불과하였다. 그러나 지금은 지적재산이 갖는 사회적·경제적 가치가 상승하면서, 많은 분야에서 지적재산에 대한 논의와 연구가 진행되고 있다. 법률은 지적재산에 대한 사회적 요구를 반영하여 끊임없이 개정되고 있으며, 이를 연구하는 학문 역시 독자적인 한 영역으로 확고히 자리 잡게 되었다.

과거에는 디자인 창작자 보호가 미흡하고 특허법·상표법과 달리 국제출원 제도가 존재하지 않아, 출원인의 편의 증진 및 권리의 강화가 줄곧 해결 과제였다. 이에 꾸준히 디자인보호법, 디자인 보호를 위한 시행규칙 및 시행령 등이 개정되어 왔으며 최근 2014년에는 전면적인 개정이 있었다. 전면 개정에서 디자인 창작자의 권리보호를 강화하기 위하여 디자인의 창작성 요건을 강화하고, 디자인 등록출원인의 편의를 증진하기 위하여 복수디자인등록출원 제도 등을 개선하며, 「산업디자인의 국제등록에 관한 헤이그협정」의 국내 이행을 위한 절차와 특례를 정하는 한편, 복잡한 조문체계를 국민이 쉽게 이해할 수 있도록 법령체계를 전반적으로 개편하였다. 또한 지속적인 연구와 개정안 발의를 통해 더 바람직한 법체계 구축은 물론 실무 간의 조화를 도모하고 있다.

기업은 전통적인 산업시대의 유형 가치에서 벗어나 디자인과 같은 무형적 가치에 투자하는 방향으로 나아가고 있다. 특허의 대상이 되는 기술사상 뿐만 아니라 디자인도 소비자의 상품 또는 서비스 선택에 영향을 주기 때문이다. 특히 큰 기술적 사상을 공통으로 하는 전자제품 등에 있어서 현재는 산업디자인이라는 용어 아래 단순하면서도 효과적으로 소비자들의 심미적 가치를 이끌어내는 다양한 디자인의 제품들이 인기를 끌고 있다. 또한 최근 삼성과 애플의 분쟁에 있어서도 디자인 특허를 전략으로 하여 효과적으로 소송을 수행한 애플의 성과를 통해 국내 기업들의 디자인보호법을 통한 보호 전략에 대한 중요성을 일깨우는 계기가 되었다. 즉, 디자인의 보호가 현대 기술 사회에서 가지는 영향력은 그 어느 때보다 크다고 하겠다.

본서는 디자인보호법에 대한 이해를 위해 보다 법리를 현행법에 중심을 두면서 정리하고, 나아가 새로운 틀의 정립을 위한 논의를 제시하고자 한다. 또한 특허법 및 상표법과의 혼돈이 쉬운 점에서 그 차이를 구별하여 이해하기 위해 비교하여 설명하였다. 이러한 논의를 통하여 단순한 이차원적 디자인의 보호라는 잘못된 이해를 수정하여 물품을 기초로 한 디자인의 보호를 통한 산업발전에 이바지 한다는 디자인보호법의 목적을 이해하는 데 일조하고자 한다. 빠른 이해를 돕기 위해 각 항목의 구체적인 예시는 현행 디자인심사기준에서 그 내용과 그림을 발췌하였으며, 본서에 수록된 판례는 필요한 요지를 중심으로 일부만을 정리한 것으로 해당 판례의 전문을 함께 참고한다면 사건 및 디자인의 내용을 이해하는 데 더욱 도움이 될 것으로 보인다.

끝으로 본서의 출간을 위해 판례정리를 정리해 준 이영훈 박사와 변리사 수험생 입장에서 전체적 흐름과 판례, 그리고 심사규정과 지침을 꼼꼼히 수정·보완하여 준 황희정, 정다운, 최지혜 양 세 명 모두 훌륭한 변리사로서 활동하기를 바란다. 그 외에도 박태일 부장판사와 대학원 지적재산권법 전공자들에게도 고마움을 전한다.

끝으로 본서의 출판을 위하여 많은 노력을 하신 박영사 마케팅팀 송병민 과장님, 편집부 이승현 대리님을 비롯한 직원 여러분에게도 깊이 감사를 드린다.

2018년 1월 1일
堂山書齋에서
저 자

CONTENTS

차 례

제 1 장

디자인보호법 서설

제1장 디자인보호법 서설

1. 디자인이란
2. 디자인제도의 목적
3. 디자인의 본질
4. 타법과의 관계

1. 디자인이란

상품의 판매 동향은 그 상품의 기능, 품질의 우수함뿐만 아니라, 외관으로부터의 미적 감각, 즉 디자인의 좋고 나쁜 것에 상당히 좌우됨을 보여 준다.

최근 가정용품에서 자동차산업, 첨단산업에 이르기까지 아름다운 디자인이 요구되고 있다. 이는 곧 소비자의 구매의욕을 증진시켜 줄 뿐만 아니라, 자타(自他)상품의 식별기능까지 하여 줌으로써 유통시장에서 경업질서를 유지하는 기능도 갖고 있다. 이러한 기능을 제대로 발휘하는 디자인이 재산으로서의 가치를 갖고 있음은 물론이다.

2. 디자인제도의 목적

제1조(목적)
이 법은 디자인의 보호와 이용을 도모함으로써 디자인의 창작을 장려하여 산업발전에 이바지함을 목적으로 한다.

1) 입법 취지

디자인보호법 제1조의 목적 조항에서 디자인보호법은 디자인의 보호 및 이용을 도모함으로써 디자인의 창작을 장려하여 산업발전에 이바지함을 목적으로 하고 있음을 명문으로 규정하고 있다. 즉 디자인보호법은 디자인의 창작자에게 디자인의 보호에 관한 이익을 주고, 공중에게는 디자인의 이용에 관한 이익을 줌으로써 디자인의 창작을 장려하고 이로써 산업발전에 이바지하는 것을 내용으로 하는 법이라 하겠다.

2) 입법 목적

(1) 디자인의 보호

디자인보호법상 디자인을 보호하는 규정은 디자인보호법 전반에 걸쳐 존재한다. 이에 디자인의 보호는 i) 실체적 보호, ii) 절차적 보호 및 iii) 특유제도에 의한 보호로 나누어 설명한다.

가. 실체적 보호 실체적 보호로는 ① 디자인권의 부여, ② 디자인등록을 받을 수 있는 권리, ③ 선출원의 지위 등이고,

나. 절차적 보호 절차적 보호로는 ① 신규성 상실의 예외, ② 출원의 보정, ③ 출원의 분할, ④ 조약에 의한 우선권, ⑤ 거절이유의 한정열거, ⑥ 의견서의 제출, ⑦ 심판·재심·소송 등이다.

다. 디자인보호법의 특유제도에 의한 보호 디자인보호법의 특유제도에 의한 보호로는 ① 부분디자인제도, ② 관련디자인제도, ③ 한벌 물품의 디자인제도, ④ 비밀디자인제도, ⑤ 동적 디자인제도, ⑥ 글자체디자인제도, ⑦ 화상디자인제도, ⑧ 복수디자인출원제도 등이 있다.

(2) 디자인의 이용

디자인의 이용이란 무체의 재산인 디자인을 실시하는 것을 의미한다. 본 법에서 실시란 디자인에 관한 물품을 생산·사용·양도·대여·수출 또는 수입하거나 그 물품을 양도 또는 대여하기 위하여 청약(양도나 대여를 위한 전시를 포함)하는 행위를 말한다(디§2vii). 특허·실용신안법상의 발명·고안의 이용은 실시에 의한 이용이

외에도 창작물의 공개에 의한 문헌적·연구적인 이용이 있으나 디자인은 외재적(外在的)인 목적을 달성하기 위한 수단적 가치인 기술과는 달리 그 자체가 목적을 위한 목적가치이므로 실시에 의한 이용이 일반적이다.

디자인을 이용할 수 있는 자는 1차적으로 디자인권자이다. 디자인권자는 자기의 등록디자인 또는 이와 유사한 디자인을 독점적으로 실시함으로써 가치가 있는 물품을 구하는 사회의 수요를 충족시키는 한편 자신의 경제적 이익을 얻게 된다. 이렇게 하여 물품의 가치를 증대시키는 것을 기대할 수 있는 새로운 디자인의 창작을 자극하여 물품의 생산활동 그 자체를 활발화시키고 나아가 국가 전체의 산업발전에 이바지하게 된다.

실시제도를 통하여 디자인권자뿐만 아니라 제3자도 이용할 수 있으며, 디자인권이 소멸한 후에는 누구든지 자유로이 이용할 수 있다.

(3) 디자인의 창작 장려

디자인의 적절한 보호와 이용을 법적으로 보장함으로써 디자인의 창작을 장려하게 되며 결국에는 산업발전에 이바지하게 된다. 여기에서 디자인의 창작이란 자연법칙을 이용한 기술적 사상의 창작인 발명·고안과는 달리 시각을 통하여 미감을 일으키는 물품의 외관을 안출하는 것을 말하며, 장려는 디자인의 창작뿐만 아니라 창작된 디자인의 실시·육성·개발·기업화 등의 장려까지 포함하는 넓은 의미로 해석된다.[1)]

(4) 디자인과 산업발전

디자인보호법의 궁극적인 목적은 산업발전에 이바지함에 있다. 그러나 산업발전의 의미, 내용과 디자인의 보호가 왜 산업발전에 이바지하게 되는가에 대하여는 명확하지 않다. 소극설은 기술적 사상의 창작인 발명·고안과 디자인의 창작을 동일차원으로 파악하여 디자인의 창작을 장려하는 것이 곧바로 산업발전에 이바지한다고 보는 입장인 반면, 적극설은 산업발전 그 자체의 의의보다는 디자인의 보호와 산업발전과의 관계를 중심으로 이해하는 입장이며, ⅰ) 부정경쟁의 방지, ⅱ) 수요의 증대, ⅲ) 우수한 기술 및 디자인의 발생, ⅳ) 생산능률의 향상이

---

1) 노태정·김병진, 「디자인보호법」(제3판), 세창출판사, 2009, 106면.

라는 측면에서 설명하고 있다.[2)]

3) 학설

디자인의 목석에 관한 해석은 디자인의 본질가치에 대하여 서로 다른 관점에서 파악하여 발전시킨 이론으로서 다음과 같은 설이 존재한다.

(1) 창작설

이 설은 미적인 창작을 디자인의 본질적인 요소로 파악하고 디자인보호법의 목적은 디자인의 창작적 가치에 대한 보호라고 해석하는 입장이다. 따라서 이 설에 의하면 디자인의 유사란 디자인의 창작적 가치를 동일하게 하는 것이라고 하며, 그 판단주체에 대하여는 창작자를 기준으로 한다. 이 설은 원래 디자인의 본질 내지 가치를 미적 창작에 두고 디자인보호법은 미적 가치의 창작을 보호하는 것이라는 입장이지만 디자인보호법에서의 보호는 그 미적 가치의 결실인 창작의 소산을 보호하는 것으로 해석된다.

(2) 경업설

이 설은 물품의 식별성을 디자인의 본질로 파악하고 디자인보호법의 목적은 부정한 경쟁의 방지, 즉 경업질서를 형성하기 위한 것이라고 해석하는 입장이다. 여기에서 말하는 경업질서란 물론 지적 소산에 관계되는 공정한 경업질서를 의미한다. 이 설에서는 디자인의 본질을 물품의 식별성에서 구하므로 디자인의 유사란 디자인의 본질을 같이하는 경우, 즉 물품의 식별기능을 같이하는 경우라고 하며 따라서 유사판단의 주체는 일반 수요자로 한다.

(3) 수요설

이 설은 디자인의 본질가치를 시장에서 발휘되는 수요증대 기능에 기초를 둔 시장가치 내지 경제가치에 있는 것이라고 하며, 디자인은 수요증대에 기여한 결과 경제발전을 도모하고 나아가 이것이 디자인보호법 제1조에서 규정한 산업 발전의 실질적인 내용이 된다는 것이다. 그러나 이 설은 디자인의 유사론에 대하여는 명확한 논리전개가 없으므로 굳이 이 설의 입장에서 디자인의 유사를 논한다면 디

---

2) 高田 忠, 「意匠」, 有斐閣, 1986, 3頁.

자인이 가진 미감을 일으키게 하는 기능의 공통성, 즉 구매의욕을 자극하는 미감을 일으키게 하는 기능을 기준으로 판단하는 것으로 보인다.

3. 디자인의 본질

디자인은 원래 물품의 장식적인 연구에 의하여 만들어지는 것이고, 이렇게 '창작'된 것을 디자인이라고 한다. 또 디자인이 표현된 물품이 소비자의 구매의욕을 증진시키는 것이 본질적인 기능이다. 우리 디자인보호법[3] 제2조의 정의에서도 '미감'을 그 구성요소로 하고 있다. 즉 디자인은 구매의욕을 돋울 가능성이 있는 창작의 결과물로서 물품의 외관에는 '미감을 일으키게 하는 것'이 존재하지 않으면 안 된다. 디자인보호법의 목적은 디자인의 보호 및 이용을 도모함으로써 디자인의 창작을 장려하여 산업발전에 이바지하는 데 있다(디§1). 디자인제도는 특별한 기술적 구성을 파악하는 것이 아니라 순수한 외형의 미감을 시각이라는 관점에서 파악하여 이에 법적 보호를 부여하는 것이다.

4. 타법과의 관계

1) 특허법·실용신안법과의 관계

(1) 정의

실용신안법과 디자인보호법은 양자 모두 물품을 통하여 사상의 창작을 구현한다는 점에서는 동일하나, 실용신안은 실용적인 고안을 보호대상으로 하고 있음에 반해, 디자인은 심미적 고안을 보호대상으로 한다. 즉, 실용신안은 발명과 같

3) 2004.12.31. 법률 제7289호에 의하여 의장법에서 디자인보호법으로 법명이 바뀌었다. 이 개정 법률의 목적은 법령에 대한 국민의 기본적인 이해도를 제고하고 디자인의 창작이 장려될 수 있도록 하기 위하여 종전의 의장이라는 용어를 국민에게 친숙한 디자인으로 변경하고, 글자체를 디자인의 범위에 포함시켜 디자인권으로 설정등록된 글자체를 보호하도록 하며, 높은 수준의 디자인 창작을 유도하기 위하여 디자인등록에 대한 창작성의 요건을 강화하는 한편, 그 밖에 제도의 운영상 나타난 일부 미비점을 개선·보완하려는 것이라고 개정이유에서 밝히고 있다.

은 고안인 기술을 말하나, 디자인은 아름다움을 주체로 하는 미술과 같은 디자인으로서 미적으로 창작한 것을 말한다.

(2) 보호대상

실용신안법에서의 고안은 자연법칙을 이용한 기술적 사상의 창작으로서 물품의 형상, 구조 또는 조합에 관한 것을 보호대상으로 하고 있으나(실§2 i , §4①), 디자인보호법에서의 디자인은 물품(물품의 부분 및 글자체를 포함한다)의 형상, 모양, 색채 또는 이들을 결합한 것으로서 시각을 통하여 미감을 일으키게 하는 것을 보호대상으로 한다(디§2 i). 즉, 전자인 고안은 기술적 사상의 창작물로서 실용적인 효과를 거둘 수 있는 것으로, 연필에 지우개를 붙인 경우나, 원형의 양동이를 하트형으로 만든 경우 등을 예로 들 수 있다. 후자인 디자인은 미적 외관의 창작물을 말한다. 그 예로는 도넛을 동물 모양으로 만드는 경우나, 단순한 사각형 지우개로 여러 동물·열매 모양 등으로 만드는 경우, 베개를 토끼 모양으로 만드는 경우 등이 있다.

(3) 기타

실용신안법의 보호대상은 고안이므로 특허법과 유사하기 때문에 심사주의를 채택하고 있으며, 디자인보호법은 미적 외관에 관한 창작물을 보호대상으로 하고 있어 타인이 쉽게 모방할 수 있고 유행에도 민감하므로 무엇보다도 비밀유지 및 등록의 신속성이 요구되어 특허법상 국내우선권제도, 정정무효심판제도, 재정실시권제도 등이 없다.

이 외에도 디자인보호법에는 관련디자인제도, 비밀디자인제도, 한 벌 물품의 디자인제도 등이 존재하지만 실용신안법에는 이러한 제도가 없다.

2) 상표법과의 관계

디자인보호법이나 상표법이나 양자 모두가 산업발전에 기여하기 위한 수단으로 권리가 부여되는 점은 동일하다. 그러나 디자인보호법은 물품(물품의 부분 및 글자체를 포함)의 형상·모양·색채 또는 이들의 결합으로서 시각을 통하여 미감을 일으키게 하는 것, 즉 미적 외관에 관한 디자인의 창작을 보호대상으로 하나(디§2 i), 상표법은 상품을 생산·가공 또는 판매하는 것을 업으로 영위하는 자가 자기의 업무에 관련된 상품을 타인의 상품과 식별되도록 하기 위하여 사용하는 기호, 문자,

도형, 소리, 냄새, 입체적 형상, 홀로그램·동작 또는 색채 등으로서 그 구성이나 표현방식에 상관없이 상품의 출처(出處)를 나타내기 위하여 사용하는 모든 표시를 말한다(상§2① i ii). 그리고 상표에 화체(化體)한 업무상의 신용을 보호대상으로 하는 점에 차이가 있다. 즉 디자인과 상표는 양자 모두가 물품을 전제로 한다는 점에서는 공통되나 디자인보호법은 창작자보호법으로 접근하고 있으며, 상표법은 시장질서유지법으로 접근하고 있어서 정의, 보호대상, 존속기간, 침해죄 등에서 차이가 있다.

(1) 정의

디자인권이란 업(業)으로서 등록디자인 또는 이와 유사한 디자인을 독점배타적으로 실시할 수 있는 권리를 말한다(디§92). 이에 반해 상표권이란 지정상품에 대해 등록상표를 독점배타적으로 사용할 수 있는 권리를 말한다(상§89).

(2) 구성요소

디자인보호법에서 디자인은 물품[4]의 형상·모양·색채 또는 이들을 결합한 것, 즉 '물품의 형상', '물품의 형상+모양', '물품의 형상+색채', '물품의 형상+모양+색채'를 결합하여 사람들에게 아름답다든가 멋있다든가 하는 미감을 일으킬 수 있는 것을 구성요소로 하고 있어 단순한 문자는 디자인의 구성요소가 되지 못한다. 그러나 상표는 기호, 문자, 도형, 소리, 냄새, 입체적 형상, 홀로그램·동작 또는 색채 등으로서 그 구성이나 표현방식에 상관없이 상품의 출처(出處)를 나타내기 위하여 사용하는 모든 표시를 구성요소로 하고 있어 단순한 문자도 구성요소

4) 여기서 물품이라 함은 다음과 같다.
(물품의 범위)

- 물
  - 무체물
  - 유체물
    - 부동산
    - 동산
      - 기체
      - 액체
      - 고체
        - 분상체(粉狀體), 입상체(粒狀體)
        - 그 형이 육안으로 보이는 것
          - 자연물
          - 공업상 이용가능한 것 – 양산성

위의 것이라도 동일물의 반복생산이 불가능한 것으로 양산(量産)에 적합하지 않은 것과 자연물을 주체로 한 것(조개의 화석, 점토의 덩어리 등) 및 순수미술의 분야에 속한 저작물(회화, 조각 등)은 물품의 대상으로 보지 않는다.

가 될 수 있다.

또한, 디자인은 물품 자체의 외관이므로 물품에 구체화되는 것이나 상표는 상품(물품)에 부착하여 사용하는 것이지 상품 자체를 구성하는 것은 아니다. 최근 들어 입체상표를 인정하고 있어 예외도 있다.

(3) 등록요건

디자인이 등록받기 위해서는 공업상 이용가능성, 신규성, 창작성(창작비용이성) 등의 요건을 갖추어야 하지만 상표는 식별력(識別力), 즉 자타(自他)상품식별력을 필요로 하고 공업상 이용가능성, 신규성, 창작성(창작비용이성)을 등록요건으로 하지 않는다.

(4) 존속기간

디자인이나 상표도 등록하여야만 독점배타적인 권리를 향유할 수 있다. 그러나 상표는 미등록상표라도 그것이 주지(周知)상표인 경우에는 부정경쟁방지 및 영업비밀보호에 관한 법률에 의해 보호되며, 또 그것과 동일·유사한 상표는 등록이 거절된다(상§34①ix).

디자인권의 존속기간은 설정등록한 날부터 발생하여 디자인등록출원일 후 20년(디§91①), 상표권은 설정등록일로부터 10년이 존속기간이다(상§83①). 그러나 상표권은 존속기간 갱신이 가능하므로 존속기간갱신등록을 하는 한 반영구적인 권리이다.

(5) 기타

이 외에 디자인보호법에는 관련디자인제도, 한 벌 물품디자인제도, 비밀디자인제도 및 출원공개제도(신청한 것만 공개함), 일부심사등록제도, 복수디자인등록출원제도가 존재하나, 상표법에는 이러한 제도가 없으며, 상표법에는 업무표장제도 및 증명표장, 지리적 표시 단체표장제도 등이 있으나 디자인보호법에는 이러한 제도가 없다.

3) 저작권법과의 관계

디자인권이나 저작권은 모두가 인간의 정신적 창작활동의 성과에 의하여 얻어진 지적 산물을 보호대상으로 한다는 점에서 동일하나, 그 제도적 목적이나 보호대상 등에 차이가 있다. 저작권법과의 관계에서는 캐릭터, 글자체 등과의 중복보호의 문제가 있다.

(1) 정의 및 목적

디자인권이란 업으로서 등록디자인 또는 이와 유사한 디자인을 독점배타적으로 실시할 수 있는 권리를 말하며, 저작권이란 저작물을 독점적으로 복제 등 이용할 수 있는 권리를 말한다.

디자인권은 디자인의 창작에 의하여 물품의 가치를 높여 그 물품에 대한 수요를 증대시킴으로써 산업발전에 이바지하는 것이다. 이에 반해 저작권은 저작자의 인격적 이익과도 밀접하게 관련된 것으로 주로 문화산업의 발전에 기여하는 제도이다.

(2) 권리

가. 성질 및 주체 디자인권과 저작권은 양자 모두 사권(私權)이고 무체재산권이라는 점은 동일하나, 디자인권은 동일한 내용의 창작에 대해서는 하나의 권리밖에 존재하지 않지만, 저작권은 복수의 권리가 존재할 수 있다. 즉 디자인권은 물품에 표출(表出)된 디자인의 창작 자체를 대상으로 하나, 저작권은 사상·감정의 표현형태에 있어 당해 독창성을 대상으로 한다. 또 디자인권은 일신전속성이 없으나, 저작인격권은 일신전속성이 있다.

권리의 주체는 디자인권에 있어서는 디자인권 설정등록을 받은 자 또는 그 승계인이고, 저작권에 있어서도 저작자 또는 그 승계인이다.

나. 권리의 객체 디자인권의 권리의 객체는 등록디자인과 그에 유사한 디자인이고, 저작권의 권리의 객체는 저작물이다. 여기서 저작물이란 인간의 사상 또는 감정을 표현한 창작물(저§2 i)을 말한다.

양자의 구체적인 차이를 보면, 첫째, 디자인은 물품과 일체(一體) 불가분의 관계에 있으나, 저작물은 그러하지 않다. 둘째, 디자인은 시각을 통하여 인식되는 것에 한정되지만, 저작물은 그러하지 않다. 셋째, 디자인은 양산성(量産性)을 요하나, 저작물은 양산성을 요하지 않는다.

다. 권리의 발생 디자인은 창작만으로 권리가 발생하지 않고 권리의 설정을 위하여 출원하여 심사한 결과 등록된 것에 한하여 권리가 발생하나, 저작권은 출원·심사제도가 없어 창작이라는 사실, 즉 저작한 때부터 권리가 발생한다.

(3) 효력

디자인권은 등록디자인 또는 이와 유사한 디자인을 업으로서 독점적으로 실시할 수 있는 권리(디§92)이다. 디자인은 물품의 외관에 표현된 미적 창작이므로 디자인권의 독점배타성은 디자인의 창작 자체에만 인정된다. 따라서 그 효력은 창작의 모인(冒認)뿐만 아니라 별개의 독립으로 한 창작에도 미친다. 이러한 의미에서 동일·유사한 내용의 창작에는 하나의 디자인권만이 존재한다.

이에 대해, 저작권은 저작물을 독점적으로 이용할 수 있는 권리이다. 즉 저작권은 사상·감정의 외부적 표현형태에서의 해당 독창성을 대상으로 하므로 저작권의 독점배타성은 해당 독창성에 대하여 인정된다. 따라서 그 효력은 독창성의 남용(濫用)에 대하여서만 미치며 별개독립으로 창작된 동일저작물에는 미치지 않는다.

이러한 의미에서 저작권은 디자인권과는 달리 동일내용의 복수의 저작물이 존재할 수 있다. 즉 디자인권은 객관적 창작성이 요구되나, 저작권은 주관적 창작성만이 요구된다.

그리고 디자인권은 절대적인 권리인 반면 저작권은 상대적인 권리인 점에 차이가 있다.

(4) 존속기간

디자인권의 존속기간은 설정등록한 날부터 발생하여 디자인등록출원일 후 20년이 되는 날까지(디§91①)이나, 저작권은 저작자의 생존시와 사망 후 70년까지 권리가 존속한다(저§39①).

(5) 권리의 소멸

디자인권은 절대적·독점배타적인 권리이므로 권리 존속기간 중에는 소정의 등록료를 납부할 의무가 있고 이를 납부하지 않는 경우에는 권리가 소멸하나, 저작권은 상대적 독점배타권이므로 권리의 유지를 위한 등록료의 납부의무가 없다. 이 밖에 저작권이나 디자인권은 존속기간이 만료하면 권리가 소멸한다.

제 2 장

디자인보호법으로 등록을 받을 수 있는 디자인

제2장 디자인보호법으로 등록을 받을 수 있는 디자인

제1절 디자인의 성립성

1. 디자인의 의의

제2조(정의)

1. "디자인"이란 물품[물품의 부분(제42조는 제외한다) 및 글자체를 포함한다. 이하 같다]의 형상·모양·색채 또는 이들을 결합한 것으로서 시각을 통하여 미감(美感)을 일으키게 하는 것을 말한다.

디자인이라는 용어는 2004년법 개정 전까지는 의장(意匠)이란 용어를 사용하다가 우리의 언어가 아니라는 이유로 '디자인'이라는 용어로 바꾸었다. 일상 사회에서 사용되고 있는 디자인(Design)은 반드시 디자인보호법상의 디자인과 일치하는 것은 아니다.[1)2)]

1) 齊藤瞭二 著, 정태련 역, 「의장법」, 세창출판사, 1993, 45~80면 참조.
2) 외국의 디자인보호에 관한 법률의 명칭 및 보호대상

디자인[3]은 디자인 이외에도 계획·설계 및 도안 등을 포함하여 매우 넓은 의미로 사용되고 있다. 예를 들면 도시계획디자인이나 건축디자인 등은 디자인보호법상 보호대상이 아니다.

디자인보호법상의 디자인이란 "물품[4]의 형상·모양·색채 또는 이들을 결합한 것으로서 시각을 통하여 미감을 일으키게 하는 것"을 말한다(디§2 i).

따라서 디자인보호법상의 '디자인'으로서 성립하기 위해서는

첫째, '물품'으로서 성립할 것(물품성),

둘째, 물품의 '형상·모양·색채 또는 이들을 결합'한 것(형태성),

국 가	법률의 명칭	보호대상
미 국	United State Code Title 35-Patents(Patent Law)	Design
유럽연합 (EU)	Council Regulation on Community Designs	Design
영 국	Copyright·Designs and Patents Act The Registered Designs Act	Design
프랑스	Les dessins et modèles	Dessins et Modèles
독 일	Gesetz über den rechtlichen Schutz von Mustern und Modellen	Gewerbliches Musteren und Modellen
일 본	意匠法	意匠
중국·대만	專利法(특허법)	外觀設計
북 한	공업도안법	공업도안
스위스	Loi federale sur la protection des designs	Design

3) 디자인의 분류

제품디자인	시각전달디자인	환경디자인
공업디자인 공예디자인 목공예디자인 금속공예디자인 도자공예디자인 가구디자인 염색·염직디자인 패션디자인	그래픽디자인 영상디자인 포스터디자인 광고디자인 포장디자인 편집디자인 C. I. P디자인(CI) 캐릭터디자인 일러스트레이션디자인 타이프그래픽디자인 픽토그램디자인	실내디자인 디스플레이디자인 조소·조각디자인 건축디자인 도시환경디자인 주거환경디자인 무대디자인

* 노태정, "2004년 개정 디자인보호법의 주요 개정내용," 지식과 권리, 2005년 봄호, 105면 재구성.

4) 물품의 부분(한 벌의 물품의 디자인의 경우에는 제외된다) 및 글자체를 포함한다.

셋째, '시각을 통한 것'일 것(시각성),

넷째, '미감을 일으키는 것'일 것(심미성) 등 이상의 4가지 요건을 만족시키지 않으면 안 된다.

한편, 디자인심사기준에서는 물품과 불가분의 관계가 없는 화상디자인도 물품에 구현됨을 전제로 디자인보호법상 공업상 이용할 수 있는 디자인으로 취급하여 보호하고 있다.[5] 즉 화상디자인은 휴대전화, 컴퓨터모니터, PDA 등 정보통신기기의 액정화면 등에 표시되는 도형이나 그래픽 등의 디자인을 말하는 것으로 액정화면에 나타나는 그래픽 명령창이나 홈페이지 디자인, 모바일 기기의 외부창에 나타나는 도형 등을 포함한다고 한다.

이러한 성립요건을 흠결한 경우에 디자인심사등록출원은 거절이유, 정보제공사유, 착오로 등록시 무효사유가 될 수 있으며, 디자인일부심사등록출원은 거절이유, 정보제공사유, 등록 후 이의신청이유, 무효사유가 될 수 있다.

2. 디자인의 성립요건

제2조(정의)

1. "디자인"이란 물품[물품의 부분(제42조는 제외한다) 및 글자체를 포함한다. 이하 같다]의 **형상·모양·색채 또는 이들을 결합한 것으로서 시각을 통하여 미감(美感)**을 일으키게 하는 것을 말한다.

1) 디자인의 물품성

(1) 정의

디자인보호법 제2조 제1호에서의 「물품」은 물품의 미적 외관이고, 물품과 일체불가분의 관계에 있다. 여기서 물품이란 유체적인 동산이며 독립된 거래의 대상

5) 디자인심사기준(2016.12.15. 특허청예규 제96호): 「물품의 액정화면 등 표시부에 표시되는 도형 등」(화상디자인)이 물품에 일시적으로 구현되는 경우에도 그 물품은 화상디자인을 표시한 상태에서 공업상 이용할 수 있는 디자인으로 취급한다.

이 되는 것을 말한다.[6]

또한, 디자인이 물품과 일체불가분의 관계에 있다고 함은 디자인은 물품을 떠나서는 존재하지 않으며, 또 형태가 같아도 물품이 달라지면 다른 디자인으로 취급된다는 의미이다. 즉 자동차와 장난감 자동차, 휴대용 전화기와 장난감 휴대용 전화기, 기차와 장난감 기차 등의 예를 들 수 있다.

(2) 요건

물품의 의미에 대하여 디자인보호법은 정의규정을 두고 있지 않으나 모든 물품을 대상으로 하지는 않으며(디§40②), 디자인심사기준 제4부 제1장에서는 '디자인보호법상 물품이라 함은 독립성이 있는 구체적인 물품으로서 유체동산을 원칙으로 한다'고 규정하고 있다(디규§38).

가. 유체성 물품에 형상·모양·색채 등이 화체될 수 있어야 하기 때문에 디자인보호법상의 물품은 원칙적으로 유체물[7]에 한한다. 그러므로 공간에 형상·모양이 나타나도 무체물이면 물품이 아니다. 즉 쏘아 올린 불꽃, 네온사인, 레이저 광선에 의한 그림 기체, 액체, 전기, 열 등이 그 예이다. 그러나 무체물도 특정한 방법에 의하여 일정한 형상·모양·색채로 파악될 수 있는 경우에는 디자인보호법상 물품의 대상이 된다(예컨대 유리관에 담긴 네온). 글자체디자인은 무체물이나 예외적으로 물품성을 의제하여 디자인보호법상 보호하고 있다(디§2 i 괄호).

나. 동산성 디자인보호법상의 물품은 유체물 중에서도 동산에 한하고 토지와 그 정착물인 건축물, 건조물 등의 부동산은 원칙적으로 디자인보호법상 물품으로 인정되지 않는다. 그러나 부동산이라도 공업적으로 양산가능하고 동산처럼 이동성을 갖는 거래의 대상이 되는 것(방갈로·공중전화 부스·이동판매대·이동화장실·승차대·방범초소 조립가옥 등) 및 동산의 성격을 가진 부동산의 구성부분(문짝, 난간 등)은 디자인보호법상 물품으로 인정된다.

6) 대법원 2001. 4. 27. 선고 98후2900 판결.

7) 유체물이란 고체·기체 또는 액체를 모두 포함하는데, 빛·열·전기·음향 등은 무체물로 보므로 디자인보호법에서 말하는 물품이 아니다.

> **Tip | 물품성이 인정되지 않는 경우(심사기준 참고)**
>
> **예** 물품의 재질, 구조 및 형상 등에 비추어 볼 때 현장시공을 통해 건축되는 부동산으로서 공업적 생산방법으로 양산되고 운반될 가능성이 희박한 것(대법원 2007후4311 판결 참고)
>
> [물품명] 한증막
>
> [디자인의 설명]
>
> ㉠ 재질은 석재와 황토임
>
> ㉡ 내부층은 축열 및 원적외선 방사성이 우수한 석재와 황토를 적층하고, 외부층은 화강암으로 적층하여 내부공간이 장시간 일정한 온도로 유지됨.
>
> ㉢ 본 물품은 중량체이므로 저면도는 생략함.
>
> 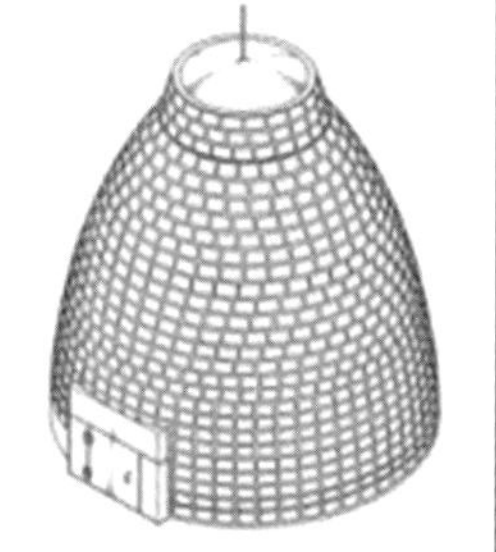

다. 정형성(구체성) 디자인보호법상의 물품은 동산이라도 육안으로 식별 가능하고 일정한 형태를 가져 디자인이 특정될 수 있는 정형성을 가질 것(즉 고체일 것)이어야 한다. 즉 정형성이 없으면 형상을 화체(化體)(특정)시킬 수 없다. 따라서 공간적으로 일정한 형태를 가지지 않거나 시각적으로 인식할 수 없는 물품, 즉 일정한 형체가 없는 것이나 분상물(粉狀物) 또는 입상물(粒狀物)의 집합으로 된 것은 물품성이 인정되지 않는다. 그 예로 기체인 연기, 액체인 오색주(五色酒), 유동체인 물엿, 반유동체인 잼, 그리고 분상물(粉狀物) 또는 입상물(粒狀物)의 집합으로 된 설탕·시멘트 등은 디자인보호법상의 물품이 아니다. 다만, 정형화, 고형화된 경우는 예외로 한다(심사기준). 또한, 기체·액체 등이라도 고체와 불가분으로 결합해서 형상 등을 화체(특정)시키면 물품으로 본다. 그 예로 네온관, 온도계 등이 있다. 이 외에도 단기간이라도 정형성을 유지하면 물품으로 보는 경우도 있다. 그 예로 아이스크림을 들 수 있다.

그 외에도 2차적 형태가 아니어야 한다. 예를 들면, 손수건 또는 타월을 접어서 이루어진 꽃모양과 같이 물품을 상업적으로 이용하는 과정으로 만들어지는 것은 그 물품 자체의 형태로 볼 수 없기 때문에 물품으로 볼 수 없다.

Tip | 물품 자체의 형태가 아닌 것(심사기준 참고)

예 손수건 또는 타월을 접어서 이루어진 꽃모양과 같이 물품을 상업적으로 이용하는 과정에서 만들어지는 디자인으로서 그 물품 자체의 형태로 볼 수 없는 것

판매대에 진열하기 위하여 변형한 "스카프"

라. 독립성 디자인보호법상의 물품은 반드시 물리적인 의미에서 한 개의 물품이 되어야 하는 것은 아니나, 경제적으로 한 개의 물품으로서 독립하여 거래의 대상이 되는 물품이어야 한다. 따라서 양말의 뒷굽이나 병의 주둥이 부분 등과 같은 독립하여 거래대상이 될 수 없는 물품의 부분은 물품성이 인정되지 않는다. 그리고 합성물의 구성각편 및 부품의 경우에는 상관행상 독립하여 거래되는 것과 독립하여 거래되지 않는 것으로 구분할 필요가 있다. 그 예로 완성형태가 다양한 조립완구의 구성각편과 같이 독립거래의 대상이 되고 있는 것은 디자인등록의 대상이 된다. 또한 자동차 타이어는 물품으로 보나, 선풍기의 받침은 물품으로 보지 않는다.[8] 다만, 부분디자인으로서 출원하는 경우에는 보호가 가능하다.[9]

: 관련 판례 대법원 2004. 7. 9. 선고 2003후274 판결

기록에 의하면, 이 사건 등록의장의 대상 물품이 통상의 상태에서 독립되어 거래되었다거나 그와 같은 거래의 가능성이 있음을 인정할 만한 증거가 없으므로, 원심이 이 사건 등록의장의 대상 물품이 의장법 제2조 제1호 소정의 물품에 해당하지 않는다고 판단한 것은 정당하다. 이 사건 등록의장의 대상 물품이 독립성이 있는 물품에 해당함을 인정할 만한 증거가 없음은 앞서 본 바와 같으므로, 이 사건 등록의장은 결국 의장법 제5조 제1항의 등록을 받을 수 있는 의장에 해당하지 아니하여 그 등록이 무효로 되어야 할 것인바, 원심이 이 사건 등록의장의 등록이 무효로 되어야 한다는 이 사건 심결의 결론을 그대로 유지한 이상, 위와 같은 원심의 잘못은 판결 결과에 영향이 없으므로, 거기에 위법이 있다고 할 수 없다.

8) 선풍기 받침도 물론 하청업자나 도매업자에게는 거래의 대상이 되나, 일반 소비자 사이에서는 거래의 대상이 되지 않는 것으로 본다.

9) 디자인심사기준(2016.12.15. 특허청예규 제96호), 58~74면.

마. 양산성 　디자인보호법상의 물품은 양산성(즉 공업성)이 있어야 한다. 이 요건은 물품의 요건이 아니고, 디자인보호법상의 등록요건(디§33①)으로서 규정하고 있다. 단 법목적을 고려하면 공업상 이용가능성은 디자인보호법상의 물품일 것을 전제조건으로 하므로 천연물이나 자연물 자체는 양산성이 없어 실질적으로는 물품이라고 할 수 없다.

그러나 글자체를 디자인의 물품으로 보고 디자인보호법에서 보호하고 있다(디§2ⅱ).

Tip | 물품성

(1) 자연물(自然物)

디자인보호법상 자연물에 대하여는 디자인으로서의 성립을 부정하는 견해와 공업성요건 결여설이 있다. 즉 디자인의 성립부정설은 일본의 통설로서 디자인보호법은 인간의 정신적 활동의 소산을 보호하는 법이므로 정신적 활동의 소산이 아닌 천연자연력에 의해 생성된 자연물은 당연히 디자인보호법에서 말하는 물품이 아니라고 하여 디자인의 성립을 부정한다. 반면 공업성요건 결여설은 디자인보호법에서 말하는 물품은 단순히 유체동산을 가리키는 것에 불과하므로 이것에는 천연자원의 산물도 당연히 포함되므로 디자인의 성립을 인정하되, 자연물은 동일물품의 공업적 생산방법에 의해 양산될 수 없으므로 공업상 이용가능성의 요건을 결여한 것이라 한다.

디자인보호법은 지적 노동의 소산에 대해 그 가치를 인정하고 무체의 권리를 부여하는 데 그 목적이 있으며, 이에 디자인보호법상의 물품이란 인위에 의해 생성된 물품을 말하는 것으로 이해하는 것이 가장 자연적·합리적일 것이다. 따라서 인위와 관계없는 천연자연력에 의해 생성된 자연물은 디자인보호법상의 물품에 해당되지 않는다 하겠다. 하지만 자연물이라 하더라도 그 가공의 비율이 높은 것은 자연물이 하나의 재료로서 소화되어져 있으므로 이때에는 자연물이라고 볼 수 없고 동일물이 공업적 생산방법에 의해 양산될 수 있는 것이라면 디자인등록의 대상이 되는 것이다.

(2) 전사지(轉寫紙)

전사지는 투명한 비닐 또는 특수종이에 일정한 모양을 인쇄하여 대상 물품에 그것을 전사하기 위한 것을 말한다. 이는 주로 도기나 양철 등에 인쇄할 때에 쓰는 인쇄 화지로 이론상 당연히 디자인등록이 대상이 되어야 할 물품임에도 불구하고, 종전에는 물품으로서 인정되지 않았다. 즉 ⅰ) 전사지 자체의 고유 형상이 없는데, 형상이 없는 모양만의 디자인은 존재할 수 없고, ⅱ) 전사지는 다른 물품에 전사되어야 그 효용이 완전하므로 그 자체로는 완성품이 아닌 원료적 성질에 불과하며, ⅲ) 전사지가 등록될 경우 그 권리범위가 넓어져 디자인발전에 지장을 초래할 수 있다는 점 등을 이유로 그 등록이 인정되지 않았다.

(3) 형(型)

형이란 물건을 만들어 내는 기구로서 형틀, 주형, 프레스금형 등 성형기의 총칭을 말한다. 전사지와 같이 유체물로서 고체이고 동산인 점에서 당연 디자인등록의 대상이 되어야 할 형에 대하여 ⅰ) 형은 주문에 의해 만들어지고 일반소비자에게 판매의 대상이 되지 않으며, ⅱ) 물품의 외관 자체가 아니어서 요부판단이 힘들고, ⅲ) 형과 형으로부터 만들어져 나오는 물품과의 권리의 경합이나 유사관계에 관한 심사상의 난점이 있다는 점 등을 이유로 부정되어 왔다. 그러나 디자인보호법 시행규칙 제38조 제1항 별표 4의 물품 구분표에서 디자인권의 대상이 되는 물품으로 명기되어 있으므로 형의 물품성에 대한 논란의 여지는 없다 하겠다.

(4) 물품의 부분

종전 법에서는 디자인의 정의를 '물품의 형상·모양·색채……'로 규정하고 있었기 때문에 디자인을 기능으로 보면 물품이고, 미감으로 보면 디자인이 되어 디자인은 물품과 불가분이며 디자인은 곧 물품이라는 해석 운용이 이루어지게 되었다. 이에 디자인은 곧 물품이므로 물품의 부분에 대하여는 디자인의 부분이라고 할 수밖에 없고, 따라서 물품의 부분은 디자인보호법상의 보호대상인 디자인으로 볼 수 없는 것이었다. 또한 디자인의 보호목적이 미감을 통해 물품의 구매의욕을 높이는 데 있다면 그 보호의 대상은 물품 전체의 디자인에 한정하면 충분하며 물품의 부분의 디자인까지 보호할 필요가 없다는 사고방식이었다. 그러나 현행 디자인보호법에서는 디자인의 정의규정을 개정하여 물품의 부분의 형상·모양·색채 등에 대하여도 디자인이 성립하도록 하는 소위 부분디자인제도를 도입하였다. 이에 물품의 부분에 관하여도 디자인보호법상의 물품으로 인정되게 되었다. 물품의 부분이 부분디자인으로서 디자인등록의 대상이 되는 경우로는 볼펜의 클립부분, 오토바이의 본체부분, 냉장고의 문짝부분, 포장용 병의 주입부분, 나이프·포크의 손잡이 부분, 안경테의 귀걸이부분, 양말의 뒷굽모양 등을 들 수 있다.

(3) 물품의 종류

가. 단일물, 합성물, 집합물, 한 벌 물품

㈎ 단일물 단일물이란 하나의 독립된 형태와 명칭을 가지고 각 구성부분이 개성을 지니지 않는 물(物)을 말한다. 단일물은 통상 단독으로 거래될 수 있는 물품으로서 디자인보호법상 1물품으로 다루어지고 있다.

㈏ 합성물 합성물이란 2 이상의 물품이 서로 결합하여 하나의 물품을 이루

는 것으로 그 구성물품이 개성을 지니지 않는 물품을 말한다(예 장기알, 트럼프 등).

(다) 집합물 집합물이란 2 이상의 독립되어 있는 물(단일물 또는 합성물)이 집합하여 집합물 자체로서도 경제적 가치를 가지는 한편 집합체를 구성하고 있는 개개의 물품도 독립하여 경제적 가치를 가지고 있는 물품을 말한다(예 커피세트, 응접세트 등). 집합물은 집합물에 대한 특별규정이 없는 한 원칙적으로 다물품으로 다루어지고 있다.

(라) 한 벌 물품 한 벌 물품이란 2 이상의 물품이 그 개개로서 독립하여 거래의 대상이 되나, 한 벌 전체로서 통일성이 있고 한 벌의 물품으로 동시에 사용되는 2 이상의 물품을 말한다. 여기에 해당되는 한 벌의 물품은 집합물로서 여러 물품이긴 하지만 1물품으로 의제하여 1디자인으로 디자인등록출원을 할 수 있는 물품으로 하고 있다(디§42).

나. 완성품·부품 '완성품'이란 독립하여 거래의 대상이 될 뿐만 아니라 단독으로 사용, 실시할 수 있는 물품을 말한다. '부품'이란 물품의 전체를 구성하는 일부로서 그것만의 분리가 가능하고 그 자체가 거래상 교환가치를 갖는 것을 말한다(예 카메라의 플래시, 타이머 등).

부품은 어떠한 물품에 없어서는 안 될 구성요소로서 그것이 없을 경우 그 부품의 본체가 제 기능을 발휘할 수 없으며, 이 점에서 단지 주체가 되는 물품의 용도를 확충, 변경 또는 편리하게 해줄 뿐이고 독립거래 대상이 되나 본체의 기능에는 영향이 없는 부속품과 구분된다. 또한 본체에서 떼어낼 수도 없고 독립거래의 대상이 될 수도 없는 물품의 단순한 부분과도 구분된다. 그러나 부품도 분리된 상태에서는 독립거래의 대상이 되지만, 완성품과 일체로 된 상태에서는 그 자체로는 거래대상이 되지 않는 물품의 부분이 된다.

부품은 물품의 부분과는 달리 디자인보호법상의 물품으로 다루어진다. 즉 완성품과 같이 부품은 독립거래의 대상이 되는 유체동산으로서 디자인보호법상의 물품으로 인정된다. 그러나 완성품과 부품은 용도와 기능이 다른 비유사 물품으로 보기 때문에 각각 별개의 디자인을 구성한다. 다만 부품의 구성이 완성품에 가까운 경우에는 상호 유사물품으로 취급한다(예 사진틀과 사진틀테, 안경과 안경테, 손목시계와 손목시계테).

: 관련 판례 대법원 2001. 4. 27. 선고 98후2900 판결

기록에 의하면, 먼저 이 사건 등록의장의 물품인 '스위치'는 원심이 판단한 바와 같이 스위치 대판, 스위치 기판, 뚜껑체, 붙임쇠 및 위 붙임쇠 위에 끼움 처리되는 작동체인 노브 등으로 구성되어 있고, 이는 완성품인 스위치의 조립과정에 있어 플레이트와 노브덮개를 제외한 나머지 부품을 조립한 상태로서, 거래관념상 또는 완성품인 스위치의 기능(전기회로를 개폐하는 기능과 안전성을 담보하는 기능)상으로 볼 때, 스위치의 안전성을 담보하는 기능과 밀접한 관련이 있는 플레이트 및 노브덮개가 결여된 이 사건 등록의장의 대상물품은 스위치로서의 완성품이라고 보기 어렵고 완성품에 가까운 부품이라고 봄이 상당하다.

이 사건 등록의장과 같은 매립형 스위치에 있어서 붙임쇠를 포함한 스위치 몸체와 플레이트, 노브덮개 등은 조립된 채 완성품으로서만 판매되고 부품별로 따로 판매되지 않는 것이 통상이나, 한편으로는 일부 회사의 제품은 스위치 몸체와 플레이트 등으로 분리하여 거래되기도 한다는 점, 나아가 스위치 몸체와 플레이트 등이 각각 다른 회사가 제조한 것이라고 하더라도, 서로 규격이 맞는다면 스위치 몸체만 시중에서 구입하여 교체 사용할 수도 있고 부품 제조업체에 주문거래하기도 할 수 있을 것이라는 점 등을 종합하여 보면, 이 사건 등록의장의 대상물품이 일반 수요자에게 독립된 거래의 대상이 되는 경우는 극히 드물 것이나, 적어도 거래자에게는 독립된 거래의 대상이 되고 호환의 가능성이 있다고 보아야 할 것이다. 결국 이 사건 등록의장의 대상물품인 '스위치'는 의장법상의 물품으로서 의장의 대상이 될 수 있다.

(4) 물품의 유사여부 판단

물품의 유사여부 판단은 물품의 용도와 기능에 의해 판단한다. 예를 들면 용도와 기능이 동일하면 동일물품으로 보며, 용도가 동일하고 기능이 동일하지 않으면 유사물품으로 본다. 그리고 용도가 동일하지 않으면 기능에 관계없이 비유사물품이다. 다만, 비유사물품이지만 용도가 혼용될 수 있는 것은 유사물품이다. 예를 들면 필통과 수저통, 또는 여행용 화장품 케이스 등이다.

용도의 동일	기능의 동일	물품의 유사여부
○	○	동 일
○	×	유 사
×	–	비 유 사

(5) 판례

: 관련 판례　물품의 유사판단-대법원 1999. 12. 28. 선고 98후492 판결

의장은 물품을 떠나서는 존재할 수 없고 물품과 일체불가분의 관계에 있으므로 의장이 동일·유사하다고 하려면 의장이 표현된 물품과 의장의 형태가 동일·유사하여야 할 것인바, 물품의 동일성 여부는 물품의 용도, 기능 등에 비추어 거래 통념상 동일 종류의 물품으로 인정할 수 있는지 여부에 따라 결정하여야 한다.

2) 디자인의 형태성

제2조(정의)

1. "디자인"이란 물품[물품의 부분(제42조는 제외한다) 및 글자체를 포함한다. 이하 같다]의 **형상·모양·색채 또는 이들을 결합한 것**으로서 시각을 통하여 미감(美感)을 일으키게 하는 것을 말한다.

(1) 의의

디자인의 형태성이란 물품의 형상·모양·색채 또는 이들의 결합한 형태를 말한다. 물품은 유체동산이므로 글자체 외에는 형상이 결합되지 않은 모양 또는 색채만의 디자인 및 모양과 색채의 결합디자인은 인정되지 아니한다. 이러한 형태성은 디자인의 구성요소로서 물품성을 불가분적인 전제로 하며, 시각성, 심미성의 전제가 된다. 디자인 창작의 실질적 내용으로서 디자인등록요건인 신규성, 창작성 및 유사 여부 판단에 가장 중요한 요소가 된다. 이를 다시 형상, 모양, 색채 그리고 이들의 결합으로 나누어 볼 수 있다.

(2) 형태의 구성요소

가. 형상(Form, Shape)　　디자인보호법에서 '물품의 형상'이란 물품이 공간을 점하고 있는 윤곽을 말하며, 글자체를 제외한 모든 디자인은 형상을 수반한다. 일반적으로 형상은 점, 선, 면, 입체로 분류하나 위치만 있고 크기가 없는 점은 형상으로서의 의미가 없다 하겠다. 이러한 형상은 입체적 형상과 평면적 형상으로 나눌 수 있는데, 실무상 손수건, 종이, 비닐지 등 그 두께가 디자인의 요점이 아닌 것은 평면적 디자인(예 피복지, 모양지, 수건, 비닐지, 포장지, 벽지 등)으로 보며,

앨범의 표지, 합판, 판유리, 타일 등 어느 정도의 두께를 가지는 것은 입체적 디자인으로 취급한다. 그러나 물품의 2차적인 형상은 포함하지 않는다. 예를 들면 꽃 모양으로 접은 손수건 등이 이러한 것이다.[10)]

나. 모양(Pattern, Ornament) 디자인보호법에서 '물품의 모양'이란 물품의 외관에 나타나는 선도(線圖), 색구분, 색흐림 등을 말한다. 선도란 선으로 그린 도형을 말하며, 색구분은 공간이 선이 아닌 색채로써 구획되어 있는 것을 말하고, 색흐림이란 색과 색의 경계를 흐리게 하여 색이 자연스럽게 옮아가는 것 같이 보이게 한 것을 말한다. 모양은 대개 형상의 표면에 존재하지만 투명체의 경우는 내부에 존재할 수도 있으며, 부조와 같이 형상과 일체로 나타나는 경우도 있다.

모양의 표현에는 반드시 형상이 수반되므로 원칙적으로 형상과 결부되지 않은 모양만의 디자인은 인정되지 않으며, 이에 모양의 디자인은 형상 및 모양의 결합디자인, 유채색에 의한 색채모양의 디자인은 형상, 모양 및 색채의 결합디자인이 된다. 예를 들면 장미꽃을 쟁반이나 접시에 표현하는 경우 또는 테이블보의 꽃무늬, 손수건의 꽃도형 등이다. 문자는 종래에는 디자인의 형태로 인정하지 않았으나, 2003년 개정 심사기준은 일반적으로 모양으로 취급한다고 보고 있다.

다. 색채 '물품의 색채'란 시각을 통하여 식별할 수 있도록 물품에 채색된 빛깔을 말한다.[11)] 색채는 크게 무채색[12)]과 유채색[13)]으로 나눌 수 있다. 디자인보호법에서 「색채」란 물체에 반사되는 빛에 의하여 인간의 망막을 자극하는 물체의 성질로서, 법상 색채에는 투명색 및 금속색 등을 포함한다. 디자인보호법상 형

---

10) 특허청 「디자인심사기준」에 의하면, "물품 자체의 형태가 아닌 것은 등록을 받을 수 없다"라고 규정하면서 예를 들고 있다. 그 예는 "손수건 또는 타월을 접어서 이루어진 꽃모양과 같이 상업적 과정으로 만들어지는 디자인으로서 그 물품 자체의 형태로 볼 수 없는 것"이라고 하고 있다(디자인심사기준 2014.6.30. 특허청예규 제75호, 101면).

11) 우리나라는 색채도 형상, 모양과 동등하게 형태의 구성요소로 하고 있으나, 디자인보호법상 디자인의 정의규정을 두고 있는 국가 중에서 색채를 형태의 구성요소로 채용한 국가는 우리나라와 일본뿐이다. 대부분의 국가에서는 디자인의 개념 속에 색채를 다루고 있지 않다. 이것은 어떠한 색이라도 신규성, 창작성이 없고, 또 2색 이상이 조합되면 모양요소로 되는 것이기 때문에 색채에 대해서는 모양 개념 속에 포함시켜 생각하기 때문이다(노태정, "의장보호제도의 발전방향에 관한 소고," 지식과 권리, 창간호, 78면 인용).

12) 무채색이란 물품에 색이 채색되지 아니한 경우 또는 채색이 되어 있다 하더라도 백색·회색·흑색으로 채색된 것을 말한다.

13) 유채색이란 무채색인 백색·회색·흑색 이외의 색이 물품에 채색된 경우를 말한다. 이러한 유채색은 색상·명도·채도 등 색의 3요소로 구성된다.

상이 없는 디자인은 존재하지 않으나, 색채 없는 디자인은 인정하고 있다. 그러나 현실적으로는 존재할 수 없다.

라. 형상·모양·색채의 결합 결합디자인은 형상을 그 필수요소로 한다. 즉 디자인보호법상의 결합디자인은 i) 형상만으로 된 물품과 함께 ii) 형상 및 모양의 결합디자인, iii) 형상 및 색채의 결합디자인, iv) 형상, 모양 및 색채의 결합디자인만이 가능하다.

㈎ 형상만의 디자인 모든 물품은 재질로 이루어지므로 색이 있기 마련이나, 디자인보호법에서는 관념적인 물품으로부터 형상만의 디자인을 인정하고 있다. 이러한 형상만의 디자인에서 형상의 선 내부를 어떻게 해석할 것인지에 대해 용지설, 재질설, 무모양일색설, 무색설이 있으나, 형상만의 디자인은 모양이 없고 불특정한 일색을 적극적으로 표명하고 있다는 무모양일색설이 통설적 지위에 있다.

㈏ 색채만의 디자인, 모양만의 디자인 또는 모양과 색채의 결합디자인 형상이 없는 색채만의 디자인, 모양만의 디자인 또는 모양과 색채의 결합디자인은 디자인으로서 특정되지 않으므로 인정되지 않음이 원칙이다. 다만, 피복지나 벽지 등의 평면적 디자인에 있어서는 형태가 정형적이므로 편의상 형상을 생략하여 이들 디자인을 인정해 주고 있다.

(3) 형태성에 의한 유사여부 판단

형태성에 의한 유사여부 판단은 형상이나 모양 중 어느 하나가 유사하지 않으면 비유사 디자인이고, 그 외에는 종합적으로 판단한다.

(4) 판례

: 관련 판례 형태 유사판단-대법원 2001. 6. 29. 선고 2000후3388 판결

의장의 유사 여부는 이를 구성하는 각 요소를 분리하여 개별적으로 대비할 것이 아니라 그 외관을 전체적으로 대비 관찰하여 보는 사람으로 하여금 상이한 심미감을 느끼게 하는지의 여부에 따라 판단하여야 하므로 그 지배적인 특징이 유사하다면 세부적인 점에 다소 차이가 있을지라도 유사하다고 보아야 한다.

3) 디자인의 시각성

제2조(정의)

1. "디자인"이란 물품[물품의 부분(제42조는 제외한다) 및 글자체를 포함한다. 이하 같다]의 형상·모양·색채 또는 이들을 결합한 것으로서 시각을 통하여 미감(美感)을 일으키게 하는 것을 말한다.

(1) 의의

디자인보호법 제2조 제1호는 "시각을 통하여 미감을 일으키게 하는 것"을 디자인의 구성요소 중의 하나로 규정하고 있어, 디자인의 성립요건으로서 시각성을 요구하고 있다. 이때 '시각성'이란 육안으로 보아 식별할 수 있는 것을 의미한다. 이와 같이 시각성을 디자인의 성립요건으로 규정하고 있는 것은 디자인이 물품에 관한 미적 외관이기 때문이다.

(2) 시각성의 판단기준

「시각을 통하여」란 육안으로 식별할 수 있는 것을 원칙으로 한다. 즉 시각으로 포착할 수 있을 것을 요한다. 따라서 시각 이외의 감각을 주로 하여 파악되는 것은 디자인등록 대상에서 제외된다. ① 시각으로 파악할 수 있는 것이어야 하고, ② 육안으로 관찰할 수 있는 것이어야 한다. 즉, 시각에 의한다고 하더라도 육안에 의한 경우가 아니라 현미경 등의 광학기기 등을 이용하지 않으면 인식할 수 없는 것은 원칙적으로 시각성을 가진 것이라 할 수 없다. 그러므로 육안으로 그 형태를 판별하기 어렵거나 시각 이외의 감각(청각, 미각, 후각, 촉각)에 의한 것은 제외된다.[14] 따라서 분상물(粉狀物) 또는 입상물(粒狀物)의 하나의 단위와 같이 육안으로 그 형태를 판별하기 어려운 것은 제외된다.

③ 외부에서 보이는 것[15]일 것을 요한다. 따라서 분해하거나 파괴하여야 볼

14) 대법원 1999. 7. 23. 선고 98후2689 판결.

15) 「디자인심사기준」(2014.6.30. 특허청예규 제75호), 102~103면에 의하면, 다음과 같은 것이 제외된다.
 ⅰ) 시각 이외의 감각을 주로 하여 파악되어지는 것.
 ⅱ) 분상물(粉狀物) 또는 입상물(粒狀物)의 하나의 단위.
 ⅲ) 외부에서 볼 수 없는 곳, 즉 분해하거나 파괴하여야 볼 수 있는 곳. 다만, 뚜껑을 여는 것과 같

수 있는 것은 제외된다. 다만 뚜껑을 여는 것과 같은 구조로 된 것은 그 내부도 디자인의 대상이 된다. 이 경우 출원시에는 기본도면과 함께 그 내부 도면과 사용상태 등을 명확히 작성하여 출원할 필요가 있다. 이를 결여하면 등록 후 권리범위에 영향을 미치게 되며, 출원 후에 이를 보충하는 것은 요지변경이 된다.

(3) 판례

: 관련 판례 대법원 1988. 11. 22. 선고 88후417 판결

의장이란 물품의 외관에 나타난 형상, 모양, 색채 또는 이들을 결합한 것으로서 시각을 통하여 미감을 일으키게 하는 것을 말하는 것이고 여기에는 자연법칙을 이용한 기술사상은 포함되지 아니하는 것이므로 의장이 유사한지 여부 또는 신규성이 있는지의 여부는 시각을 통한 심미감에 바탕을 두어야 한다.

4) 디자인의 심미성

제2조(정의)

1. "디자인"이란 물품[물품의 부분(제42조는 제외한다) 및 글자체를 포함한다. 이하 같다]의 형상·모양·색채 또는 이들을 결합한 것으로서 시각을 통하여 미감(美感)을 일으키게 하는 것을 말한다.

(1) 의의

디자인보호법 제2조 제1호는 "미감(美感)을 일으키게 하는 것"을 디자인의 물품성, 형태성 그리고 시각성과 함께 디자인의 구성요소 중의 하나로 규정하고 있다. 여기서 "미감을 일으키게 하는 것"이라 함은 미적 처리가 되어 있는 것, 즉 해당물품으로부터 미(美)를 느낄 수 있도록 처리되어 있는 것을 말한다.[16] 이를 심미성 또는 미감성이라고도 한다. 여기서 '미감'이란 미에 대한 감각을 말한다.[17]

은 구조로 된 것은 그 내부도 디자인의 대상이 된다.

ⅳ) 확대경 등에 의해 확대하여야 물품의 형상 등이 파악되는 것. 다만, 디자인에 관한 물품의 거래에서 확대경 등에 의해 물품의 형상을 확대하여 관찰하는 것이 통상적인 경우에는 시각성이 있는 것으로 본다.

16) 이에 대해 학설이 ⅰ) 주의환기설, ⅱ) 취미성설, ⅲ) 심미성설, ⅳ) 미적 처리설로 나누어지고 있다.

17) 미감을 일으키는 것이라도 때와 장소, 사람 등에 따라 느끼는 정도의 차이가 있다. 우리나라 디자인

즉, 미감은 사람마다 다르므로 디자인보호법상 요구되는 미감은 미학상에서 말하는 순수미를 의미하는 것이 아니라 시대, 민족, 지역을 초월하며, 개인을 떠나 공통점을 넘지 않는 범위 내에서의 미감을 일으킬 수 있으면 족한 것으로 해석한다.[18] 그러나 이러한 미감은 사람마다 느끼는 정도가 다른 주관적인 것이므로 디자인보호법상 요구되는 미감은 단지 그 유무가 문제되며, 그 종류나 고저는 문제되지 않는다. 미(美)에는 물품의 외관을 장식하는 장식미와 물품의 기능으로부터 배어나오는 기능미가 있다. 미감이라고 할 때는 장식미와 기능미를 포괄한다.

Tip | 부분디자인의 성립요건(디자인심사기준)

부분디자인이 다음의 요건을 구비하지 못한 경우에는 법 제2조(정의) 제1호에 따른 디자인의 정의에 합치되지 않는 것으로 본다.

(1) 부분디자인의 대상이 되는 물품이 통상의 물품에 해당할 것
  ① 독립성이 있으며 구체적인 유체물로서 거래의 대상이 될 수 있을 것
  ② 규칙 [별표 4](물품류 구분) 중 어느 하나의 물품류에 속하는 물품일 것
(2) 물품의 부분의 형태라고 인정될 것
  ① 물품의 형상을 수반하지 않은 모양·색채 또는 이들을 결합한 것만을 표현한 것이 아닐 것
  ② 물품 형태의 실루엣을 표현한 것이 아닐 것
(3) 다른 디자인과 대비함에 있어 대비의 대상이 될 수 있는 부분으로서 하나의 창작단위로 인정되는 부분일 것
(4) 한 벌의 물품의 디자인에 관한 부분디자인이 아닐 것

Tip | 글자체디자인의 성립요건(디자인심사기준)

(1) 글자체는 「물품」으로 보며 「형상」을 수반하지 않는다.
(2) 글자체디자인이 다음의 요건을 구비하지 못한 경우에는 법 제2조(정의) 제1호에 따른 디자인의 정의에 합치되지 않는 것으로 본다.

심사기준상 심미성이 인정되지 않는 경우는 다음과 같다.
ⅰ) 기능, 작용효과를 주목적으로 한 것으로서 미감을 거의 일으키게 하지 않는 것.
ⅱ) 디자인으로서 짜임새가 없고 조잡감만 주는 것으로서 미감을 거의 일으키게 하지 아니하는 것 등이다.

18) 노태정, "의장보호제도의 발전방향에 관한 소고," 지식과 권리, 창간호, 78면.

① 법 제2조(정의) 제2호에 따른 글자체일 것
㉮ 기록이나 표시 또는 인쇄 등에 사용하기 위한 것일 것
㉯ 공통적인 특징을 가진 형태로 만들어진 것일 것
㉰ 한 벌의 한글 글자꼴, 한 벌의 영문자 글자꼴, 한 벌의 한자 글자꼴, 그 밖의 한 벌의 외국문자 글자꼴, 한 벌의 숫자 글자꼴 또는 한 벌의 특수기호 글자꼴일 것
② 글자체의 모양·색채 또는 이들의 결합일 것
③ 글자체가 시각을 통하여 미감을 일으키는 것일 것

(2) 미감에 대한 학설

가. 주의환기성설 디자인은 신규한 것으로 시각을 통하여 사람의 주의를 환기하는 것, 또는 사람의 주의를 끌기 위하여 자극을 주는 것이면 족하다는 견해이다. 이 설은 미(美)의 관념은 주관적인 것으로 누구에게나 공통되는 일반적인 관념의 확정이 곤란하다는 생각에서 유래하나, '주의환기'라는 것 자체도 시대적, 민족적 환경에 따라 차이가 있을 수 있고 또 높은 심미감 유발에 부적합하는 비판이 주어진다.

나. 취미성설 디자인이란 시각을 통하여 형태를 지각하는 경우에 거기에 어떠한 특정한 감정, 즉 '취미감'을 생기게 하는 것이 필요하다는 견해이다. 취미라는 것 역시 주관적이어서 객관성이 없고 높은 심미적 가치를 기대할 수 없다는 점이 비판된다.

다. 심미성설 디자인이 성립하기 위해서는 그것에 심미적 가치가 있어야 한다는 입장이다. 심미의 일반적 어의는 '미와 추를 인식하는 것'을 말하나 디자인보호법상의 해석은 미를 느끼는 것 또는 미적 가치를 갖는 것을 뜻하는 것으로 사용하는 것이 일반적이다. 미감의 폭과 정도를 한정하는 것이 곤란하다는 단점이 있으나 디자인제도의 본질과 목적에 비추어 가장 통설의 입장에 있다.

라. 미적 처리설 미감이란 '아름다움을 느낄 수 있도록 형태적 처리가 되어 있는 것'을 뜻한다고 본다. 즉 번잡한 감정을 주지 않게끔 형태상에 일정의 목표나 질서가 존재한다면 디자인에 있어서의 미감이 있다는 것이다. 특허청심사실무의 입장으로서 심사기준은 '미감을 일으키게 하는 것이란 미적 처리가 되어 있는 것, 즉 당해 물품으로부터 미를 느낄 수 있도록 처리되어 있는 것을 말한다'

고 규정하고 있다. 기능주의와 연결되는 설로서 판단에 어느 정도 객관성을 도모할 수 있으나, 미감의 기준을 기능미에만 치중해 무엇이든 미적 처리만 있으면 미감이 있다고 볼 수 있는 문제점이 있다. 미(美)에는 물품의 외관을 장식하는 장식미와 물품의 기능으로부터 배어 나오는 기능미가 있는데, 미감이라고 할 때는 장식미와 기능미를 포괄한다.

(3) 심미성의 판단

가. 디자인의 본질론 디자인의 본질에 관하여는 장식주의와 기능주의 사상이 대립되어 왔다. 장식주의는 중세 이후 오늘날까지 디자인이나 공예의 세계를 지배해 온 사항으로 미술이란 개념에 소위 장식이라는 개념을 대립시켜 디자인은 이러한 장식예술에 속하는 사용품의 외관을 의미한다고 보며, 물품을 아름답게 하거나 또는 돋보이게 하기 위해서 물품의 외관 등에 형태를 표현하는 장식미에서 디자인의 심미성을 찾는다. 반면 기능주의란 디자인에서 필요한 것은 그 기능으로부터 우러나오는 외형으로서 물품의 외형은 그 용도나 기능에 합치되어야 하며, 무용한 장식은 오히려 기능을 해칠 수 있으므로 가능한 한 제거되어야 한다는 입장이다.

이러한 입장의 차이는 물품의 범위, 유사판단기준, 심미성의 기준 등에 영향을 미치게 된다. 즉 디자인을 장식미로 생각하면 산업기계, 가구, 공구 등은 디자인보호법상 보호대상이 되기 어렵고, 기능주의에 따르면 기능에 맞는 외형일수록 미적 가치가 큰 것이 되고 기능상 필요없는 장식은 오히려 디자인을 해치게 된다. 우리 디자인보호법은 미군정법하에서는 장식주의를 명백히 하고 있었으나, 1961년 개정법 이래로 그 입장이 명확하지 않다. 심사기준상으로는 장식주의를 원칙으로 하되 기능주의를 가미하여 절충적인 입장을 취하여, 디자인제도를 본래적 의미를 충실시 반영하는 한편 산업발전에 따른 변화에 적절히 대응토록 하고 있다.

나. 심미성에 대한 심사기준 심사실무상 디자인등록출원된 디자인이 심미성이 없는 것으로 보아서 거절되는 경우는 다음과 같다.

i) 기능, 작용효과를 주목적으로 한 것으로서 미감을 거의 일으키지 않는 것
ii) 디자인으로서 짜임새가 없고 조잡감만 주는 것으로서 미감을 거의 일으키지 아니하는 것

(4) 판례

: 관련 판례 대법원 1996. 11. 12. 선고 96후467 판결

[1] 등록된 의장이 신규성 있는 창작이 가미되어 있지 아니하고 공지된 의장이나 그 출원 전에 반포된 간행물에 기재된 의장과 동일, 유사한 경우에는 그 등록무효심판의 유무와 관계 없이 그 권리범위를 인정할 수 없다.

[2] 의장을 구성하는 개개의 형상·모양이 공지 공용에 속하는 것이라도 이것들이 결합하여 새로운 장식적 심미감을 불러일으키고 그것이 용이하게 창작할 수 없는 정도의 지능적 고안이라고 보여질 때에는 그 의장은 신규성과 창작성이 있는 고안이라고 볼 수 있지만, 이와 달리 개개의 형상·모양을 결합한 것이 새로운 장식적인 심미감을 불러일으키지 아니하거나 기술적 창작으로서의 가치도 없을 경우에는 신규성과 창작성을 결여하여 의장등록의 대상이 될 수 없다.

[3] 의장의 신규성 판단이나 선행의장과의 유사 여부 판단의 대상인 의장은 반드시 형태 전체를 모두 명확히 한 의장뿐만 아니라 그 자료의 표현부족을 경험칙에 의하여 보충하여 그 의장의 요지 파악이 가능한 한 그 대비 판단의 대상이 될 수 있다.

3. 디자인의 종류

제2절 디자인의 등록요건(적극적 요건)

1. 서설

디자인보호법은 산업재산권법 중의 하나이므로 다른 법과 같이 선출원주의에 입각하여 권리주의와 심사주의(1998년 3월 1일부터 일부심사주의를 채택하고 있다), 등록주의를 채용하고 있다.

그러므로 디자인을 등록받기 위해서는 출원에 적법한 요건[19]을 갖추어야 한다. 이를 절차적 요건이라 한다. 이러한 절차적 요건을 갖추었다 하더라도 실체적 요건을 갖추지 않으면 안 된다. 디자인보호법상의 디자인등록요건인 공업상 이용가능성, 신규성 및 창작비용이성 등의 요건을 갖추어야 한다(디§33).

2. 등록요건

> 제33조(디자인등록의 요건)
> ① **공업상 이용할 수 있는** 디자인으로서 다음 각 호의 어느 하나에 해당하는 것을 제외하고는 그 디자인에 대하여 디자인등록을 받을 수 있다.

1) 공업상 이용가능성(공업성)

디자인보호법 제33조 제1항은 "공업상 이용할 수 있는 디자인으로서 다음 각 호의 1에 해당하는 것을 제외하고는 그 디자인에 대하여 디자인등록을 받을 수 있다."라고 규정하고 있다. 즉 디자인이 등록을 받기 위해서는 공업상 이용가능성이 있는 디자인이어야 한다.

「공업상 이용할 수 있는 디자인」이란 공업적 생산방법에 의하여 동일한 물품을 양산할 수 있는 디자인을 말한다. 여기서 「공업적 생산방법」이란 원자재에 물리적 또는 화학적 변화를 가하여 유용한 물품을 제조하는 것을 말하는 것으로 기계에 의한 생산은 물론 수공업적 생산도 여기에 포함된다.[20]

(1) 공업성의 의의

디자인보호법 제33조 제1항은 "공업상 이용할 수 있는 디자인으로서 다음 각 호의 어느 하나에 해당하는 것을 제외하고는 그 디자인에 대하여 디자인등록을

19) 디자인보호법의 목적을 원활히 달성하기 위해서는 정책적 이유에 의하여 요구되는 다음과 같은 요건이 필요하다. i) 선출원일 것, ii) 당사자능력이 있을 것, iii) 공동출원의 경우는 적법한 공동출원일 것, iv) 출원의 변경·분할 등에 있어 제 절차에 위반되지 않을 것, v) 불수리사유(즉 서면주의, 국어주의, 양식주의)에 위반되지 않을 것이다.

20) 대법원 1994. 9. 9. 선고 93후1247 판결 참고.

받을 수 있다"라고 규정하고 있다. 즉 디자인이 등록을 받기 위해서는 공업상 이용가능성이 있는 디자인이어야 한다.

과거 공업성에 대한 해석론으로는 ⅰ) 디자인의 용도가 공업적인 것으로 해석하는 것과 ⅱ) 자실 변에서 공입직으로 해석히는 것이 그것이다. 디자인의 용도가 공업적이라고 생각하는 설에서는 농업, 광업, 수산업 등에 이용할 수 있는 것은 포함하지 않는 것으로 되기 때문에 그 모순을 없애기 위하여 공업을 협의의 공업뿐만 아니라 산업일반으로 넓게 해석한다. 그러나 공업을 널리 산업전반에까지 확대하여 해석한다 하여도 산업이라고 함은 일반 소비생활은 여기에 포함되지 않는 것이기 때문에 여전히 문제가 남는다. 이에 현재 대부분은 자질 면에서 공업성을 이해하고 있다. 즉 공업상 이용할 수 있는 것이란 공업적 생산과정(방법)에 있어서 동일물이 양산(量産)될 수 있는 것을 말한다.

여기서 '공업적 생산방법'이란 그 생산방법이 기계에 의한 생산은 물론이고 수공업적 생산도 포함한다.[21] 동일물품은 반드시 물리적으로 동일한 것을 요하지 않고 통상의 지식을 가진 사람에게 같은 물품으로 보여 질 수 있는 수준의 동일성이 인정되는 물품을 의미한다. 또한 양산이란 동일물품을 계속해서 생산하는 것을 말한다. 그러나 농업적 과정, 상업적 과정과 자연현상은 여기서 배제된다. 즉 공업적으로 생산되는 것이면 족하고, 그 용도가 반드시 공업적일 필요는 없는 것으로 본다.

그리고 양산이란 동일한 형태의 물품을 반복적으로 계속하여 생산하는 것을 뜻한다.[22] 따라서 「동일한 물품을 양산할 수 있는 디자인」이란 물리적으로 완전히 같은 물품을 양산할 수 있는 디자인이어야 하는 것은 아니고, 그 디자인 분야에서 통상의 지식을 가진 사람이 그 지식을 기초로 합리적으로 해석하였을 때 같은 물품으로 볼 수 있는 수준의 동일성을 가진 물품을 양산할 수 있는 디자인을 의미한다.

21) 디자인심사기준(2016.12.15.), 115면.

22) 디자인심사기준(2017), 115면에서 ⅰ) 자연물을 디자인의 구성주체로 사용한 것으로서 다량 생산할 수 없는 것〈(예) 동물박제, 꽃꽂이, 수석〉, ⅱ) 순수미술의 분야에 속하는 저작물〈(예) 그림, 유리공예작품, 도자기작품, 설치미술작품〉, ⅲ) 물품을 상업적으로 취급하는 과정에서 만들어지는 서비스디자인을 공업상 이용할 수 없는 디자인으로 정하고 있다. 이 외에도 디자인이 아닌 것을 구체적으로 명시하고 있다.

Tip | 동일성이 인정되는 범위에서 반복 생산할 수 있다고 인정되는 경우(디자인심사기준(2017), 115면 재인용)

"갈비"

한편 디자인의 표현이 구체적이지 않은 경우도 공업상 이용할 수 없는 디자인에 해당한다. 따라서 디자인의 전체적인 형태가 명확하게 표현되지 않아 어떤 부분이 추측상태로 남아 있는 경우이거나 도면, 견본 등이 지나치게 작거나 또는 불선명하여 디자인의 요지를 파악할 수 없는 경우, 또는 디자인이 추상적으로 표현되어 디자인의 요지파악이 불가능한 경우에는 공업상 이용할 수 없는 디자인에 해당되어 디자인등록을 받을 수 없다.

: 관련 판례 대법원 1994. 9. 9. 선고 93후1247 판결

2개의 부분품을 결합하여 1물품으로 보게 되는 이 사건 등록의장의 물품인 용접볼트와 같은 경우, 그 의장을 공업적 방법으로 양산할 수 있는지 여부는 결합 이전의 상태에서 그 의장의 내용에 비추어 판단하여야 하는 것으로서, 기록에 나타난 이 사건 용접볼트의 부분품인 연결핀과 고정구의 형상과 모양 등에 비추어 보면, 이들 의장을 공업적 방법으로 양산하지 못할 이유가 없는 것으로 보여지므로 이 사건 등록의장은 공업상 이용가능성이 있다 할 것인 바, 같은 취지로 판단한 원심의 조치는 정당하다 하겠고 거기에 소론과 같은 법리오해, 심리미진, 판단유탈의 위법이 있다고 할 수 없다.

: 관련 판례 특허법원 2003. 12. 29. 선고 2003허3938 판결

이 사건 등록의장이 의장법 제5조 제1항 본문에 위배되는지 여부

(1) 등록의장의 보호범위는 의장등록출원서의 기재사항 및 그 출원서에 첨부한 도면과 도면의 기재사항·사진·모형 또는 견본에 표현된 의장에 의하여 정하여지므로{구 의장법(2001. 2. 3. 법률 제6413호로 개정되기 전의 것) 제43조}, 등록의장은 그 보호범위를 정확하게 파악할 수 있을 정도로 구체성을 갖춘 의장이어야 하고, 만일 등록의장의 도면이 상호 일치하지 아니하는 경우에는 그 의장은 구체성을 결한 것으로서 공업상 이용가능성이 없어 의장법 제5조 제1항 본

문의 의장의 등록요건을 갖추지 못한 것이다.

(2) 살피건대, 이 사건 등록의장은 대상 물품을 정면도(배면, 좌·우측면도는 동일), 저면도, 평면도, 사시도, A-A선 단면도 및 사용상태도 등 6개의 도면으로 나누어 표현하고 있고, 위 각 도면은 모두 동일한 '설농탕 그릇'의 형상과 모양을 이를 바라보는 각도 등을 달리하여 표현한 것에 불과하므로, 위 각 도면은 상호 일치하여야 할 것인바, 이하에서 위 설농탕 그릇의 전체적인 형상과 모양을 크게 상부, 하부 및 상면부 등 3부분으로 나누어 위 각 도면의 상호 일치 여부를 살핀다.

먼저, 설농탕 그릇의 상부는 정면도에서 볼 때 옆으로 누운 직사각형 모양으로서 윗부분과 아랫부분의 좌우폭이 동일하게 도시되어 있고, A-A선 단면도에서도 윗부분과 아랫부분의 좌우폭이 동일하게 도시되어 있는 반면, 사시도에서는 상부의 모양이 위에서 아래로 내려갈수록 좌우폭이 점차적으로 좁아지는 상광하협(上廣下狹)의 형태이고, 사용상태도에서도 3개의 설농탕 그릇을 상하로 적층시킬 경우 양쪽 옆부분에 좌우폭이 동일하고 평행한 한 쌍의 직선이 형성된 것이 아니라 아래로 내려갈수록 점점 좁아지는 선이 반복되어 형성되어 있으므로, 결국 정면도 및 A-A선 단면도와 사시도 및 사용상태도는 그 상부의 형상과 모양에 있어서 서로 차이가 있고, 그와 같은 차이가 단순히 물품을 보는 방향의 차이나 각도 또는 원근법의 적용 여부 등에 의하여 생긴 결과도 아니므로, 이 사건 등록의장의 각 도면은 상부의 모양에 있어서 상호 일치하지 않는다.

또한, 설농탕 그릇의 하부는 정면도, A-A선 단면도 및 사시도에서 볼 때 모두 상광하협으로 된 역사다리꼴의 형태로 도시되어 있어 하부의 전체적인 모양에 있어서 각 도면은 대체로 서로 일치하는 것으로 보이나, 한편 정면도에는 설농탕 그릇의 하부에 서로 길이가 다른 평행한 3개의 가로선이 추가로 그어져 있고, 저면도에서도 안쪽과 바깥쪽의 원 사이에 3개의 원이 더 그려져 있는바, 그 중 1개(정면도에서 맨 위의 가로선, 저면도에서 바깥쪽의 원)는 정면도, A-A선 단면도, 사시도 및 사용상태도에서 설농탕 그릇의 하부 바깥면 중 상부와 하부의 연결부 바로 밑에 1개의 요홈부(단부)가 약간 함몰된 형태로 전체 둘레에 걸쳐 형성된 것으로 도시되어 있는 점에 비추어 볼 때 위 설농탕 그릇의 바깥쪽 둘레의 1개의 요홈부(단부)를 표현하고 있는 것으로 보이나, 나머지 2개는 정면도, A-A선 단면도, 사시도 및 사용상태도의 해당 부분을 아무리 자세히 관찰하더라도 그것이 설농탕 그릇의 하부 바깥면의 경사 기울기의 차이에 의하여 형성되는 요홈부나 철부(凸部)의 모서리를 표현하고 있는 것인지 또는 단순히 무늬를 나타내기 위한 선도인지 등을 전혀 알 수 없으므로, 이 사건 등록의장은 하부의 형상과 모양에 있어서 바깥면에 2개의 선을 도시한 정면도 및 저면도와 그에 해당하는 부분의 형상과 모양 또는 무늬가 도시되어야 할 정면도, A-A선 단면도, 사시도 및 사용상태도가 상호 일치하지 않는다.

나아가 설농탕 그릇의 상면부는 평면도, 사시도 및 사용상태도에서 볼 때 모두 위쪽을 향하여 개구(開口)된 형상으로 도시되어 있는 반면, A-A선 단면도에는 단면부분을 나타내는 빗금친 부분이 좌우 및 하면부 뿐만 아니라 상면부까지 모두 연결된 것으로 도시되어 있으므로, 이 사건 등록의장의 각 도면은 상면부의 형상과 모양에 있어서도 상호 일치하지 않는다.

(3) 따라서 이 사건 등록의장은 각 도면이 상부, 하부 및 상면부의 형상과 모양에 있어서 모두 상호 일치하지 않고 있으므로 의장의 대상이 되는 물품의 형상과 모양이 특정되지 않은 것으로서 구체성을 결한 것이다.

따라서 이 사건 등록의장은 구체적으로 특정되지 아니한 의장으로서 공업상 이용가능성이 없어 의장법 제5조 제1항 본문의 의장으로서의 등록요건을 갖추지 못한 것이므로 이 사건 등록의장과 인용의장들의 유사 여부에 관하여 나아가 살필 필요 없이 의장법 제68조 제1항 제1호에 의하여 그 등록이 무효로 되어야 할 것인바, 이 사건 심결은 이와 결론을 달리 하여 위법하다.

(2) 산업상 이용가능성과의 비교

디자인이용성은 발명·고안의 산업상 이용가능성과 비교된다. 특허나 실용신안법상의 발명·고안의 보호목적은 기술의 진보를 통하여 산업발전을 도모하고자 함에 있으므로 반드시 양산성이 필요하지 않고, 널리 산업에 이용할 수 있으면 그것으로 족하다. 반면 디자인의 보호목적은 물품의 수요증대를 통하여 산업발전을 도모하고자 하는데 있으므로 반드시 양산성, 즉 공업성이 요구된다.

(3) 공업성이 없는 디자인

공업적 생산방법에 의하여 양산이 가능한 것으로 볼 수 없는 디자인으로는 다음과 같은 것이다.

가. 자연물을 디자인의 구성주체로 사용한 것으로서 다량 생산할 수 없는 것

공업상의 이용가능성을 충족하기 위하여는 디자인을 기재한 도면 등에 의해 동일한 형상의 물품을 반복 생산할 수 있는 것이어야 한다. 따라서 물품의 형태 그 자체가 자연에 의해 생성된 형태를 근거로 하는 것은 특정된 디자인 그 자체가 양산 불가능한 것이므로 공업성의 요건을 결한 것이 된다. 예를 들면, 동물박제, 꽃꽂이, 수석 등이 이에 해당한다.[23] 여기서 공업성이 인정되지 않는다는 것은 물품의 형태 그 자체가 크게 자연적 형태에 의거하는 것을 말하는 것이며, 소재로

23) 디자인심사기준(2016.12.15.), 115면.

서의 자연물 전부를 부정하는 것은 아니다. 이에 그 형태요소에 자연의 요소를 삽입하여 성립한 것이지만, 자연적 요소를 부수적으로 하고 여기에 다시 인위에 의한 창조적 형태를 가하여 물품의 형태를 만든 것은 물품의 형태 그 자체는 자연적 요소보다는 인위적 요소를 주로 하여 성립된 것이므로 사연물을 디자인의 주체로 사용하였다고는 하지 않는다. 즉 자연물을 디자인의 주체로 한 경우라도 그 가공비율이 높아서 동일물이 공업적 생산방법에 의하여 양산가능한 경우에는 디자인등록의 대상이 될 수 있다.

나. 순수미술의 분야에 속하는 저작물 　공업상의 이용가능성은 양산을 의도한 것이어야 하며, 그것이 생산 기술적으로도 양산이 가능한 것이어야 한다. 이에 물품의 형태에 관한 것이라 하더라고 본래 일품제작을 목적으로 하는 미술저작물은 공업성이 인정되지 않는다. 예컨대 회화, 조각, 그림, 유리공예품, 도자기작춤, 설치미술품 등[24]은 자기의 사상이나 감정을 외부에 표현한 것으로서 그 목적의 전부가 끝나는 것이고 그 자체에만 가치가 있으며, 이것을 다수 복제하는 경우가 있다 하더라도 그것은 화가나 조각가가 처음부터 목적으로 하는 것이 아니고 목적 이외의 별도의 행위에 불과하다. 한편 회화, 조각 등도 저작자의 양해를 얻어 양산화되어 상품화되는 경우라면 그러한 경우에까지 공업성을 부정할 필요는 없을 것이다. 이에 디자인보호법 제95조 제3항에서는 등록의디자인 또는 이와 유사한 디자인이 그 디자인등록출원일 전에 발생한 타인의 저작권을 이용하거나 저촉되는 경우에는 저작권자의 허락없이 자기의 등록디자인 또는 이와 유사한 디자인을 업으로서 실시할 수 없도록 하는 취지의 규정을 설정하였다.

다. 물품을 상업적으로 취급하는 과정에서 만들어지는 서비스디자인
공업적 생산과정에 의해 만들어진 물품은 도매상 또는 소매상과 같은 상업부문을 거쳐 최종 수요자의 손에 들어가게 된다. 이때 상업부문에서는 그 물품의 형태에 부가적으로 또는 그것을 변형시켜 어떤 형태를 만드는 경우가 있는데, 이를 통상 서비스 디자인이라 한다. 예컨대 '손수건 또는 타월을 접어 만든 꽃 모양'과 같이 상업적 과정으로 만들어진 서비스 디자인은 물품 자체에 관한 창작이 아니라 상품판매상 행해지는 서비스에 불과한 것으로 공업상 이용가능성이 부정된다. 이러한 서비스디자

24) 디자인심사기준(2017.1.1.), 84면.

인과 관련하여서는 i) 포장, ii) 완성된 물품의 통상의 사용상태를 변형시켜 고객의 주의를 끌고자 하는 디자인, iii) 배열·결합 등이 있다.

(가) 포장　　포장은 상행위의 과정에서 상품에 부가적으로 따라 다니는 것이기 때문에 상업적 과정으로 만들어지는 서비스 디자인의 대표적인 것이다. 넥타이 포장, 양말 포장, 와이셔츠 포장 등의 경우 그 상자나 포장 속에 물품이 들어 있으나, 이 경우 그 속에 들어 있는 물품의 디자인으로 부를 수도 없는 것이고 그렇다고 포장이라는 물품도 존재하지 않는다. 그러나 포장지, 포장용 상자, 포장용 용기 등은 디자인등록의 대상이 됨은 물론이다.

(나) 완성된 물품의 통상의 사용상태를 변형시켜 고객의 주의를 끌고자 하는 디자인
상업부문에서 고객의 주의를 끌기 위해 손수건이나 타월 등을 3각이나 6각으로 접어놓거나 또는 동물형상으로 나타낸 경우가 많다. 이런 것들은 통상으로 전개된 상태에서 사용하는 것이다.

(다) 배열·결합　　상업부문에서 고객의 주의를 끌기 위해 동일물품 또는 관련 물품을 세트하여 배열하거나 결합하여 진열하는 경우가 있다. 예컨대 꽃잎모양으로 배열한 과자, 비누의 포개넣기, 비누와 치약·치솔의 결합 등의 경우이다. 이 경우도 단지 고객의 주의를 끌고자 하는 서비스디자인의 일종으로서 그 상태로는 디자인등록이 인정되지 않는다. 이것은 그 개개의 완성된 물품의 디자인으로서 등록받으면 되는 것이다.

라. 토지·건축 등의 부동산　　부동산은 원칙적으로 디자인보호법상의 물품으로 인정되지 아니하고, 동일물품의 다량생산도 불가능하므로 디자인등록대상이 되지 않는다. 다만 부동산이라도 다량 생산할 수도 있고 운반이 가능한 조립가옥 등은 예외로 등록을 받을 수 있다.

(4) 구체성이 결여된 디자인(디자인의 구체성 요건(디자인심사기준))

다음의 경우와 같이 디자인의 표현이 구체적이지 않아 공업상 이용할 수 없는 디자인은 법 제33조(디자인등록의 요건) 제1항 본문에 위반되어 디자인등록을 받을 수 없다.

① 도면에 디자인의 전체적인 형태[물품의 뒷면부분에서 바라본 도면(배면사시도) 및 아

랫면 부분에서 바라본 도면(저면사시도)을 포함한다]가 명확하게 표현되지 않아 어떤 부분이 추측상태로 남아 있는 경우

② 그 디자인이 속하는 분야에서 통상의 지식에 기초하여 출원서의 기재사항 및 출원서에 첨부된 도면 등을 종합적으로 판단하여 합리적으로 해석한 경우에도 디자인에 관한 물품의 사용목적·사용방법·사용상태·재질 또는 크기 등이 불명확하여 디자인의 요지를 파악할 수 없는 경우

③ 도면 상호간 불일치 정도가 중대하고 명백하여 그 디자인이 속하는 분야에서 통상의 지식을 가진 자가 경험칙에 의해서 종합적으로 판단한 경우에도 디자인의 요지를 특정할 수 없는 경우(대법원 2004후2123 판결 참고)

④ 도면(도면대용으로 제출하는 사진을 포함한다), 견본 등이 선명하지 아니한 경우. 다만, 디자인의 표현 부족을 경험칙에 의하여 보충하여 볼 때 그 디자인의 요지 파악이 가능하여 당업자가 그 디자인을 실시할 수 있을 정도의 경우에는 그러하지 아니하다.

i) 도면, 견본 등이 지나치게 작거나 또는 불선명하여 디자인의 요지를 파악할 수 없는 경우

ii) 사진인 경우 물품의 배경, 음영, 타 물품의 영상 등이 찍혀서 디자인을 정확히 알 수 없는 것.

⑤ 디자인이 추상적으로 표현된 것

출원서 또는 도면 중에 문자나 부호 등을 사용하여 형상, 모양 및 색채를 추상적으로 설명함으로써 디자인의 요지파악이 불가능한 경우

⑥ 재질 또는 크기의 설명이 필요한 경우에 그에 관한 설명이 없는 것{규칙[별표 2](디자인의 설명란의 기재사항) 참고}

⑦ 색채도면의 일부에 착색하지 아니한 부분이 있는 것. 다만, 도면의 「디자인의 설명」란에 무착색 부분에 대하여 다음과 같이 적은 경우에는 예외로 한다.

이 경우 아래 i), ii) 또는 iii)에 해당하는 것이 명백한 경우에는 적지 않을 수 있다.

i) 백색, 회색 또는 흑색이라고 색채를 적은 것

ii) 투명 부분이라고 적은 것

iii) 뚫린 부분이라고 적은 것

⑧ 도면 내에 디자인을 구성하지 않는 점·선·부호 또는 문자 등을 표시한 것은 다음과 같이 처리한다.

i) 불인정되는 예

도면 내에 도형 안에 중심선, 기선, 수평선 등을 표시하기 위한 세선(細線), 내용의 설명을 하기 위한 지시선·부호 또는 문자

ii) 인정되는 예

도면(3D 모델링 도면을 포함하며 제출된 모든 도면을 말한다)에 평면, 굴곡, 오목 및 볼록 등을 음영으로 표현하기 위해 모양과 혼동되지 아니하는 범위에서 세선, 점 또는 농담을 사용하는 경우. 다만 모양과 혼동되는 경우에는 「디자인의 설명란」에 그 취지를 기재하여야 한다.

(예 1) 도면 내에 음영을 표현하고 디자인의 설명란에 '도면 내에 표현된 세선은 평면임을 나타내기 위해 음영선임'이라 적은 것

"수중카메라용 렌즈"

[도면 1.1] [도면 1.2] [도면 1.3]

(예 2) 도면 내 도형 안에 확대부분을 표시한 것으로서 요지파악이 가능한 경우

"앨범용 바인더"

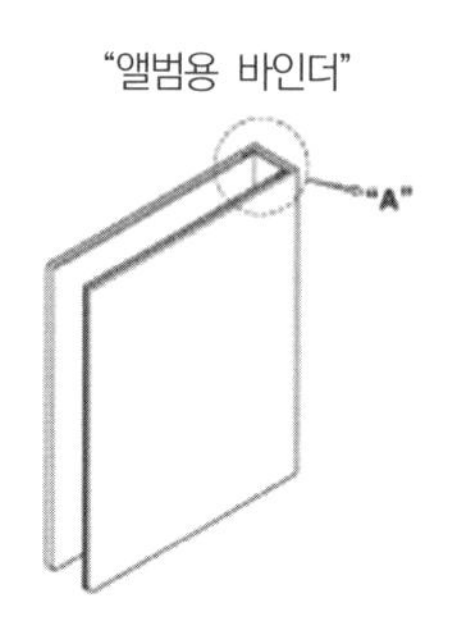

(예 3) 도면 내에 (복합)단면부를 표시하기 위한 것으로서 요지파악이 가능한 경우

"상수관 연결밸브"

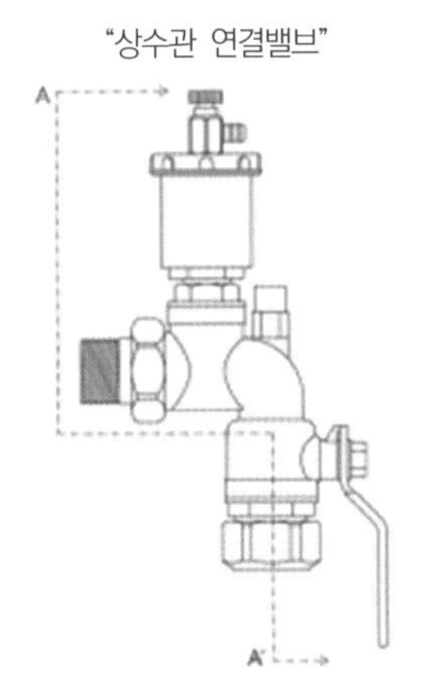

※ 도면 내에 파선을 도시하여 모양을 나타내기 위한 경우에는 그 취지를 디자인의 설명란에 기재하여야 한다.

예 '파선은 재봉선을 나타내는 것으로 디자인을 구성하는 모양임'이라 기재한 "휴대폰용 케이스"

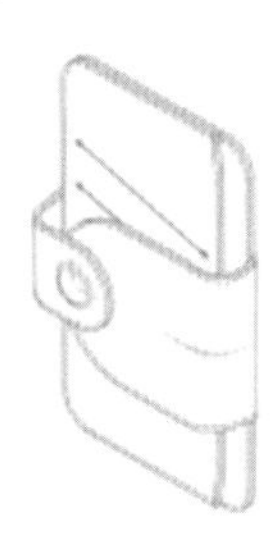

Tip | 부분디자인의 공업상 이용가능성의 요건(디자인심사기준)

① 부분디자인에 있어서도 디자인의 대상이 되는 물품이 공업적 또는 수공업적 방법에 의하여 반복적으로 양산될 수 있어야 한다.

② 「물품의 액정화면 등 표시부에 표시되는 도형 등」(화상디자인)이 물품에 일시적으로 구현되는 경우에도 그 물품은 화상디자인을 표시한 상태에서 공업상 이용할 수 있는 디자인으로 취급한다.

Tip | 부분디자인을 표현하는 도면이 다음에 해당하는 경우(디자인심사기준)

(1) 부분디자인으로 등록받으려는 부분의 범위가 명확하게 특정되지 않은 경우

① 전체디자인 중 부분디자인으로 디자인등록을 받으려는 부분을 실선으로 표현하고 그 외의 부분을 파선으로 표현하는 방법에 따르지 않았거나 이와 상응하는 표현방법에 따르지 않은 경우

예 채색(coloring) 또는 경계선(boundary) 등으로 표현하여 부분디자인으로 등록받으려는 부분을 특정한 것으로 인정할 수 있는 경우

"트랙터"

"운동화"

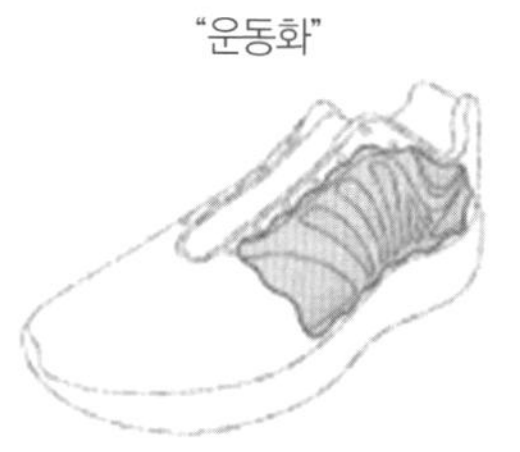

② 부분디자인으로 등록을 받으려는 부분을 도면 등에서 특정하고 있는 방법에 대한 설명이 필요하다고 인정될 경우에 그 취지를 「디자인의 설명」란에 적지 않은 경우

③ 부분디자인으로 등록을 받으려는 부분의 경계가 불명확한 경우에 그 경계를 1점쇄선 또는 이와 상응하는 방법으로 도시하지 않았거나, 그에 관한 설명이 필요하다고 인정될 경우에 그 취지를 「디자인의 설명」란에 적지 않은 경우

(2) 부분디자인으로 등록을 받으려는 부분의 전체형태가 도면에 명확하게 나타나 있지 않은 경우

Tip | 글자체디자인을 표현하는 도면이 다음에 해당하는 경우(디자인심사기준)

(1) 지정글자 도면, 보기문장 도면 또는 대표글자 도면이 규칙 [별표 1](글자체 디자인의 도면)에서 정하는 방식대로 도시되지 아니한 경우

(2) 지정글자 도면, 보기문장 도면 및 대표글자 도면 중 일부가 없는 경우

Tip | 한 벌의 물품의 디자인의 도면이 다음에 해당하는 경우(디자인심사기준)

(1) 각 구성물품마다 그 디자인을 충분히 표현할 수 있는 1조의 도면을 도시하지 않은 경우

(2) 각 구성물품이 상호 집합되어 하나의 통일된 형상·모양 또는 관념을 표현하는 경우에 구성물품이 조합된 상태의 1조의 도면과 각 구성물품에 대한 1조의 도면을 도시하지 않은 경우

(3) 각 구성물품의 하나의 디자인을 도면과 3D 모델링 도면을 혼합하여 표현한 경우

Tip | 3D 모델링 도면이 다음에 해당하는 경우(디자인심사기준)

(1) 3D 모델링 도면이 셰이딩 상태가 아닌 와이어프레임 상태로 모델링되었거나 3차원의 돌려보기 상태가 아닌 2차원상태로 도면이 표현된 경우

(2) 3D 모델링 도면이 디자인의 대상이 되는 물품의 전체적인 형태가 명확하게 도시되지 아니하여 해당 물품을 파악하기 곤란한 경우

(3) 3D 모델링 도면을 실행하였을 경우 도면에 깨지거나 터지는 현상이 발생하여 해당 물품을 파악하기 곤란한 경우

(4) 투명부가 있는 물품의 도면에서 그 투명상태를 명확하게 표현하지 않아 투명여부를 파악하기 어려운 경우

25) 도면 및 부가도면이 선도(線圖), 사진 또는 3D 모델링 도면 중 한가지로 통일되게 작성되지 아니한 경우. 다만, 사진으로 제출하는 경우 단면도 또는 절단부단면도는 선도로 제출할 수 있다.

26) 3D 모델링 도면으로 디자인등록출원하는 경우에는 모든 도면을, 복수디자인등록출원하는 경우에는 모든 일련번호의 디자인을 3D 모델링파일 형식으로 제출하여야 한다.

(5) 판례

: 관련 판례 "공업상 이용가능성"의 의미-대법원 1994. 9. 9. 선고 93후1247 판결(의장등록무효)

"공업상 이용가능성"은 의장등록을 받기 위한 적극적 요건의 하나라 할 것인바, 공업상 이용가능성이란 공업적 방법에 의하여 양산될 수 있는 것을 의미하고, 공업적 방법이란 원자재에 물리적, 화학적 변화를 가하여 유용한 물품을 제조하는 것을 말하며, 양산이라 함은 동일한 형태의 물품을 반복적으로 계속해서 생산함을 뜻한다.

(출처: [공1994.10.15.(978), 2645])

2) 신규성

제33조(디자인등록의 요건)

① 공업상 이용할 수 있는 디자인으로서 다음 각 호의 어느 하나에 해당하는 것을 제외하고는 그 디자인에 대하여 디자인등록을 받을 수 있다.

1. 디자인등록출원 전에 국내 또는 국외에서 공지(公知)되었거나 공연(公然)히 실시된 디자인

2. 디자인등록출원 전에 국내 또는 국외에서 반포된 간행물에 게재되었거나 전기통신회선을 통하여 공중(公衆)이 이용할 수 있게 된 디자인
3. 제1호 또는 제2호에 해당하는 디자인과 유사한 디자인

디자인등록출원 전에 국내 또는 국외에서 공지되었거나 공연히 실시된 디자인 또는 반포된 간행물에 게재되었거나 전기통신회선을 통하여 공중이 이용가능하게 된 디자인(이하 "공지디자인"이라 한다) 또는 이와 유사한 디자인은 법 제33조(디자인등록의 요건) 제1항 각 호의 어느 하나에 해당하여 등록을 받을 수 없다.

디자인의 신규성이란 특허법의 신규성과 동일한 취지이다. 신규성의 판단기준은 시간적(출원시 기준)·지역적 기준(국제주의)과 객체적 기준(공지, 간행물게재, 유사한 디자인)이 있다. 판단주체에 대해서는 창작자·심사(심판)관·수요자 등으로 나누어져 학설의 대립이 있다.

다만, 한 벌 물품의 디자인에 대해서는 한 벌 전체로서만 신규성 요건을 판단하고, 디자인일부심사등록출원에 대해서는 디자인보호법 제62조(디자인등록거절결정) 제2항에 따라 등록 전에 신규성을 심사하지 않는다. 다만, 디자인보호법 제55조(정보제공)에 따라 정보 및 증거가 제공된 경우에는 그를 근거로 하여 디자인보호법 제62조(디자인등록거절결정) 제4항에 따라 거절결정을 할 수 있다.

(1) 신규성이 없는 디자인

가. 공지되었거나 공연히 실시된 디자인(디§33① i) 디자인등록출원 전에 법 제33조(디자인등록의 요건) 제1항(신규성) 제1호에 따른 국내 또는 국외에서 공지되었거나 공연히 실시된 디자인은 다음과 같다.

① 디자인등록출원 전에 디자인의 내용이 불특정 다수인에게 알려질 수 있는 상태로 된 디자인은 공지디자인으로 본다.
② 디자인이 공지된 날과 출원일이 같고 시·분·초의 선후가 불명확한 경우에는 그 공지를 이유로 신규성이 상실되지 않는다.
③ 등록디자인은 그 설정등록일부터 등록공고일 전까지는 공지디자인으로 본다. 다만, 국제등록디자인은 그 국제등록된 디자인이 공고된 날 공지된 것으로 보며, 「디자인공지 및 심사자료 활용을 위한 전문기관지정 및 운

영등에 관한 고시」 제2조(정의) 제2호에 따른 공지기관에 의하여 디자인이 공지된 경우에는 해당 디자인의 공지일을 카탈로그 등을 통해 확인이 가능하면 그 발행일자를 기준으로 하고, 확인이 불가능하면 그 디자인이 온라인 또는 오프라인을 통하여 일반공중에게 열람이 가능한 상태에 놓인 날을 공지일로 본다.

④ 디자인등록출원 전에 불특정 다수인에게 알려질 수 있는 상태로 실시된 디자인은 공연히 실시된 디자인으로 본다.

⑤ 공개되지 않은 선출원 디자인의 도면을 후출원에 대한 거절이유의 근거로 첨부하여 의견제출통지를 한(원칙적으로 허용되지 않음) 경우에 그 선출원 디자인은 비밀유지 의무가 없는 불특정인에게 알려진 것이므로 공지디자인에 해당한다.

: 관련 판례 대법원 2001. 2. 23. 선고 99후1768 판결

[1] 의장법 제5조 제1항 제1호 소정의 '국내 또는 국외에서 공지된 의장'이라 함은 반드시 불특정 다수인에게 인식되었을 필요는 없다 하더라도 적어도 불특정 다수인이 인식할 수 있는 상태에 놓여져 있는 의장을 말한다

[2] 교육용 영어 카세트테이프를 제작·판매하는 피고 회사가 원고에게 고안을 의뢰하여 원고가 창작한 등록의장이 표현된 카세트테이프 수납케이스 목합 샘플에 피고 회사가 소외인에게 의뢰하여 만든 하드커버와 드라이보드의 샘플을 접합함으로써 카세트테이프 수납케이스 완제품 샘플을 만든 후 종래 피고 회사에 카세트테이프 수납케이스를 제작·공급하여 오다가 피고 회사와 함께 카세트테이프 수납케이스 제품 개발에 착수하여 온 피고 회사의 계열사 실무담당직원들에게 위 카세트테이프 수납케이스 완제품 샘플을 제시한 경우, 등록의장이 그 출원 전에 공지되었다고 할 수 없다고 한 사례.

: 관련 판례 대법원 2004. 12. 23. 선고 2002후2969 판결

이 사건 등록의장 물품이 시험 부설된 장소는 철도법에 의하여 일반인의 출입이 통제된 곳이자 열차가 시속 약 60㎞로 통과하는 곳이라는 점과 이 사건 등록의장의 3분의 1에 해당하는 부분이 땅에 묻혀있는 점 등을 고려하면, 열차에 탄 사람이나 인근 주민이 이 사건 등록의장의 요부를 관찰하는 것은 불가능하므로 이 사건 등록의장은 불특정 다수인에게 노출된 것으로 볼 수 없다는 주장에 대하여는, 이 사건 등록의장의 표지판은 일단 설치된 이상 그 지역을 운행하는 열차의 기관사나 승객들이 이를 인식할 수 있게 된 것이라고 보아야 할 뿐만 아니라, 그 채용 증거에 의하여 인정되는 이 사건 등록의장 물품이 설치된 철로 부근에 비닐하우스와 논이 인접해 있으며 철

로의 횡단이나 접근을 통제하는 물리적인 시설이 없는 사정에 의하면 인근 지역에서 농사를 짓는 일반인이 이 사건 등록의장의 표지판을 관찰할 가능성이 있고, 또한 이 사건 등록의장은 상단의 "V"자로 구부린 표지판 부분이 수요자들의 눈에 띄기 쉬운 주요 부분이고 하단의 보강편은 표지판이 안정적으로 설치되어 있도록 하기 위한 기능적인 구성으로서 설치를 마친 때에는 땅속에 묻혀 외부에서 인식할 수 없기 때문에 주요 부분이라고 할 수 없으며, 이 사건 등록의장의 표지판을 설치할 당시 참여한 앞서 본 철도청 직원들은 표지판의 보강편을 포함한 이 사건 등록의장 전체의 요지를 파악할 수 있었을 것으로 보이는데, 철도청 직원들이 그 표지판의 설치 과정이나 열차 운행 과정에서 알게 된 이 사건 등록의장의 내용이 철도청이나 피고에 의하여 비밀로 유지되고 관리되었다고 볼만한 증거도 없다는 이유를 들어 배척한 다음, 결국 이 사건 등록의장은 의장법 제5조 제1항 제1호에 위반하여 등록된 것으로서 그 등록을 무효로 하여야 한다고 판단하였다.

나. 반포된 간행물에 게재된 디자인이거나 전기통신회선을 통하여 공중이 이용가능하게 된 디자인(디§33① ii) 디자인등록출원 전에 법 제33조(디자인등록의 요건) 제1항(신규성) 제2호에 따른 국내 또는 국외에서 반포된 간행물에 게재된 디자인 또는 전기통신회선을 통하여 공중이 이용가능하게 된 디자인은 다음과 같다.

① 반포된 간행물에 게재된 디자인

i) 간행물이란 기계적 또는 전기적 인쇄·복제수단에 의하여 제작되어 반포된 문서, 도화 및 사진 등을 말한다.

예 공보, 서적, 잡지, 신문, 카탈로그, 팸플릿, CD-ROM, 마이크로필름

: 관련 판례 대법원 1992. 10. 27. 선고 92후377 판결

기록에 의하면, 심판청구인은 이 건 의장과 동종품인 판시 온수난방기에 대한 설계도를 이 건 의장출원일(1987.4.18) 이전인 1987.2.23. 대우자동차주식회사에 제출하여 형식승인의뢰를 하였다는 것인바, 심판청구인이 위 회사에 인용의장에 관한 제작도면을 첨부하여 제출한 형식승인의뢰서는 공개의 목적으로 만들어진 간행물이라고 볼 수 없고, 위 회사는 신의칙상 심판청구인이 위 회사를 위하여 고안한 후 형식승인을 받기 위하여 제출한 인용의장의 제작도면을 비밀로 할 의무가 있다고 보여질 뿐 아니라 제작도면에 비밀문서에 준하여 철저관리라고 날인하여 관리하고 있음을 인정할 수 있으므로 위 회사관계자 이외의 불특정다수인이 위 제작도면이 첨부된 형식승인의뢰서를 볼 수 있을 만한 상태에 있었다고는 인정되지 아니하므로 위 형식승인의뢰서는 반포된 것이라고 볼 수도 없다.

: 관련 판례 대법원 1998. 9. 4. 선고 98후508 판결

[1] 카탈로그는 제작되었으면 배부·반포되는 것이 사회통념이고, 제작한 카탈로그를 배부·반포하지 아니하고 사장하고 있다는 것은 경험칙상 수긍할 수 없는 것이므로 카탈로그의 배부범위, 비치장소 등에 관하여 구체적인 증거가 없다고 하더라도 그 카탈로그가 의장법 제5조 제1항 제2호와 관련하여 배부·반포되었음을 부인할 수 없다.

[2] 의장법 제5조 제1항 제2호 또는 제3호의 해당 여부를 판단함에 있어서 간행물이 국외에서 반포된 사실이 인정된다면 그것으로 족하고 별도로 그 간행물이 국내에 반포되었는지 여부를 판단할 필요가 없다.

ⅱ) 「반포」란 그 간행물이 국내 또는 국외에서 불특정 다수인이 열람할 수 있는 상태에 놓인 것을 의미한다.

ⅲ) 간행물에 게재된 정도는 그 디자인이 속하는 분야에서 통상의 지식을 가진 자가 그 전체적인 형태를 쉽게 알 수 있게 표현되어 있으면 충분하다.

: 관련 판례 대법원 1994. 10. 14. 선고 94후1206 판결

"간행물에 기재된 의장"에 있어서의 기재된 정도는 그 의장고안이 속하는 분야에서 통상의 지식을 가진 자가 그것을 보고 용이하게 의장고안을 할 수 있을 정도로 표현되어 있으면 충분하고 반드시 6면도, 참고사시도 등으로 그 형상, 모양의 모든 것이 기재되어 있어야 하는 것은 아니다.

기록에 의하여 살펴보면 인용의장의 도면은 이 사건 의장등록 물품인 캐스터의 전체적인 구조와 단면등을 자세히 표현하고 있어 그것만으로도 쉽사리그 전체적인 형태를 알 수 있으므로 원심심결이 이를 대비 관찰의 대상으로 삼아 양 의장의 유사 여부를 판단한 것은 정당하다.

: 관련 판례 대법원 2008. 7. 24. 선고 2007후425 판결

디자인의 신규성 판단에 있어 등록디자인과 대비 대상이 되는 디자인은 반드시 형태 전체를 모두 명확히 한 디자인 뿐만 아니라 자료의 표현이 부족하더라도 이를 경험칙에 의하여 보충하여 그 디자인의 전체적인 심미감에 영향을 미치는 부분의 파악이 가능하다면 대비판단의 대상이 될 수 있다 할 것이나, 인용된 디자인만으로는 디자인의 전체적인 심미감에 영향을 미치는 부분의 파악이 불가능한 경우에는 그 대비판단을 할 수 없다.

ⅳ) 출원공개된 디자인 및 등록공고된 디자인은 그 공개일 또는 공고일부터 간행물에 의하여 공지된 것으로 본다.

: 관련 판례 대법원 2001. 7. 27. 선고 99후2020 판결

의장은 그 등록일 이후에는 불특정 다수인이 당해 의장의 내용을 인식할 수 있는 상태에 놓여지게 되어 공지되었다고 봄이 상당하다고 보는 한편, "의장공보가 발행되기 이전에는 현실적으로 의장의 등록번호를 알 수 없어 의장서류에 관한 열람이나 복사가 사실상 불가능하다."는 취지의 피고들의 주장에 대하여는, 의장의 물품 분류, 명칭, 출원인 등에 의한 검색을 통하여 등록의장의 번호나 내용 등에 대한 접근이 가능하고 또한 그 정보에 근거하여 의장서류의 열람이나 복사의 신청이 가능하며, 나아가 공지라 함은 불특정 다수인이 현실적으로 그 내용을 인식하고 있어야 한다거나 또는 가장 편리한 방법으로 그 내용을 인식할 수 있어야만 하는 것은 아니므로 의장공보가 발행되어야만 비로소 그 의장이 공지되었다고 볼 수는 없다는 이유를 들어 배척한 다음, 이 사건에 있어서 인용의장은 이 사건 등록고안이 출원되기 전인 1994. 2. 7. 이미 등록되었으니 인용의장의 설명과 도면에 나타난 고안은 이 사건 등록고안의 출원 전에 공지되었다는 취지로 판단하였다. 기록에 비추어 살펴보면, 원심의 위와 같은 판단은 정당하고, 거기에 상고이유에서 주장하는 바와 같은 위법이 없다.

v) 카탈로그의 경우에 일단 제작되었다면 특별한 사정이 없는 한 반포된 것으로 본다(대법원 98후1884 판결 참고).

vi) 간행물의 반포시기 추정

㉮ 발행년도만이 기재되어 있는 경우에는 해당 연도의 말일

㉯ 발행년월만이 기재되어 있는 경우에는 해당 연월의 말일

vii) 선출원이 무효·취하·포기 또는 거절결정이나 거절한다는 취지의 심결이 확정되기 전에 디자인보호법 제52조(출원공개)에 따라 출원공개된 경우에 그 선출원은 간행물에 게재된 디자인에 해당한다.

② 전기통신회선을 통하여 공중이 이용가능하게 된 디자인

i) 전기통신회선이란 유선, 무선, 광선 및 기타의 전기·자기적 방식으로 쌍방향 송·수신이 가능한 전송로를 의미한다.

예 인터넷, 쌍방향 전송 케이블텔레비전

ii) 공중이 이용가능하게 되었다는 것은 비밀을 준수할 의무가 없는 불특정인이 볼 수 있는 상태에 놓인 것을 말한다.

예 인터넷에 링크가 개설되고 검색엔진에 등록되어 공중이 제한 없이 접속할 수 있는 경우

다. 공지·공용디자인 또는 간행물에 게재된 디자인에 유사한 디자인(디§33①iii)

> Tip | 부분디자인의 신규성 요건(디자인심사기준)
>
> 부분디자인에 관한 디자인등록출원이 있기 전에 다음 각 호의 어느 하나에 해당하는 디자인이 국내 또는 국외에서 공지·공용되거나, 간행물에 게재되거나 또는 전기통신회선을 통하여 공중이 이용할 수 있게 된 경우에는 해당 부분디자인의 출원은 법 제33조(디자인등록의 요건) 제1항 각 호의 어느 하나에 해당하여 디자인등록을 받을 수 없다.
>
> (1) 해당 부분디자인과 동일 또는 유사한 부분을 포함하는 전체디자인
>
> (2) 해당 부분디자인과 동일 또는 유사한 부분을 포함하는 부분디자인

(2) 신규성 상실의 예외

제36조(신규성 상실의 예외)

① 디자인등록을 받을 수 있는 권리를 가진 자의 디자인이 제33조 제1항 제1호 또는 제2호에 해당하게 된 경우 그 디자인은 그날부터 12개월 이내에 그 자가 디자인등록출원한 디자인에 대하여 같은 조 제1항 및 제2항을 적용할 때에는 같은 조 제1항 제1호 또는 제2호에 해당하지 아니한 것으로 본다. 다만, 그 디자인이 조약이나 법률에 따라 국내 또는 국외에서 출원공개 또는 등록공고된 경우에는 그러하지 아니하다. 〈개정 2017.3.21.〉

② 제1항 본문을 적용받으려는 자는 다음 각 호의 어느 하나의 시기에 해당할 때에 그 취지를 적은 서면과 이를 증명할 수 있는 서류를 특허청장 또는 특허심판원장에게 제출하여야 한다. 〈개정 2017.3.21.〉

1. 제37조에 따른 디자인등록출원서를 제출할 때. 이 경우 증명할 수 있는 서류는 디자인등록출원일부터 30일 이내에 제출하여야 한다.
2. 제62조에 따른 디자인등록거절결정 또는 제65조에 따른 디자인등록결정(이하 "디자인등록여부결정"이라 한다)의 통지서가 발송되기 전까지. 이 경우 증명할 수 있는 서류는 취지를 적은 서면을 제출한 날부터 30일 이내에 제출하되 디자인등록여부결정 전까지 제출하여야 한다.
3. 제68조 제3항에 따른 디자인일부심사등록 이의신청에 대한 답변서를 제출할 때
4. 제134조 제1항에 따른 심판청구(디자인등록무효심판의 경우로 한정한다)에 대한 답변서를 제출할 때

가. 취지 및 의의 신규성은 출원시점을 기준으로 판단하므로 출원된 특허·실용신안과 마찬가지로 디자인의 경우에도 그 이전에 공지·공용 또는 반포된 간행물에 게재된 디자인과 동일 또는 유사한 경우에는 신규성이 없는 것으로 거절된다. 그러나 이렇게 하면 출원인이 지나치게 불리한 입장에 처하게 될 수도 있고, 산업발전에도 바람직하지 않으므로 일정한 경우 그 예외를 인정하고 있다. 즉, 일정한 기간 내에 일정한 절차에 따라 디자인등록출원을 하면 그 디자인은 신규성을 상실하지 아니한 것으로 취급하는 예외규정을 두고 있다(디§36). 출원 전에 공개된 디자인에 대하여서도 공개방법의 여하에 관계없이 공개일로부터 12월 이내에 출원을 하고 출원시 신규성 인정을 받고자 하는 신청과 그로부터 30일 이내에 증거서면을 제출하면 신규성을 인정하여 준다.[25]

나. 신규성 상실의 예외의 요건 신규성 상실 예외는 공지디자인과 출원디자인이 각각 일정한 요건을 충족하기만하면 양 디자인이 동일한지 또는 유사한지 여부를 불문하고 적용된다. 만약 출원디자인과 동일하거나 유사한 공지디자인에 대해서만 신규성 상실의 예외가 적용된다고 하면, 양 디자인이 비유사한 경우[출원디자인은 A(a+b), 공지디자인은 a·b]에는 그 공지디자인에 대하여 신규성 상실의 예외가 인정되지 않을 뿐만 아니라 출원디자인이 그 공지디자인에 의한 용이창작으로 거절되는 모순이 생긴다.

㈎ 신규성 상실 예외를 주장할 수 있는 자

① 디자인이 공지될 당시 그 디자인에 대하여 디자인등록을 받을 수 있는 권리를 가지는 자가 출원하거나, 또는 공지된 이후 그 권리를 승계한 자가 출원하여야 한다.

② 디자인의 공지주체가 여럿일 경우 그 중 1인 이상의 출원인이 포함되어 있어야 한다.

㈏ 신규성 상실 예외 주장의 대상

① 디자인이 공지된 날로부터 12개월 이내에 출원된 것이어야 한다.

---

25) 1998년 3월 1일 이전에는 박람회 출품, 시험 및 연구발표, 의사에 반하여 공지된 경우에만 신규성을 인정하였으나, 공개의 장소·방법에 제한 없이 공개된 후 12개월 이내에 출원하면 모두 신규성을 인정하도록 하였다.

② 디자인이 자기의 의사에 반하여 공지된 경우에도 공지된 날로부터 12개월 이내에 출원된 것이어야 한다.

③ 동일한 디자인이 여러 번 공지된 경우에는 최초 공지일로부터 12개월 이내에 출원된 것이어야 한다.

④ 출원디자인이 증명서류의 공지디자인과 동일한지 또는 유사한지 여부는 관계가 없다.

⑤ 디자인이 법률이나 조약에 따라 국내 또는 국외에서 출원공개 또는 등록공고가 된 경우(특허, 실용신안, 디자인 또는 상표에 관한 공보)에는 신규성 상실 예외를 주장할 수 없다.

㈐ 신규성 상실 예외 주장의 시기 및 절차

① 출원할 때 그 취지를 출원서에 적어 주장하여야 한다. 즉, 출원서에 '신규성주장' 항목을 만들어 디자인의 공지형태 및 공지일자 등을 적어야 한다.

② 그 공지디자인을 거절이유로 한 의견제출통지서에 대응하여 제출하는 의견서 등을 통하여 그 취지를 주장할 수도 있다.

③ 그 공지디자인을 신청이유로 한 디자인일부심사등록 이의신청에 대한 답변서 등을 통하여 그 취지를 주장할 수도 있다.

④ 그 공지디자인을 청구이유로 한 디자인등록 무효심판에 대응하여 제출하는 답변서 등을 통하여 그 취지를 주장할 수도 있다.

⑤ 동일한 디자인이 여러 번 공지되어 있는 경우에는 최초의 공지에 대하여 주장하면 충분하다(특허법원 2008허3407 판결 참고).

㈑ 신규성 상실 예외 주장의 증명서류 제출 제36조 제1항 본문을 적용받으려는 자는 다음 각 호의 어느 하나의 시기에 해당할 때에 그 취지를 적은 서면과 이를 증명할 수 있는 서류를 특허청장 또는 특허심판원장에게 제출하여야 한다.

① 제37조에 따른 디자인등록출원서를 제출할 때. 이 경우 증명할 수 있는 서류는 디자인등록출원일부터 30일 이내에 제출하여야 한다.

② 제62조에 따른 디자인등록거절결정 또는 제65조에 따른 디자인등록결정(이하 "디자인등록여부결정"이라 한다)의 통지서가 발송되기 전까지. 이 경우 증명할 수 있는 서류는 취지를 적은 서면을 제출한 날부터 30일 이내에 제출하되 디자인등록여부결정 전까지 제출하여야 한다.

③ 제68조 제3항에 따른 디자인일부심사등록 이의신청에 대한 답변서를 제출할 때

④ 제134조 제1항에 따른 심판청구(디자인등록무효심판의 경우로 한정한다)에 대한 답변서를 제출할 때

다. 신규성 상실의 예외 인정의 효과 신규성 상실의 예외가 인정되면 그 공지디자인은 자기가 출원한 디자인에 대하여 디자인보호법 제33조(디자인등록의 요건) 제1항(신규성) 및 제2항(용이창작)에 해당하는지 여부를 심사할 때 공지디자인으로 보지 않는다.

: 관련 판례 대법원 2017. 1. 12. 선고 2014후1341 판결

구 디자인보호법(2013. 5. 28. 법률 제11848호로 전부 개정되기 전의 것, 이하 같다) 제8조의 문언과 입법 취지에 비추어 보면, 디자인등록을 받을 수 있는 권리를 가진 자가 구 디자인보호법 제8조 제1항의 6개월의 기간 이내에 여러 번의 공개행위를 하고 그중 가장 먼저 공지된 디자인에 대해서만 절차에 따라 신규성 상실의 예외 주장을 하였더라도 공지된 나머지 디자인들이 가장 먼저 공지된 디자인과 동일성이 인정되는 범위 내에 있다면 공지된 나머지 디자인들에까지 신규성 상실 예외의 효과가 미친다. 여기서 동일성이 인정되는 범위 내에 있는 디자인이란 형상, 모양, 색채 또는 이들의 결합이 동일하거나 극히 미세한 차이만 있어 전체적 심미감이 동일한 디자인을 말하고, 전체적 심미감이 유사한 정도에 불과한 경우는 여기에 포함되지 아니한다.

3) 확대된 선출원의 지위(디§33③)

제33조(디자인등록의 요건)

③ 디자인등록출원한 디자인이 그 출원을 한 후에 제52조, 제56조 또는 제90조 제3항에 따라 디자인공보에 게재된 다른 디자인등록출원(그 디자인등록출원일 전에 출원된 것으로 한정한다)의 출원서의 기재사항 및 출원서에 첨부된 도면·사진 또는 견본에 표현된 디자인의 일부와 동일하거나 유사한 경우에 그 디자인은 제1항에도 불구하고 디자인등록을 받을 수 없다. 다만, 그 디자인등록출원의 출원인과 다른 디자인등록출원의 출원인이 같은 경우에는 그러하지 아니하다.

(1) 의의 및 취지

디자인등록출원한 부분디자인, 부품(부속품)디자인 또는 한 벌 물품의 구성물품 디자인이 당해 디자인등록출원을 한 날 전에 디자인등록출원을 하여 당해 디자인등록출원을 한 후에 출원공개, 등록공고 또는 거절결정된 출원의 공보 게재에 따른 다른 디자인의 일부와 동일하거나 유사한 경우에 그 부분디자인, 부품(부속품)디자인 또는 한 벌 물품의 구성물품 디자인은 등록받을 수 없도록 하고 있다.

(2) 확대된 선출원의 요건

가. 선출원 디자인의 일부와 동일하거나 유사한 후출원 디자인이 다음 각 호에 해당하는 경우에 선출원과 후출원의 출원인이 다르면 법 제33조(디자인등록의 요건) 제3항(확대된 선출원)을 적용한다. 이 경우 선출원과 후출원의 출원인이 같은지 여부는 등록여부결정시를 기준으로 판단한다.

① 선출원 디자인 중 후출원 디자인에 상당하는 부분이 후출원 디자인과 기능 및 용도에 공통성이 있고, 형상·모양·색채 또는 이들의 결합이 동일하거나 유사한 경우

② 선출원 디자인 중에 후출원 디자인에 상당하는 부분이 대비할 수 있을 정도로 충분히 표현되어 있는 경우

③ 선출원 디자인이 후출원 디자인의 디자인등록출원 후에 출원공개[디자인보호법 제46조(선출원) 제2항 후단에 따라 협의불성립으로 거절결정된 출원의 디자인보호법 제56조(거절결정된 출원의 공보게재)에 의한 공개를 포함한다]가 되거나 등록공고가 된 경우

(예)

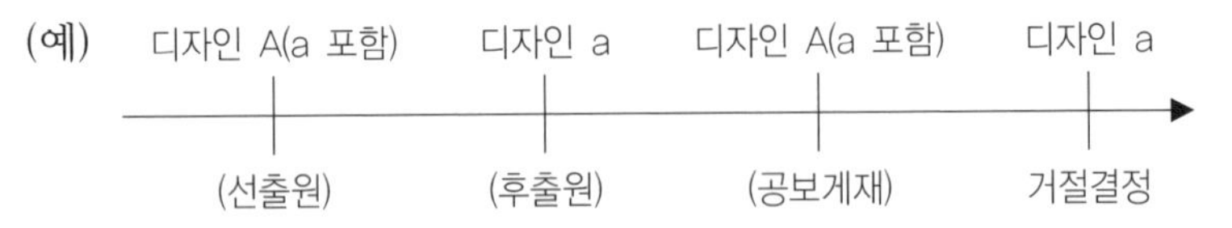

나. 디자인일부심사등록출원에 대해서는 디자인보호법 제62조(디자인등록거절결정) 제2항에 따라 등록결정 전에 이를 심사하지 않지만, 디자인보호법 제55조(정보 제공)에 따라 정보 및 증거가 제공된 경우에는 그에 근거하여 디자인보호법 제62조(디자인등록거절결정) 제4항에 의해 거절결정을 할 수 있다.

〈확대된 선출원의 적용대상이 되는 구체적인 유형〉

유형	선출원 디자인(a를 포함하는 A)	후출원 디자인(a, a')
1	완성품	부품
2	완성품	부분디자인
3	부품	부분디자인
4	한 벌의 물품	구성물품
5	부분디자인	부분디자인

※ 선출원 디자인(a를 포함하는 A)이 출원공개 또는 등록공고되거나 협의불성립으로 거절결정되어 출원공개되기 이전에 출원된 후출원 디자인(a, a')은 확대된 선출원으로 거절결정한다.

※ A>a, a≒a'의 관계임

(출처: 디자인심사기준(2017), 143면 재인용)

4) 용이창작(창작비용이성)

제33조(디자인등록의 요건)

② 디자인등록출원 전에 그 디자인이 속하는 분야에서 통상의 지식을 가진 사람이 다음 각 호의 어느 하나에 따라 쉽게 창작할 수 있는 디자인(제1항 각 호의 어느 하나에 해당하는 디자인은 제외한다)은 제1항에도 불구하고 디자인등록을 받을 수 없다.

1. 제1항 제1호·제2호에 해당하는 디자인 또는 이들의 결합
2. 국내 또는 국외에서 널리 알려진 형상·모양·색채 또는 이들의 결합

(1) 의의 및 취지

디자인보호법은 디자인등록출원 전에 그 디자인이 속하는 분야에서 통상의 지식을 가진 자가 국내외에서 널리 알려진 형상, 모양, 색채 또는 이들의 결합에 의하여 쉽게 창작할 수 있는 디자인은 디자인등록을 받을 수 없다고 규정하고 있다. 즉 디자인보호법은 쉽게 창작할 수 있는 디자인에 대하여 특정인에게 독점배타적인 권리를 부여하는 것은 디자인보호법의 목적에 반하고 산업활동에도 폐해를 끼칠 뿐이기에 이러한 폐해를 방지하고 일정 수준 이상의 창작만을 보호하기 위해 디자인의 창작성을 등록요건으로 규정하고 있다.

디자인등록출원 전에 그 디자인이 속하는 분야에서 통상의 지식을 가진 자가

국내외 공지공용디자인이나 간행물에 게재되었거나 전기통신회선을 통하여 공중이 이용할 수 있게 된 디자인의 결합에 의하거나 국내외에서 널리 알려진 형상·모양·색채 또는 이들의 결합에 의하여 용이하게 창작할 수 있는 디자인에 대하여는 디자인보호법 제33조 제1항의 규정에 불구하고 디자인등록을 받을 수 없다. 이를 '용이창작' 또는 '창작비용이성' 또는 '곤란성', '구별성'이라 한다(디§33②). 다만, 공지디자인 또는 주지의 형상, 모양 등을 거의 그대로 이용 또는 전용하거나 단순히 모방한 것이 아니고 이들을 취사선택하여 결합한 것으로서 그 디자인을 전체적으로 관찰할 때 새로운 미감을 일으키는 경우에는 창작성이 있는 것으로 본다.

: 관련 판례 대법원 2011. 9. 29. 선고 2011후873 판결

이 사건 등록디자인과 원심 판시 비교대상디자인 1의 전체적인 형상과 모양이 잘 나타나는 사시도 및 정면도를 중심으로 하여 이 사건 등록디자인과 비교대상디자인 1을 대비하여 보면, 양 디자인은 모두 몸체 하부에 안쪽으로 움푹 파인 방사형 절개부가 다수 형성되어 있고, 몸체 바닥 부분에는 다수 개의 사각 막대 형상의 탄성개폐부가 형성되어 있다는 점에서 공통되므로, 양 디자인은 그 주된 창작적 모티브를 같이 한다고 할 것이다. 다만 이 사건 등록디자인에 나타난 5개의 방사형 절개부는 아치형 형상인 반면, 비교대상디자인 1에 나타난 4개의 방사형 절개부는 삼각형 형상이고, 이 사건 등록디자인의 위 탄성개폐부의 형상은 별 모양인 반면 비교대상디자인 1은 십자 모양이며, 이 사건 등록디자인은 몸체 상부에 U자형 돌출부가 형성되어 있는 반면, 비교대상디자인 1에는 외주면 둘레를 따라 띠 모양의 돌출테가 형성되어 있다는 점에서 양 디자인에는 다소 차이가 있다.

그러나 위와 같은 방사형 절개부의 개수 및 형상의 차이는 전체적으로 볼 때 다른 미감적 가치가 인정되지 않는 상업적·기능적 변형에 불과하고, 위와 같은 탄성개폐부의 형상 차이 또한 방사형 절개부의 개수 변화에 따라 부수적으로 수반되는 것에 불과하며, 위 U자형 돌출부는 평면도에서 보는 바와 같이 그 돌출 정도가 경미하여 특별히 보는 사람의 주의를 끌 수 있는 부분은 아닌 것으로 보이므로 위 U자형 돌출부 역시 전체적으로 볼 때 다른 미감적 가치가 인정되지 않는 상업적·기능적 변형에 불과하다. 그 밖에 양 디자인은 몸체의 가로·세로 비율에서도 차이가 있으나, 그 비율을 적절히 조절하는 것은 그 디자인 분야에서 흔한 창작수법이나 표현방법에 불과하다. 따라서 이 사건 등록디자인은 그 디자인이 속하는 분야에서 통상의 지식을 가진 자가 비교대상디자인 1에 의하여 용이하게 창작할 수 있는 디자인이라고 보는 것이 타당하다.

(2) 창작성의 판단

가. 시기적·지역적 기준　　신규성의 경우와 마찬가지로 출원시를 기준으로 판단한다. 출원시란 시, 분, 초까지 고려한 엄격한 개념이나, 전후가 명백하지 않은 한 보통 출원일을 기준으로 판단한다. 한편 창작성 판단의 지역적 범위와 관련하여서는 외국에서의 주지형태 여부 등은 그 입증이 곤란하다는 점에서 국제주의를 취하고 있다.

나. 주체적 기준　　창작성 판단의 주체적 기준은 당해 디자인자가 속하는 분야에서 통상의 지식을 가진 자이다. 이때 '그 디자인이 속하는 분야에서 통상의 지식을 가진 자'라 함은 동 업계(그 디자인을 표현하는 물품을 생산, 사용 등 실시하는 업계)에서 그 디자인에 관한 보편적 지식을 가진 자를 말한다. 심사관도 이러한 통상의 지식을 가진 자의 범주에 속한다.

다. 판단대상　　창작성의 유무는 출원디자인과 그 디자인등록출원 전에 국내·외에서 널리 알려진 형상, 모양, 색채 또는 이들의 결합, 즉 주지의 형태 및 전용의 상관습이 있는 디자인과 대비하여 판단한다. 이 때 '주지의 형상·모양 등'이란 일반인이 이를 알 수 있을 정도로 간행물이나 TV등을 통하여 국내·외에서 널리 알려진 경우이다.

'쉽게 창작할 수 있는 정도'란 주지의 형상·모양 등을 거의 그대로 모방하거나 그 가하여진 변화가 단순한 상업적 변화[26]에 지나지 않는 것을 말한다.

(3) 용이창작 기준

용이창작의 판단기준으로서의 '주지의 형상·모양 등'이란 일반인이 이를 알 수 있을 정도로 간행물이나 TV 등을 통하여 국내에서 널리 알려져 있는 형상·모양 등이며, '그 디자인이 속하는 분야에서 통상의 지식을 가진 자'라 함은 그 디자인이 표현된 물품을 생산, 사용 등 실시하는 업계(業界)에서 그 디자인에 관한 보편적 지식을 가진 자를 말한다.

26) '상업적 변화'란 동 업계에서 통상의 지식을 가진 자라면 누구나 해당 디자인이 그 물품에 맞도록 하기 위하여 가할 수 있을 것이라는 정도의 변화를 말하는 것으로서 예컨대 즉 ⅰ) 공지의 사각형 천정판 측면에 경사면을 표현한 정도의 것, ⅱ) 주지의 난형(卵形)을 뚜껑과 몸체로 분리하여 과자용기를 만드는 것 등을 예로 들 수 있다.

또, '쉽게 창작할 수 있는 정도'란 공지디자인의 결합 또는 주지의 형상·모양 등을 거의 그대로 모방하거나 그 가하여진 변화가 단순한 상업적·기능적 변화에 지나지 않는 것과 그 디자인 분야에서 흔한 창작수법이나 표현방법에 의해, 이를 변경·조합하거나 전용하였음에 불과한 디자인 등과 같이 창작 수준이 낮은 디자인을 말한다.

등록출원시에 신규성, 공업상 이용가능성을 갖추었더라도 해당분야의 지식을 가진 자라면 용이하게 창작할 수 있는 정도의 저수준의 디자인에까지 독점권을 부여한다면 권리의 난립화를 초래할 수 있고 나아가 산업발전을 저해할 수도 있기 때문에 등록대상에서 제외시키고 있다.[27)28)]

: 관련 판례 대법원 2010. 5. 13. 선고 2008후2800 판결

[1] 디자인보호법 제5조 제2항은 그 디자인이 속하는 분야에서 통상의 지식을 가진 자가 제1항 제1호 또는 제2호에 해당하는 디자인의 결합에 의하여 용이하게 창작할 수 있는 것은 디자인등록을 받을 수 없도록 규정하고 있는데, 여기에는 위 각 호에 해당하는 디자인의 결합뿐만 아니라 위 디자인 각각에 의하여 용이하게 창작할 수 있는 디자인도 포함된다고 봄이 타당하고, 그 규정의 취지는 위 각 호에 해당하는 디자인의 형상·모양·색채 또는 이들의 결합을 거의 그대로 모방 또는 전용하였거나, 이를 부분적으로 변형하였다고 하더라도 그것이 전체적으로 볼 때 다른 미감적 가치가 인정되지 않는 상업적·기능적 변형에 불과하거나, 또는 그 디자인 분야

27) 창작의 비용이성으로 디자인등록이 될 수 없는 경우
  i) 주지(周知)의 형상, 주지도형 등에 의한 경우 – 삼각형·사각형·타원·원통형 등 국내에서 널리 알려진 형상·모양·색채 또는 이들의 결합, 소위 주지의 형상 등을 거의 그대로 이용한 것 또는 그 이용에 있어서 가하여진 변형이 단순한 상업적 변형에 지나지 않는 것. △, □, ○, ◇, 卍, 비행기, 선박, 기차, 자동차 등.
  ii) 자연물·유명한 저작물과 건조물 등의 모방 – 자연물(동물·식물 또는 광물)의 형상이나 모양·유명한 저작물 또는 건조물 등을 극히 흔한 수법으로 그대로 모방하거나 사실적으로 표현한 것(저작물: 김홍도의 풍속도, 만화주인공 "뽀빠이"; 건조물: 남대문, 남산타워, 자유여신상, 불국사; 경치: 백두산천지, 금강산, 한라산, 후지산).
  iii) 상관습상 전용 – 당 업계에서 간행물이나 TV 등을 통하여 널리 알려져 있는 디자인을 '주지(周知)디자인'으로 보고, 이종(異種)물품간 전용의 상관습이 있는 경우 그것을 전용함에 있어서 가하여진 변형이 단순한 상업적 변형에 지나지 않는 것. 예를 들면, 자동차나 비행기 등의 디자인을 완구나 장식물에 사용, 물고기·밤·호두 등 타 음식물의 디자인을 과자류에 사용, ET인형의 형상모양을 저금통에 사용, 주지의 라디오 형상·모양과 주지의 시계 형상·모양이 결합된 것 등이 그것이다.

28) 대법원 2001. 4. 10. 선고 98후591 판결.

에서 흔한 창작수법이나 표현방법에 의해 이를 변경·조합하거나 전용하였음에 불과한 디자인 등과 같이 창작수준이 낮은 디자인은 그 디자인이 속하는 분야에서 통상의 지식을 가진 자가 용이하게 창작할 수 있는 것이어서 디자인등록을 받을 수 없다는 데 있다.

[2] 대상물품을 '전력계 박스'로 하는 이 사건 등록디자인(등록번호 제435126호)과 원심 판시의 비교대상디자인을 대비하여, 양 디자인은 세로로 긴 직사각형의 몸통에서 모서리와 윗부분을 원형의 곡선으로 부드럽게 처리한 점, 두 개의 다소 돌출된 정사각형 투시창을 상부 쪽에 치우친 곳에 나란히 형성한 점, 투시창 위에 돌출된 빗물 또는 햇빛 가리개를 두고 있는 점, 전력계함을 상부와 하부의 개폐창으로 분리하고 있고 그 구분선이 하부 쪽에 치우치게 위치하고 있는 점 등에서 동일하고, 다만 빗물 또는 햇빛 가리개가 투시창별로 눈썹과 같이 2개로 형성되었는지 아니면 모자의 챙처럼 1개로 형성되었는지 여부, 투시창의 외곽선 모양, 몸통 부분의 장식 형태, 상단 부분에 가느다란 3개의 선을 두고 있는지 여부 등에서 차이가 있음을 인정한 다음, 이 사건 등록디자인은 그 디자인이 속하는 분야에서 통상의 지식을 가진 자가 비교대상디자인의 빗물 또는 햇빛 가리개를 투시창별로 분리하고 기타 장식의 모양을 바꾸는 등의 방법을 통하여 용이하게 변경하여 창작할 수 있는 디자인에 해당한다는 이유로, 그 등록이 무효로 되어야 한다고 판단한 것은 정당하다.

: 관련 판례 특허법원 2015. 12. 24. 선고 2015허5265 판결

구 디자인보호법 제5조 제2항 해당 여부

가. 판단에 필요한 법리

이 사건 출원디자인은 원통 형상( )에 반구 형상( )을 결합한 것으로 원통과 반구 형상은 모두 주지의 형상에 해당하므로, 결국 이 사건 출원디자인은 그 디자인이 속하는 분야에서 통상의 지식을 가진 자라면 누구든지 용이하게 생각할 수 있는 정도의 흔히 있는 형상이나 모양을 귀마개의 중앙부에 속이 패인 공동 부분에 그대로 이용한 것에 불과하여, 구 디자인보호법(2013. 5. 28 법률 제11848호로 개정되기 전의 것. 이하 '구 디자인보호법'이라 한다) 제5조 제2항에서 규정하고 있는 용이 창작에 해당한다 할 것이다.

그렇다면, 이 사건 출원디자인은 주지의 형상을 결합한 정도의 디자인에 해당하는 것으로 구 디자인보호법 제5조 제2항에 해당함을 이유로 그 등록을 거절한 원결정은 적법하다.

구 디자인보호법 제5조 제2항은 그 디자인이 속하는 분야에서 통상의 지식을 가진 자가 제1항 제1호 또는 제2호에 해당하는 디자인의 결합에 의하여 용이하게 창작할 수 있는 것은 디자인등록을 받을 수 없도록 규정하고 있다. 여기에는 위 각 호에 해당하는 디자인의 결합뿐만 아니라 위 디자인 각각에 의하여 용이하게 창작할 수 있는 디자인도 포함된다고 봄이 타당하다. 그 규정의 취지는 위 각 호에 해당하는 디자인의 형상·모양·색채 또는 이들의 결합을 거의 그

대로 모방 또는 전용하였거나, 이를 부분적으로 변형하였다고 하더라도 그것이 전체적으로 볼 때 상업적·기능적 변형에 불과하거나, 또는 그 디자인 분야에서 흔한 창작수법이나 표현방법에 의해 이를 변경·조합하거나 전용하였음에 불과한 디자인 등과 같이 창작수준이 낮은 디자인은 그 디자인이 속하는 분야에서 통상의 지식을 가진 자가 용이하게 창작할 수 있는 것이어서 디자인등록을 받을 수 없다는 데 있다. 한편, 상업적·기능적 변형이란 그 디자인이 속하는 분야에서 통상의 지식을 가진 사람이라면 누구나 해당 디자인이 그 물품 또는 기능에 맞도록 하기 위하여 할 수 있을 것이라고 생각되는 정도의 변형을 의미한다고 할 것이다.

나. 구체적 판단

이 사건 출원디자인은 중앙부에 통기부가 형성되어 있는 귀마개의 '외이도 삽입부'에 관한 부분디자인이다. 이 사건 출원디자인은 외이도 삽입부의 끝 부분에 원기둥 형상( )의 공동을 형성하고[이하 '공동(cavity) 부분'이라 한다], 위 공동 부분의 바닥을 반구 형상( )으로 형성한 것[이하 '반구 부분'이라 한다]에 형태적 특징이 있다.

그런데, 위와 같이 귀마개의 외이도 삽입부에 '공동 부분'을 형성하고, 위 공동 부분의 바닥에 '반구 부분'을 형성하는 것이 그 디자인이 속하는 분야에서 통상의 지식을 가진 사람이라면 누구나 해당 디자인이 그 물품 또는 기능에 맞도록 하기 위하여 할 수 있을 것이라고 생각되는 정도의 변형인지에 관하여 보건대, 을 제1 내지 6호증의 각 기재 및 영상만으로는 이를 인정하기 부족하다. 즉 피고 주장과 같이 '소음을 줄여주기 위하여 통기부를 원기둥 형상으로 확대하고, 소리의 대역폭을 일정하게 감소시키기 위하여 통기부와 큰 공동인 원기둥 형상을 연결하는 부분을 반구 형상으로 형성하는 것'이 그 디자인이 속하는 분야에서 통상의 지식을 가진 사람이라면 누구나 해당 디자인이 그 물품 또는 기능에 맞도록 하기 위하여 할 수 있을 것이라고 생각되는 정도의 변형이라고 보기 어렵다. 달리 이를 인정할만한 증거가 없다.

또한, 위와 같이 귀마개의 외이도 삽입부에 '공동 부분'을 형성하고, 위 공동 부분의 바닥부분에 '반구 부분'을 형성함으로써 종래의 귀마개 외이도 부분(, 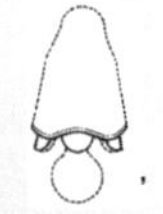, , 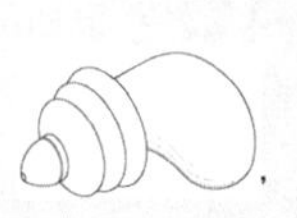, 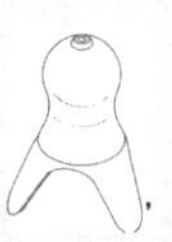, , , ,  등)과는 그 심미감이 동일·유사하다고 보기 어려운바, 이러한 점에서도 이 사건 출원디자인에서 '공동 부분'과 '반구 부분'을 형성한 것이 상업적·기능적 변형에 불과하다고 보기 어렵다.

그렇다면, 이 사건 출원디자인은 그 디자인이 속하는 분야에서 통상의 지식을 가진 자가 국내에서 널리 알려진 형상·모양·색채 또는 이들의 결합에 의하여 용이하게 창작할 수 있는 디자인에 해당한다고 보기 어렵다.

따라서, 이 사건 출원디자인은 구 디자인보호법 제5조 제2항에 해당하지 않으므로, 그 등록이 거절되어서는 아니 된다고 할 것이다.

: 관련 판례 **대법원 2016. 6. 9. 선고 2014후614 판결**

구 의장법 제5조 제2항은 등록출원 전에 그 디자인이 속하는 분야에서 통상의 지식을 가진 자(이하 '통상의 디자이너'라고 한다)가 국내에서 널리 알려진 형상·모양·색채 또는 이들의 결합에 의하여 용이하게 창작할 수 있는 디자인은 디자인등록을 받을 수 없다고 규정하고 있는데, 그 취지는 국내에서 널리 알려진 형상·모양·색채 또는 이들의 결합(이하 '주지형태'라고 한다)을 거의 그대로 모방 또는 전용하였거나, 이를 부분적으로 변형하였다고 하더라도 전체적으로 볼 때 다른 미감적 가치가 인정되지 않는 상업적·기능적 변형에 불과하거나, 또는 그 디자인 분야에서 흔한 창작수법이나 표현방법으로 변경·조합하거나 전용하였음에 불과한 디자인 등과 같이 창작수준이 낮은 디자인은 통상의 디자이너가 용이하게 창작할 수 있는 것이어서 디자인등록을 받을 수 없다는 데 있다.

원심은, 이 사건 등록디자인의 정면도에서 보이는 모양이 부정형의 검은색 반점들이 흰색 바탕에 불규칙하게 분포된 것으로서 자연 상태의 화강암 무늬와 극히 유사하고, 직육면체의 판재 형상은 국내에서 널리 알려진 형상에 불과하므로, 이 사건 등록디자인은 통상의 디자이너가 주지형태인 자연물로서의 화강암 무늬 등에 의하여 용이하게 창작할 수 있는 디자인에 해당한다고 판단하였다.

위 법리와 기록에 비추어 살펴보면, 원심의 위와 같은 판단은 정당하고, 거기에 상고이유 주장과 같이 디자인의 창작용이성 판단에 관한 법리를 오해하는 등의 위법이 없다.

: 관련 판례 **대법원 2011. 4. 14. 선고 2010후2889 판결**

[1] 명칭을 "클램프용 손잡이"로 하는 등록디자인 "  "을 비교대상디자인들과 대비할 때, 구성요소를 클램프 손잡이 부분만으로 한정할 것이 아니라 유기적으로 결합된 클램프 몸체 및 손잡이 전체를 하나로 보아야 한다고 한 사례

[2] 명칭을 "클램프용 손잡이"로 하는 등록디자인 "  "은 그 디자인이 속하는 분야

에서 통상의 지식을 가진 자가 비교대상디자인 1 "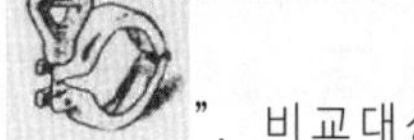", 비교대상디자인 2 ""의 결합에 의하여 용이하게 창작할 수 있는 것으로 보기 어렵다고 한 사례

가. 용이창작으로서 디자인등록될 수 없는 기준

㈎ 주지의 형상, 모양, 색채 또는 이들의 결합에 기초한 용이창작　　삼각형·사각형·타원·원통형 등 국내에서 널리 알려진 형상·모양·색채 또는 이들의 결합, 소위 주지의 형상 등을 거의 그대로 이용한 것 또는 그 이용에 있어서 가하여진 변형이 단순한 상업적 변형에 지나지 않는 것은 용이창작으로서 디자인을 받을 수 없다. 예컨대 i) △, ㅁ, ○, ◇ 등의 평면적 형상, ii) 삼각기둥, 사각기둥, 원기둥 등의 기둥, iii) 원통, 삼각형 통, 원형 등의 통, iv) 육각형, 원형, 삼각, 사각 등의 홈통, v) 삼각, 사각, 원형뿔, 뿔대 및 뿔대통, vi) 정다면체 등은 디자인등록을 받을 수 없다. 또한 i) 물품의 전형적인 형상, ii) 봉황무늬, 거북등무의, 바둑판무늬, 물방울무늬, 卍무늬 등과 같이 흔한 모양 등도 의장등록을 받을 수 없다. 한편 색채는 모양을 이루는 경우에 한하여 판단요소로 하고 단일색으로 칠하여 진 것은 창작성 판단에 영향이 없는 것으로 본다.

: 관련 판례　대법원 2016. 3. 10. 선고 2013후2613 판결

[1] 구 디자인보호법(2013. 5. 28. 법률 제11848호로 전부 개정되기 전의 것) 제5조 제2항의 취지는 공지디자인의 형상·모양·색채 또는 이들의 결합(이하 '공지형태'라고 한다)이나 국내에서 널리 알려진 형상·모양·색채 또는 이들의 결합(이하 '주지형태'라고 한다)을 거의 그대로 모방 또는 전용하였거나, 이를 부분적으로 변형하였다고 하더라도 전체적으로 볼 때 다른 미감적 가치가 인정되지 않는 상업적·기능적 변형에 불과하거나, 또는 디자인 분야에서 흔한 창작수법이나 표현방법으로 변경·조합하거나 전용하였음에 불과한 디자인 등과 같이 창작수준이 낮은 디자인은 통상의 디자이너가 용이하게 창작할 수 있는 것이어서 디자인등록을 받을 수 없다는 데 있다.

또한 공지형태나 주지형태를 서로 결합하거나 결합된 형태를 변형·변경 또는 전용한 경우에도 창작수준이 낮은 디자인에 해당할 수 있는데, 창작수준을 판단할 때는 공지디자인의 대상 물품이나 주지형태의 알려진 분야, 공지디자인이나 주지형태의 외관적 특징들의 관련성, 해당 디자인 분야의 일반적 경향 등에 비추어 통상의 디자이너가 용이하게 그와 같은 결합에 이를 수

있는지를 함께 살펴보아야 한다.

[2] 비교대상디자인 "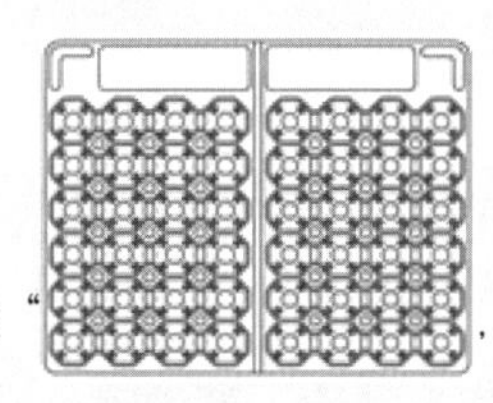, , "의 디자인권자 갑이 대상 물품을 메추리알 포장용기로 하는 등록디자인 "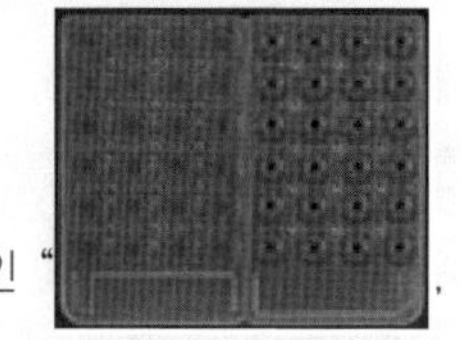, , 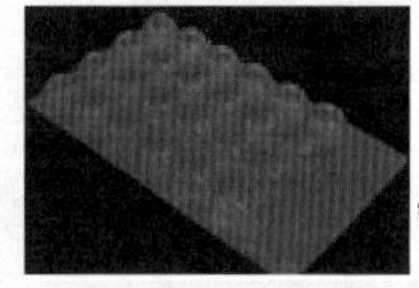"의 디자인권자 을을 상대로 등록디자인이 비교대상디자인과 관계에서 구 디자인보호법(2013. 5. 28. 법률 제11848호로 전부 개정되기 전의 것, 이하 같다) 제5조 제1항 제3호에 해당한다며 등록무효심판을 청구하였고 특허심판원이 갑의 심판청구를 받아들이지 아니하는 심결을 한 사안에서, 등록디자인은 통상의 디자이너가 비교대상디자인의 공지형태와 반구 형상의 주지형태를 결합하여 용이하게 창작할 수 있는 디자인에 해당한다고 본 원심판단에 법리를 오해한 잘못이 없다.

(나) 자연물, 유명한 저작물, 유명한 건조물, 유명한 경치 등을 기초로 한 용이창작

① 자연물: 새, 물고기, 소, 대나무잎, 꽃잎, 소나무, 나무결, 돌, 바위 등

자연물이라 하더라도 그 표현방법이 특이한 것은 주지가 아니다. 예컨대 꽃잎, 곤충의 발 등 자연물의 일부를 특이한 각도에서 현미경으로 확대하여 본 확대사진 등은 주지가 아니다.

② 저작물: 김홍도의 풍속도, 만화 주인공 "뽀빠이" 등 널리 알려진 그림, 조각, 만화, 영화 등
③ 건조물: 남대문, 남산타워, 자유의 여신상, 에펠탑, 불국사, 올림픽 주경기장 등 널리 알려진 건조물
④ 경치: 백두산천지, 금강산, 한라산 백록담, 후지산, 나이아가라폭포 등 유명한 경치

건조물이나 경치라도 보는 각도에 의하여 특징을 지니도록 표현되어 있으면 「주지(周知)」가 아니다.

⑤ 운동경기 또는 각종 행사장면: 삼일절 행사장면, 올림픽경기 개최장면, 축구경기, 배구경기 등 각종 경기의 장면이 사실적으로 표현된 것

㈐ 주지디자인을 기초로 한 용이 창작 당 업계에서 간행물이나 TV 등을 통하여 널리 알려져 있는 디자인을 '주지(周知)디자인'으로 보고, 이종(異種)물품간 전용의 상관습이 있는 경우 그것을 전용함에 있어서 가하여진 변형이 단순한 상업적 변형에 지나지 않는 것은 용이 창작으로서 디자인등록을 받을 수 없다. 예컨대 자동차나 비행기 등의 디자인을 완구나 장식물에 사용, 물고기·밤·호두 등 타음식물의 디자인을 과자류에 사용, ET인형의 형상모양을 저금통에 사용, 주지의 라디오 형상·모양과 주지의 시계 형상·모양이 결합된 것 등이 있겠다.

부분디자인의 용이창작에 관한 판단기준은 전체디자인의 용이창작에 관한 판단기준에 따른다. 출원디자인이 공지디자인과 동일 또는 유사하기도 하고, 주지의 형상 등에 의하여 용이하게 창작할 수도 있는 것인 경우에는 디자인보호법 제33조 제1항을 적용한다.

디자인보호법 제33조(디자인등록의 요건) 제2항에 따른 용이창작으로서 등록을 받을 수 없는 디자인은 디자인심사기준 제4부 제6장에 의한다. 여기서는 디자인심사기준을 소개한다.

: 참고

1) 법 제33조 2항에 따른 용이창작으로서 등록을 받을 수 없는 디자인은 다음의 기준에 의한다(디자인심사기준).

(1) 용이창작의 구체적인 판단방법

① 「주지의 형상·모양 등」이란 일반인이 이를 알 수 있을 정도로 간행물이나 T.V 등을 통하여 국내에서 널리 알려져 있는 형상·모양 등을 말한다.

예 만화영화나 게임 등의 등장 캐릭터가 방송이나 인터넷 등에서 주기적으로 등장하는 경우, 그러한 캐릭터는 널리 알려져 있는 형상·모양으로 볼 수 있다.

② 「그 디자인이 속하는 분야에서 통상의 지식을 가진 자」란 그 디자인이 표현된 물품을 생산, 사용 등 실시하는 업계(이하 "당 업계"라 한다)에서 그 디자인에 관한 보편적 지식을 가진 자를 말한다.

③ 「용이하게 창작할 수 있는 정도」란 공지디자인의 결합 또는 주지의 형상·모양 등을 거의 그대로 모방하거나 그 가하여진 변화가 단순한 상업적·기능적 변형에 불과하거나 또는 그 디자인 분야에서 흔한 창작수법이나 표현방법에 의해 이를 변경·조합하거나 전용하였음에 불과한 디자인 등과 같이 창작수준이 낮은 디자인을 말한다.

※ 「상업적·기능적 변형」이란 당 업계에서 통상의 지식을 가진 자라면 누구나 해당 디자인이 그 물품 또는 기능에 맞도록 하기 위하여 가할 수 있을 것이라고 생각되는 정도의 변화를 말하는 것으로서 다음과 같은 경우들을 예로 들 수 있다.

예 ㉮ 주지의 사각형 천정판 측면에 경사면을 표현한 정도의 것

㉯ 주지의 난형(卵形)을 뚜껑과 몸체로 분리하여 과자용기를 만드는 것

㉰ 유명캐릭터에 손과 발, 몸통을 약간 변형하여 인형으로 만드는 것

(상업적 변형의 예)

주지의 캐릭터 (디자인이 아님)	출원디자인	출원디자인
	"인형"	"걸이용 인형"

④ 주지의 형상·모양 등에 의한 용이창작 규정은 모든 물품에 적용한다.

⑤ 원칙적으로 공지디자인이나 주지의 형상·모양 등에 의하여 용이하게 창작할 수 있는지 여부를 판단하되, 다음의 경우를 포함한다.

㉮ 출원된 디자인의 구성요소 중 주지 또는 공지되지 않은 부분이 포함되어 있더라도 그 구성요소가 부수적이거나 창작성이 낮아 전체적인 미감에 미치는 영향이 적은 경우에는 용이창작에 해당하는 것으로 본다.

㉯ 출원된 디자인이 공지디자인의 결합이 아닌 하나의 공지디자인과의 관계에서 전체적인 심미감이 유사한 경우에는 원칙적으로 신규성 규정을 적용한다. 다만, 출원된 디자인이 공지디자인과 대비해서 전체적인 심미감에 차이가 있으나 창작수준이 낮은 경우에는 용이창작에 해당하는 것으로 볼 수 있다.

예 하나의 공지디자인으로부터 통상의 지식을 가진 자가 용이하게 창작할 수 있는 경우(대법원 2008후2800 판결 참고)

공지디자인

"전력계함"

등록디자인

"전력계 박스"

(2) 용이창작의 유형

① 공지디자인의 결합에 기초한 용이창작. 다만, 물품의 용도, 기능, 형태 등의 관련성으로 인하여 그 디자인의 결합이 당 업계의 상식으로 이루어질 수 없다고 판단되는 경우에는 용이창작으로 보지 아니한다.

㉮ 디자인의 구성요소의 일부분을 다른 디자인으로 치환하는 용이창작

예 공지의 시계가 부착된 라디오의 시계부분을 단순히 다른 시계의 형상 등으로 치환한 "시계가 부착된 라디오"

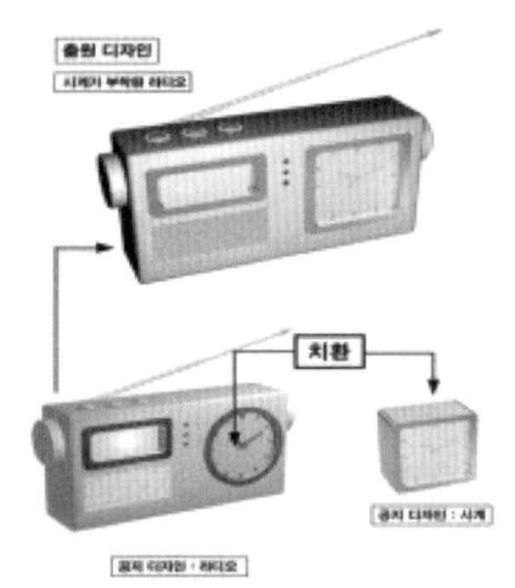

㉯ 복수의 디자인을 조합하여 하나의 디자인을 구성하는 용이창작

예 공지의 책상 형상에 공지의 책꽂이 형상을 부착하여 이루어진 "책꽂이가 부착된 책상"

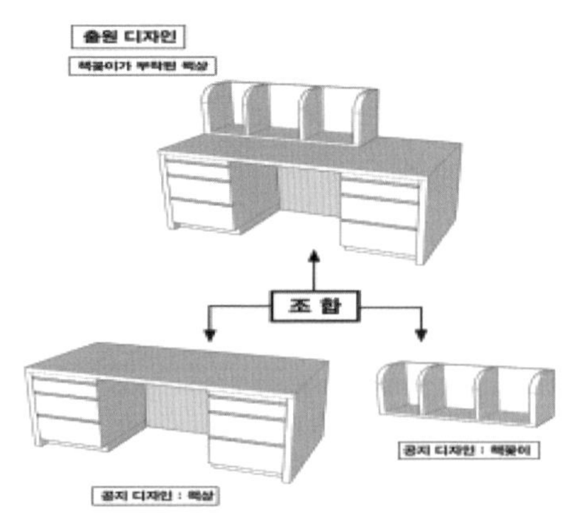

② 디자인의 구성요소의 배치변경에 의한 용이창작

예 공지디자인의 구성요소의 배치를 변경한 것에 지나지 않는 “전화기”

③ 디자인의 구성요소 비율의 변경이나 구성단위 수의 증감에 의한 용이창작

예 공지디자인의 구성단위 수를 달리한 것에 지나지 않는 “벤치”

④ 주지의 형상·모양·색채 또는 이들의 결합에 기초한 용이창작

※ 주지의 형상 등에 의한 것일지라도 그 디자인이 속하는 분야에서 통상의 지식을 가진 자가 쉽게 창작할 수 있는 것이 아니면 용이창작으로 보지 아니한다.

㉮ 평면적 형상의 예

삼각형

사각형

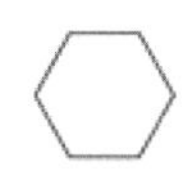
육각형

원형

매화형

누에고치형

반지형

별형

㉯ 입체적 형상의 예

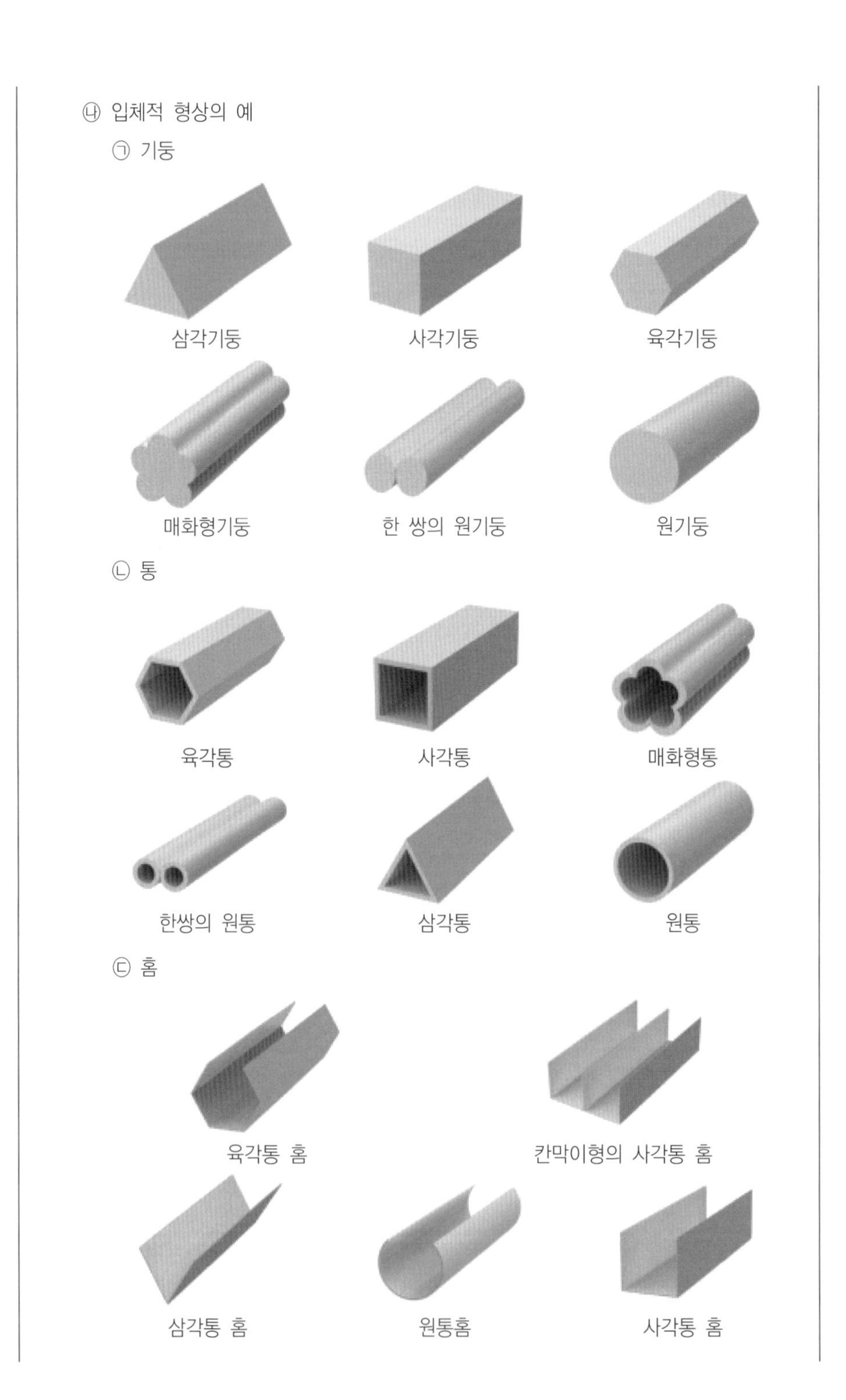
㉠ 기둥
삼각기둥
사각기둥
육각기둥
매화형기둥
한 쌍의 원기둥
원기둥
㉡ 통
육각통
사각통
매화형통
한쌍의 원통
삼각통
원통
㉢ 홈
육각통 홈
칸막이형의 사각통 홈
삼각통 홈
원통홈
사각통 홈

㉣ 뿔

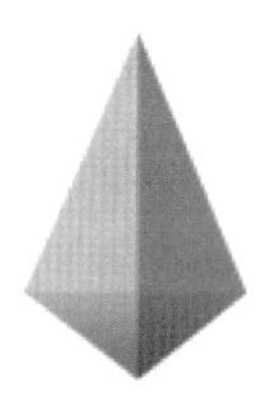
삼각뿔

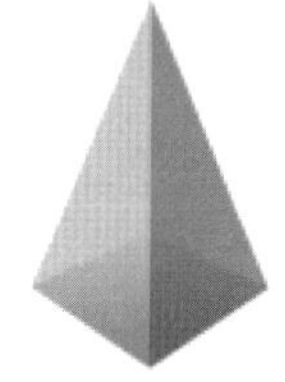
사각뿔

원뿔

육각뿔

㉤ 뿔대

삼각뿔대

사각뿔대

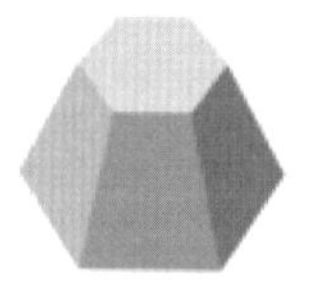
육각뿔대

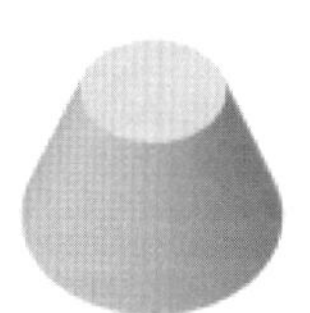
원뿔대

㉥ 뿔대통

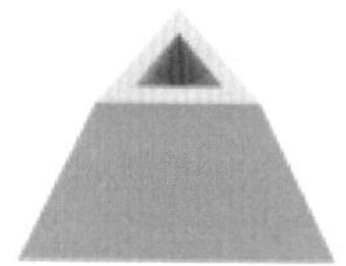
삼각뿔대통

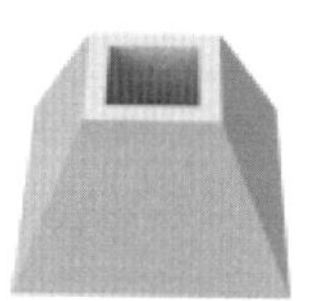
사각뿔대통

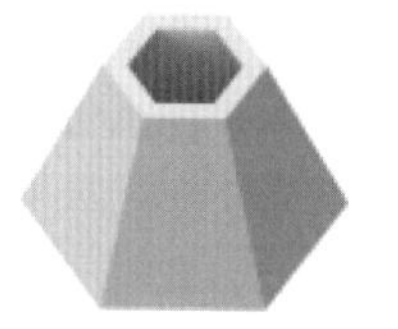
육각뿔대통

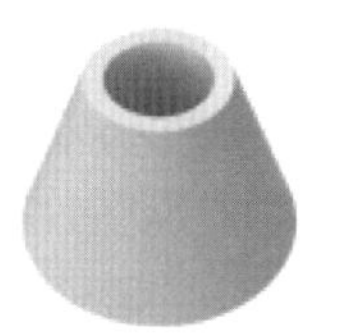
원뿔대통

㉦ 정다면체

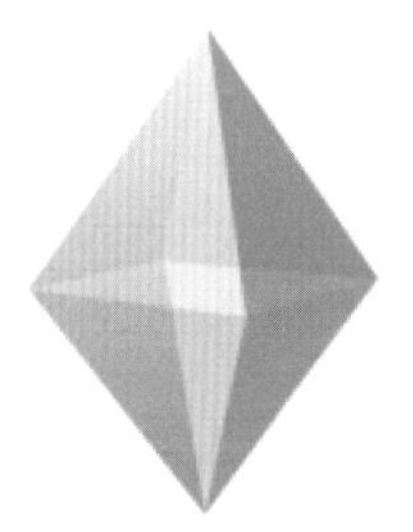
삼각형 정다면체

㉧ 기타

원구

반원기둥

㉰ 주지의 모양의 예

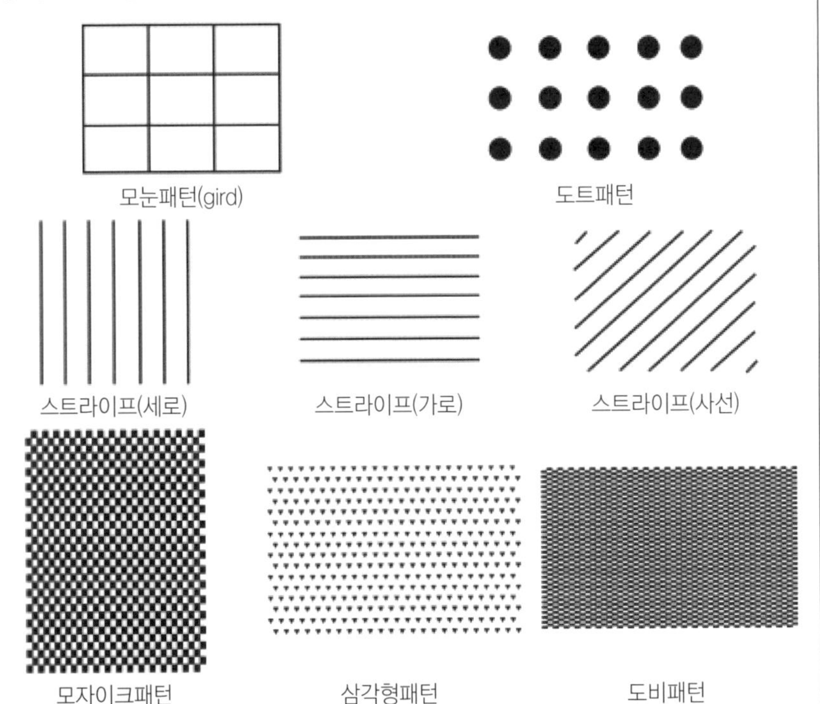

㉱ 물품의 전형적인 형상의 예: 비행기, 자동차, 기차 등의 전형적인 형상

㉲ 흔한 모양의 예: 봉황무늬, 거북등무늬, 바둑판무늬, 물방울무늬, 卍무늬 등

㉳ 색채: 색채가 모양을 이루는 경우에 한하여 판단요소로 하고 단일색으로 칠하여 진 것은 창작성 판단에 영향이 없는 것으로 본다.

㉴ 자연물, 유명한 저작물, 유명한 건조물, 유명한 경치 등을 기초로 한 용이창작 또는 이들의 결합을 기초로 한 용이창작. 지배적 특징들의 결합으로서 창작성이 낮은 경우를 포함한다.

㉠ 자연물: 새, 물고기, 소, 대나무잎, 꽃잎, 소나무, 나무결, 돌, 바위 등

※ 자연물이더라도 그 표현방법이 특이한 것은 「주지」가 아니다.

예 꽃잎, 곤충의 발 등 자연물의 일부를 특이한 각도에서 현미경으로 확대하여 본 확대사진 등

㉡ 저작물: 김홍도의 풍속도, 만화 주인공 "뽀빠이" 등 널리 알려진 그림, 조각, 만화, 영화 등

예 디자인의 모티브가 유명캐릭터와 유사한 경우 등

㉢ 건조물: 남대문, 남산타워, 자유의 여신상, 에펠탑, 불국사, 올림픽 주경기장 등 널

리 알려진 건조물

㉣ 경치: 백두산천지, 금강산, 한라산 백록담, 후지산, 나이아가라폭포 등 유명한 경치

㉤ 운동경기 또는 각종 행사장면: 삼일절 행사장면, 올림픽경기 개최장면, 축구경기, 배구경기 등 각종 경기의 장면이 사실적으로 표현된 것

※ 건조물이나 경치라도 보는 각도에 의하여 특징을 지니도록 표현되어 있으면 「주지」가 아니다.

㉸ 주지디자인을 기초로 한 용이창작은 다음의 경우에 이를 적용한다.

㉠ 당 업계에서 간행물이나 T.V 등을 통하여 널리 알려져 있는 디자인을 「주지디자인」으로 본다.

㉡ 이종 물품간의 디자인의 전용이 그 업계의 관행으로 되어 있는 경우

예 자동차나 비행기 등의 디자인을 완구나 장치물로 전용하는 것 등

㉢ 물품의 용도, 기능, 형태 등의 관련성으로 인하여 이종 물품간의 디자인의 전용이 당 업계의 상식으로 이루어지는 경우

예 ET 인형의 형상·모양을 저금통으로 전용하는 것 등

㉣ 물품의 형상과 문자로 구성된 디자인에 있어서 형상 및 문자부분이 결합된 전체로서 창작성이 없는 경우

예 고딕체로 거의 그대로 쓰여진 'ET'를 직사각형 형상의 "스티커"로 디자인한 것 등

③ 공지디자인이 주지의 형상·모양 등과 결합한 경우에도 용이창작에 해당하는 것으로 본다.

예 공지디자인과 주지의 형상·모양 등의 결합으로 용이창작인 경우(대법원 2008후491 판결 참고)

이 사건 등록디자인 "젓가락"	비교대상 디자인1 "젓가락"	비교대상 디자인2 "젓가락"	비교대상 디자인3 "캐릭터"
	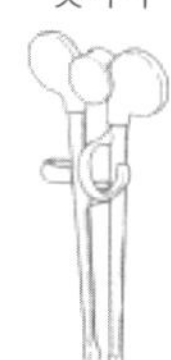	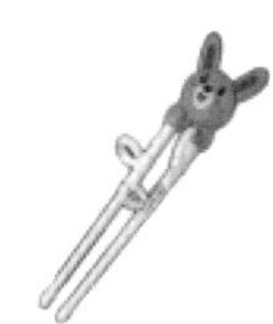	

(3) 용이창작에 대한 증거의 제시

① 반포된 간행물에 게재 또는 전기통신회선을 통하여 공중이 이용가능하게 된 공지·공용의 디자인을 용이창작 판단의 기초 자료로 하는 경우에는, 해당 공지·공용의 디자인이 게재된 간행물의 서지사항·디자인 또는 해당 디자인이 게재된 웹사이트의 주소·화면 등을 의견제출통지서에 첨부하여 해당 공지·공용의 디자인을 제시하여야 한다.

② 명백한 주지의 형상·모양 등 또는 주지의 디자인을 용이창작 판단의 기초자료로 하는 경우에는 증거를 제시할 필요가 없다.

(4) 당업자에게 있어서 흔한 창작수법이나 표현방법에 대한 증거의 제시

원칙적으로 당업자에게 있어서 흔한 창작수법이나 표현방법임을 나타내는 구체적인 증거를 출원인에게 제시할 필요가 있다. 다만, 그 형상·모양 등에 의해 물품디자인의 형태를 구성하는 것이 그 디자인이 속하는 분야에 통상 행해지는 형태의 구성이고, 당업자에게 있어서 흔한 창작수법이나 표현방법이라는 사실이 심사관에게 있어서 현저한 사실로 인정되는 경우에는 반드시 증거를 제시할 필요가 없다. 예를 들어 완구업계에 있어서 실제 자동차를 전부 그대로 자동차 장난감으로 전용하는 방법 등의 경우에는 반드시 증거를 제시할 필요가 없다.

2) 부분디자인의 용이창작에 관한 판단기준은 전체디자인의 용이창작에 관한 판단기준에 따르되, 전체에서 부분디자인으로 등록받으려는 부분의 기능 및 용도, 위치, 크기, 범위 등을 종합적으로 고려하여 판단한다.

3) 출원디자인이 공지디자인이나 주지의 형상·모양 등에 의하여 용이하게 창작할 수도 있고, 공지디자인과 동일하거나 유사하기도 한 경우에는 법 제33조(디자인 등록의 요건) 제1항(신규성) 각 호를 적용한다.

4) 디자인등록을 받을 수 있는 권리를 가진 자의 디자인이 신규성을 상실하게 된 경우에 그 날부터 12개월 이내에 그 자가 디자인등록출원을 하는 때에는 그 공지디자인은 용이창작의 판단근거로 하지 않는다.

※ 후출원의 거절참증으로 인용된 타인의 미공개 선출원 디자인이 그 거절이유의 통지로 인하여 공지되어 신규성을 상실한 후에 다시 출원된 경우에도 동일하다.

예 전화기의 본체 및 수화기의 디자인이 각각 먼저 공지된 이후 이들을 결합한 전화기의 디자인이 법 제36조(신규성 상실의 예외) 제1항에 따른 기간 내에 1디자인등록출원으로 출원된 경우

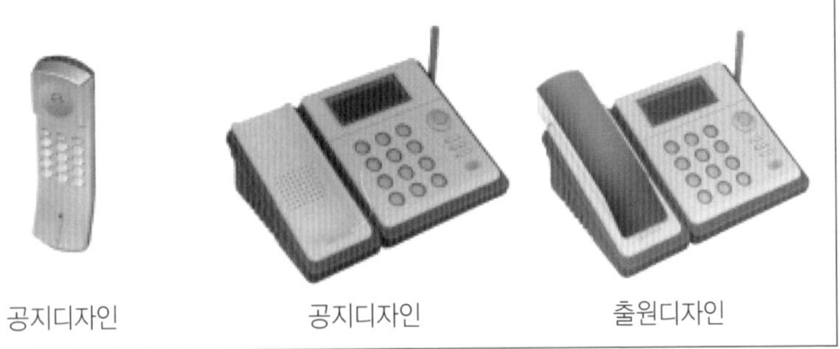

공지디자인　　공지디자인　　출원디자인

제3절 법률상 디자인등록을 받을 수 없는 디자인(소극적 요건)

제34조(디자인등록을 받을 수 없는 디자인)
다음 각 호의 어느 하나에 해당하는 디자인에 대하여는 제33조에도 불구하고 디자인등록을 받을 수 없다.
1. 국기, 국장(國章), 군기(軍旗), 훈장, 포장, 기장(記章), 그 밖의 공공기관 등의 표장과 외국의 국기, 국장 또는 국제기관 등의 문자나 표지와 동일하거나 유사한 디자인
2. 디자인이 주는 의미나 내용 등이 일반인의 통상적인 도덕관념이나 선량한 풍속에 어긋나거나 공공질서를 해칠 우려가 있는 디자인
3. 타인의 업무와 관련된 물품과 혼동을 가져올 우려가 있는 디자인
4. 물품의 기능을 확보하는 데에 불가결한 형상만으로 된 디자인

1. 의의 및 취지

어떤 디자인이 등록받기 위하여 적극적 요건(공업상 이용가능성, 신규성, 창작비용이성)을 갖추어도, 디자인보호법의 궁극적 목적인 공익의 증진에 반한 경우에는 등록을 받을 수 없다(디§34).

2. 디자인등록을 받을 수 없는 디자인

1) 국기·국장 등과 동일 또는 유사한 디자인

국기·국장(國章)·군기·훈장·포장(褒章)·기장(記章) 기타 공공기관 등의 표장(標章)과 외국의 국기·국장 또는 국제기관 등의 문자나 표지와 동일 또는 유사한 디자인은 디자인등록을 받을 수 없다(디§34 i). 이는 국내외를 막론하고 국가의 존엄성을 유지하고 공공기관 등이 지향하는 이념과 목적을 존중한다는 공익적인 견지에서 특정인에

게 독점권의 부여를 배제하고 남용을 막기 위함이다.

여기서 말하는 「표장」은 공공기관 등의 주된 마크(심벌)를 말하고, 「문자」나 「표지」는 국제기관 등의 명칭(로고타입을 포함한다)을 말하며 그 밖에 공공기관 또는 국제기관 등이 수행하는 공익사업에 사용하기 위한 표장(이하 "공익표장"이라 한다)을 포함한다.

공공기관 또는 국제기관 등이 자기의 표장, 또는 문자나 표지를 자기의 출원디자인의 일부 구성요소로 포함하여 출원한 경우, 또는 자기의 공익표장과 동일하거나 유사한 것을 출원하거나 자기의 공익표장을 디자인의 일부 구성요소로 포함하여 출원한 경우에는 적용하지 않는다.

타인이 공공기관의 표장, 국제기관의 문자나 표지 또는 공익표장과 동일하거나 유사한 것을 출원디자인의 일부 구성요소로 포함하여 출원한 경우에 적용한다.[29]

디자인의 대상이 되는 물품에 국기 등이 포함되어 있으나 가하여진 변화로 인해 국가의 존엄을 해할 우려가 있다고 볼 수 없는 경우에는 이 규정을 적용하지 않는다.

2) 공공의 질서나 선량한 풍속을 문란하게 할 염려가 있는 디자인

디자인이 주는 의미나 내용 등이 일반인의 통상적인 도덕관념이나 선량한 풍속에 어긋나거나 공공질서를 해칠 우려가 있는 디자인에 대하여는 디자인등록을 받을 수 없다(디§34 ⅱ). 이는 공공의 질서나 선량한 풍속을 문란하게 할 염려가 있는 디자인에 대해서 등록을 인정하면 법의 자기부정을 의미하게 되고, 법의 기본적 이념에 반하기 때문이다. 다만 디자인보호법에서는 특허법·실용신안법 등과 달리 공중의 위생을 해할 염려가 있는 디자인에 대한 규정은 없다. 이는 디자인이 발명이나 고안과는 달리 기능보다는 물품의 외관에 대한 심미감을 보호해주는 법이기 때문이라는 것을 근거로 한다.

'공공의 질서'란 국가나 사회의 공공적 질서 내지 일반적 이익을 말하며, 공공의 질서에 위반된 경우로는 ⅰ) 인륜, 사회정의 또는 국민감정에 반하는 것, ⅱ) 특정국가 또는 그 국민을 모욕하는 것 및 ⅲ) 저속·혐오 또는 외설스러운

29) 디자인심사기준(2017), 174면.

것, ⅳ) 국가원수의 초상 및 이에 준하는 것, ⅴ) 저명한 타인의 초상[30][31] 등을 말한다. '선량한 풍속'이란 사회의 일반적 도덕관념, 즉 모든 국민에게 지킬 것이 요구되는 최소한의 도덕률로서 이에 위반된 경우로는 저속·혐오 또는 외설스러운 것들을 말한다.

디자인의 대상이 되는 물품 또는 그와 관련된 물품의 규격이나 품질 등에 대한 인증을 나타내는 표지를 전체디자인의 일부 구성요소로 포함하고 있는 경우에 그 자체만으로 공공질서 등을 해칠 우려가 있다고 볼 수 없으므로 이 규정을 적용하지 않는다.[32]

3) 타인의 업무에 관계되는 물품과 혼동을 가져올 염려가 있는 디자인

(1) 의의

타인의 업무에 관계되는 물품과 혼동을 가져올 우려가 있는 디자인은 디자인등록을 받을 수 없다(디§34ⅲ). 이는 이러한 디자인의 보호등록을 인정하게 되면 수요자로 하여금 불측의 손해를 끼칠 수 있고, 나아가 그에 대해 독점배타적인 권리를 인정하면 부정경쟁을 조장하는 결과가 되어 산업활동의 유통질서를 유지할 수 없게 된다는 판단에 따른 규정이다.

'타인의 업무'란 타인이 계속적으로 사업일반을 말하고, 통상의 영업보다는 넓은 범위로 해석된다. 이는 또한 타인의 제조·판매 등의 영리적 업무뿐만 아니라 타인의 증명, 취급 또는 선택 등이 비영리적 업무도 일반인에게 오인·혼동의 염려가 있는 경우에는 포함된다.

본 규정은 업무주체의 혼동을 방지하기 위한 규정이다. 따라서 '물품'은 추상적, 관념적인 물품이면 족하고, 반드시 구체적인 물품의 존재를 필요로 하지 않는다.

(2) 판단

'혼동'은 사실상 유통시장에서의 혼동을 의미하므로 판단의 주체적 기준은 수요자가 된다. 또한 이는 사실상의 혼동을 의미하므로 시장 또는 산업에서의 업종

30) 다만 그 타인의 승낙을 얻은 경우에는 이 규정을 적용하지 않는다.

31) 요한 바오르 2세 교황 초상 사건(2007허8504).

32) 디자인심사기준(2017), 175면.

적 관련의 실태를 기초로 판단한다. 한편 심사실무에서는 다른 부등록사유와는 달리 '출원시'를 기준으로 판단한다. 따라서 심사시 혼동의 염려가 있어도 출원시에 그런 염려가 없었다면 본 규정은 적용되지 않는다. 또한 실제 혼동이 있을 것을 요하지 않고, 혼동의 우려가 있으면 족하다.[33)]

(3) 구체적 태양

가. 타인의 저명한 상표, 서비스표, 단체표장을 디자인으로 표현한 것[34)]

저명한 상표, 서비스표 및 단체표장 등은 출처표시기능이 강하므로 그것을 디자인으로 표현한 것은 타인의 업무에 관계되는 물품으로 오인될 우려가 있기 때문에 그 등록을 인정하지 않는다. 이 경우 저명상표 등의 등록여부는 문제되지 않는다. 다만 상표가 포함되어 있어도 그것이 디자인에 완전히 융합되어 상표로서의 인식이 없어졌다면 출처의 오인, 혼동 염려가 없으므로 등록을 받을 수 있다.

나. 비영리법인의 표장을 디자인으로 표현한 것

비영리법인이란 학술·종교·자선·사교 기타 비영리사업을 목적으로 하는 사단법인 또는 재단법인을 말한다. 예컨대 비교적 공공성이 적은 종교단체의 마크나 라이온스 클럽의 마크를 디자인으로 표현한 것 등이 여기에 해당한다.

다. 타인의 상업적 성격을 띤 저명한 디자인을 이용한 것 등이 있다.[35)]

디자인은 근본적으로 상표와 그 성격이 상이하나 장기간의 사용에 따라 그 제조자를 연상하게 되는 경우에, 즉 장기간 사용으로 출처표시라는 상표적 기능을 갖게 된 경우에는 부정경쟁을 방지하고 건전한 유통질서를 유지하기 위하여 부등록사유가 된다.

디자인의 대상이 되는 물품 또는 그와 관련된 물품의 규격이나 품질 등에 대한 인증을 나타내는 표지를 디자인의 일부 구성요소로 포함하고 있는 경우에는 그 부분은 출처를 나타내는 표시가 아니라 인증에 관한 정보전달만을 위해 사용하는 것으로 보아 이 규정을 적용하지 않는다.[36)]

---

33) 루이비똥 사건(2007후3707).

34) 입체상표의 경우도 포함.

35) 2012허3916.

36) 디자인심사기준(2017), 176면.

4) 물품의 기능을 확보하는 데 불가결한 형상만으로 된 디자인37)

(1) 의의

물품의 기능을 확보하는 데 불가결한 형상만으로 된 디자인은 등록받을 수 없다(디 §34iv). 물품의 기능을 확보하는 데 불가결한 형상은 자연법칙을 이용한 기술적 사상의 창작에 해당되는 것으로서 디자인의 보호대상이라기보다는 특허법 또는 실용신안법의 보호대상이라 할 것이며, 이러한 형상만으로 된 디자인에 독점권을 부여하면 그 기능을 갖는 물품을 제3자가 실시할 수 없게 되어 경제활동을 부당하게 제한하여 산업발전을 저해할 수 있기 때문에 이러한 디자인은 디자인등록을 받을 수 없다.

'물품의 기능'이란 그 물품이 발휘하는 기술적인 작용, 효과를 말하며, 형상·모양·색채 또는 이들의 결합이 발휘하는 '미적 효과'와 같은 심리적·시각적 기능을 포함하지 않는다. '물품의 기능을 확보하는 데 불가결한 형상'이란 물품의 기능을 확보하기 위해 필연적으로 결정되어 버린 형상을 말하며, '불가결한 형상만으로 된 디자인'은 그 디자인의 형상이 오로지 물품의 기능과 관련된 필연적 형상만으로 구성되어 있는 것을 말한다.

이러한 디자인에 해당하는지 여부는 디자인등록여부를 결정할 때를 기준으로 판단하게 된다.

(2) 구체적 형태

물품의 기능을 확보하는 데 불가결한 형상만으로 된 디자인. 예를 들면 i) 물품의 기술적 기능을 확보하기 위해 필연적으로 정해진 형상(예 파라볼라 안테나)의 디자인, ii) 물품의 호환성 확보를 위해 형상 및 치수 등의 규격이 표준화된 형상(예 KS 규격품, ISO 규격품 등) 등이 있다.

i) 물품의 기술적 기능을 확보하기 위해 필연적으로 정해진 형상의 디자인38)
이는 ① 그 기능을 확보할 수 있는 대체적인 형상이 그 외에 존재하는지의 여부, ② 필연적 형상 이외의 디자인을 평가하는 데 있어 고려하여야 할 형상을 포함하는지 여부 등에 의하여 판단한다.

37) 자동차 앞유리 사건(2005후841).

38) 예: 파라볼라 안테나.

ii) 물품의 호환성 확보를 위해 형상 및 치수 등의 규격이 표준화된 형상[39] 다만 규격을 정한 주목적이 기능의 발휘에 있지 않는 물품의 형상은 제외한다(규격봉투, USB 규격포트 등).

5) 법적 취급

제34조 부등록사유에 해당하는 경우, 거절이유, 정보제공사유, 이의신청이유, 무효사유에 해당한다.

3. 등록을 받을 수 없는 디자인의 해당여부 판단대상

1) 디자인보호법 제34조(디자인등록을 받을 수 없는 디자인) 제1호부터 제3호까지의 규정은 출원디자인의 전체뿐만 아니라 1부분, 1부품 또는 1구성 물품이 이에 해당하는 경우에도 적용된다.
2) 디자인보호법 제34조(디자인등록을 받을 수 없는 디자인) 제4호는 출원디자인의 전체형상이 이에 해당하는 경우에만 적용된다.

4. 등록을 받을 수 없는 디자인의 해당여부 판단시점

1) 디자인보호법 제34조(디자인등록을 받을 수 없는 디자인) 제1호, 제2호 또는 제4호에 해당하는지는 등록여부결정시를 기준으로 한다.
2) 디자인보호법 제34조(디자인등록을 받을 수 없는 디자인) 제3호에 해당하는지는 출원시를 기준으로 한다.

39) 「표준화된 규격」이라 함은 산업표준화법에 의거한 한국산업표준(KS), 국제표준화기구의 ISO규격 등 법률과 공적인 표준화 기관에 의해 확정된 '공적인 표준 규격'과 공적인 규격은 아니나 그 규격이 당해 물품분야에 있어서 업계 표준으로서 인지되고 있고, 당해 표준규격에 기초한 제품이 그 물품의 시장을 사실상 지배하고 있는 것으로 규격으로서의 명칭, 번호 등에 따라 표준이 되어 있는 형상, 척도등의 상세를 특정할 수 있는 '사실상의 표준 규격'을 말한다.

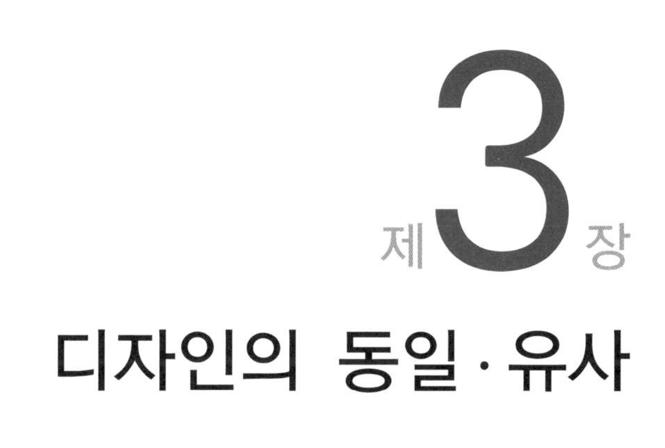

제3장 디자인의 동일·유사

제3장 디자인의 동일·유사

디자인보호법 시행규칙

제38조(물품류 구분 등)

① 법 제40조 제2항에 따른 물품류 구분은 「산업디자인의 국제분류 제정을 위한 로카르노협정」에 따른 별표 4로 한다.

② 제1항에 따른 각 물품류에 속하는 구체적인 물품은 특허청장이 정하여 고시한다.

③ 법 제37조 제4항 전단에서 "산업통상자원부령으로 정하는 물품"이란 별표 4 중 제2류, 제5류 및 제19류에 속하는 물품을 말한다.

④ 법 제42조 제2항에 따른 한 벌의 물품의 구분은 별표 5와 같다.

물품 유사여부의 구체적 판단방법(디자인심사기준)

1) 완성품(부품의 종합체)과 부품의 유사여부 판단은 다음과 같이 한다.

(1) 완성품과 부품은 용도가 서로 다른 비유사물품으로 본다.

※ 「부품」은 완성품의 일부를 구성하는 물품으로서 분리가 가능하고 독립거래의 대상이 되는 것을 말한다.

예 "자전거 핸들"

※ 「부속품」은 완성품의 용도를 확장하거나 기능을 보조, 보충하는 역할을 하는 물품으로서 그 자체가 독립거래의 대상이 되는 것을 말한다.

예 "자전거 반사경"

(2) 부품의 구성이 완성품에 가까운 경우에는 위의 (1)에도 불구하고 양 물품은 유사물품으로 보아 디자인의 유사여부를 판단한다.

예 ① "사진틀"과 "사진틀 테"

② "손목시계"와 "손목시계 본체"

③ "안경"과 "안경테"

2) 형틀과 그 형틀로부터 만들어지는 물품은 유사하지 아니한 것으로 본다.

예 "빵틀"과 "빵"

3) 글자체 간 유사여부

규칙 [별표 4](물품류 구분) 중 제18류 제3군의 '글자체'에서 한글 글자체, 영문자 글자체, 한자 글자체, 그 밖의 외국문자 글자체, 숫자 글자체, 특수기호 글자체 상호간은 유사한 물품으로 보지 않는다.

제1절 서설

디자인보호법 제33조 제3항은 디자인등록출원한 디자인이 「해당 디자인등록출원을 한 날 전에 디자인등록출원을 하여 해당 디자인등록출원을 한 후에 출원공개되거나 등록공고된 다른 디자인등록출원의 출원서의 기재사항 및 출원서에 첨부된 도면·사진 또는 견본에 표현된 디자인의 일부와 동일하거나 유사한 경우」에 그 디자인에 대하여는 제1항의 규정에 불구하고 디자인등록을 받을 수 없도록 규정하였다. 그에 따라 디자인심사기준에서는 디자인의 유사 여부에 대한 판단 기준을 규정하고 있다(뒤의 구체적인 설명을 참조바람).

디자인은 물품(물품의 부분 및 글자체를 포함한다)의 미적 외관에 관한 창작이므로 자연법칙을 이용한 기술적 사상의 창작인 특허법이나 실용신안법에서의 발명·고안에 비해 타인의 모방이 용이하고, 또한 디자인은 물품과의 불가분성에 따라 물품에 한정되기 때문에 동일성 개념만으로는 권리의 폭이 협소하여 디자인의 보호에 만전을 기할 수 없으므로 "디자인의 유사"라는 개념을 도입하여 권리의 폭의 확장을 도모하려는 것에 그 취지가 있다고 하겠다.[1]

즉 디자인보호법상 디자인의 동일·유사여부의 판단은 첫째, 시각적으로·육안으로 관찰하여야 하고, 둘째, 관찰에는 직접 또는 격리관찰이 있고, 2개의 디자인을 격리하여 관찰해서는 아니 되고, 물품의 외관을 직접 서로 대비하여 디자인의 세밀한 부분까지 관찰[2]해서는 아니 된다. 셋째, 물품의 '외관'을 중점적으로 관찰하여 판단하여야 하고, 넷째, 디자인은 '전체적으로' 동일한지 유사한지 여부를 판단하여야 한다. 따라서 부분적으로 분석·관찰하여 유사부분이 있더라도 전체적으로 다른 미감을 주게 되면 유사하다고 볼 수 없다. 반대로 부분적으로 유사하지 않더라도 전체적으로 유사하면 양 디자인이 유사하다고 보아야 한다. 다섯째, 전체적으로 판단하더라도 잘 보이는 요부와 그렇지 않은 부분 중에서 잘 보이는 요부에 큰 비중을 두어 동일유사 여부를 판단하여야 한다(요부관찰). 여기서 요부란 단순히 잘 보이는 것뿐만 아니라 수요자의 주의를 가장 끌기 쉬운 부분을 의미한다. 요부관찰을 위하여는 선행적으로 요부를 확정하여야 한다.

제2절 디자인의 동일(同一)

1. 의의

디자인이 동일하다는 의미는 두개의 디자인을 상호 비교할 때에 그 디자인을 구성하고 있는 물품의 형태(형상·모양·색채 또는 이들의 결합한 것)가 시각을 통하여 동일한 미감을 일으키는 것을 말한다.[3] 따라서 동일하다는 것은 물리적으로 동일하

1) 서용태, "디자인의 유사 여부 판단 기준에 대한 판례 검토," 특허청 참조.

2) 2개 디자인을 동시에 벽에 걸어두고, 뒤로 물러서서 비교하여 보고 잠시 후 다시 위치를 바꾸어 혼동을 일으키는 것인가를 비교하여야 한다. 이를 간접대비관찰이라 한다.

3) 대법원 1990. 5. 8. 선고 89후2014 판결.

다는 의미는 아니고 일반소비자의 입장에서 시각적으로 동일한 미감을 주면 된다.

디자인의 동일성으로 다투는 경우는 거의 없고, 대부분 유사 여부로 다투고 있다. 왜냐하면 디자인의 동일여부는 보정 단계에서의 요지를 변경하거나 출원을 분할하면 해결되기 때문이다.

2. 동일성 판단요소

디자인이란 디자인보호법 제2조 제1호에서 '디자인'이란 물품[물품의 부분(제42조는 제외한다) 및 글자체를 포함한다. 이하 같다]의 형상·모양·색채 또는 이들을 결합한 것으로서 시각을 통하여 미감(美感)을 일으키게 하는 것을 발한다.

즉 디자인의 동일·유사여부를 판단하기 위해서는 ① 물품의 동일여부와 ② 형태의 동일여부를 판단하여야 한다.

: 관련 판례 물품의 동일성 여부-대법원 1992. 4. 24. 선고 91후1144 판결

디자인은 물품을 떠나서는 존재할 수 없고 물품과 일체불가분의 관계에 있으므로 디자인이 동일 유사하다고 하려면 디자인이 표현된 물품과 디자인의 형태가 동일 유사하여야 할 것인바, 물품의 동일성 여부는 물품의 용도, 기능 등에 비추어 거래통념상 동일 종류의 물품으로 인정할 수 있는지 여부에 따라 결정하여야 할 것이고 의장법(현 디자인보호법)시행규칙 제9조 소정의 물품구분표는 디자인등록사무의 편의를 위한 것으로서 동종의 물품을 법정한 것은 아니라고 할 것이므로 물품구분표상 같은 유별에 속하는 물품이라도 동일성이 없는 물품이 있을 수 있고 서로 다른 유별에 속하는 물품이라도 동일성이 인정되는 경우가 있다고 할 것이다.

즉 물품의 동일성 여부는 물품의 용도·기능[4] 등에 비추어 판단하고, 형태의 동일성 여부는 물품의 형상·모양·색채 또는 이들을 결합한 것으로서 판단한다. 그 외에도 재질이나 크기, 구조·기능, 투명, 질감, 광택, 그리고 동적디자인에서는 보이는 부분 등이 판단요소가 될 수 있다.

물품 유사여부의 일반적 기준은 '동일물품'이란 용도와 기능이 동일한 것을

4) 「용도」란 물품이 실현하려는 사용목적을 말하며, 「기능」이란 용도를 실현할 수 있는 구조·작용 등을 말한다.

말하며, '유사물품'이란 용도가 동일하고 기능이 다른 것을 말한다. 예를 들면, "볼펜"과 "만년필"이다.

비유사물품인 경우에도 용도상으로 혼용될 수 있는 것은 유사한 물품으로 볼 수 있다.[5] 여기서 '혼용'이란 용도가 다르고 기능이 동일한 물품을 용도를 바꿔서 사용하는 것을 말한다. 예를 들면, "수저통"과 "연필통" 등이다.

: 관련 판례 **대법원 2004. 6. 10. 선고 2002후2570 판결**

기록에 의하여 이 사건 등록의장의 대상 물품인 위 거품 넘침 방지구와 이에 대응하는 위 일본국 공보 게재의 순환통이 동일·유사한 물품인지에 관하여 살펴 보면, 위 거품 넘침 방지구를 설치하는 용기는 '빨래를 삶는' 용도로 쓰이고, 위 일본국 공보에 게재된 '순환통'을 설치하는 용기는 '밥을 짓는' 용도로 쓰이는 점에서 차이가 있기는 하지만, 위 거품 넘침 방지구와 순환통은 그 형상과 모양에서 각 단면도가 '위 거품 넘침 방지구'와 '순환통'으로서 서로 유사하며, 그 기능에 있어서는 위 두 물품 모두 설치된 용기를 가열하는 장치가 위 각 물품 하단과 용기 사이의 공간을 차지하고 있는 물 등을 직접 가열함에 따라 그 내부에 차 있는 물 등의 온도가 바깥 부분보다 높은 온도로 상승하면서 생긴 거품 등이 위 물품 윗부분에 있는 방출공으로 나오면서 냉각되었다가 다시 위 물품 아래쪽 밑부분으로 들어가는 등의 방법으로 용기 내부에 차 있는 물 등을 순환시킴으로써 그 용기의 내부에 채워진 빨래나 쌀 등을 일정한 온도로 삶거나 익히고, 위 용기 내부에서 생기는 세제거품이나 밥물이 밖으로 넘침을 방지함과 아울러 열손실을 방지하는 효과를 가져오는 점에서 그 기능이 실질적으로 동일할 뿐 아니라, 위 거품 넘침 방지구를 빨래 삶는 용기에 사용하지 않고 가마솥에만 그대로 사용하거나, 그 반대로 위 순환통을 빨래 삶는 용기에서 사용하는 것도 얼마든지 가능하다고 보이므로, 양 의장의 대상 물품이 동일 또는 유사한 물품에 해당한다.

3. 동일성이 문제되는 경우

두 개의 디자인이 동일하려면, 첫째 물품이 동일하여야 하고, 둘째, 형태(형상·모양·색채 또는 이들의 결합한 것)가 동일하여야 한다. 다만 극히 미세한 차이만 있더라도 전체적 심미감이 동일한 경우에는 디자인이 동일하다고 볼 수 있다.[6]

5) 대법원 2004. 6. 10. 선고 2002후2570 판결.
6) 대법원 2001. 7. 13. 선고 2000후730 판결.

1) 출원의 보정에서의 요지변경

디자인등록출원인은 최초의 디자인등록출원의 요지를 변경하지 아니하는 범위에서 디자인등록출원서의 기재사항, 디자인등록출원서에 첨부한 도면, 도면의 기재사항이나 사진 또는 견본을 보정할 수 있다(디§48①). 그러나 심사관은 제48조에 따른 보정이 디자인등록출원의 요지를 변경하는 것일 때에는 결정으로 그 보정을 각하하여야 한다(디§49①). 보정이 최초의 디자인등록출원의 요지를 변경하는 것으로 디자인권의 설정등록 후에 인정된 경우에는 그 디자인등록출원은 그 보정서를 제출한 때에 디자인등록출원을 한 것으로 본다(디§48⑤). 이는 보정의 소급효에 의한 제3자의 예측할 수 없는 불이익을 방지하기 위한 것이다.[7]

2) 출원분할과 조약에 의한 우선권 주장 시

디자인출원인이 디자인등록출원의 일부를 1 이상의 새로운 디자인등록출원으로 분할하여 디자인등록출원을 할 수 있다(디§50①). 즉 디자인출원인이 동일성의 문제가 발생하면 분할로서 해결하는 방법을 생각할 수 있다.

조약에 따른 디자인출원인이 당사국에 출원한 후 동일한 디자인을 대한민국에 디자인등록출원하여 우선권을 주장하는 경우에는 제33조(디자인 등록요건) 및 제46조(선출원)를 적용할 때 그 당사국 또는 다른 당사국에 출원한 날을 대한민국에 디자인등록출원한 날로 본다(디§51①). 이 경우에도 디자인출원인은 동일성의 문제가 발생하면 우리나라에서 우선권을 주장하면서 해결하는 방법을 생각할 수 있다. 그러나 우선권 주장의 기초가 되는 제1국(당사국)의 출원과 제2국(우리나라)의 출원 간에 출원내용이 동일하여야 한다.

7) 노태정, 「디자인보호법개설」(제3판), 세창출판사, 2017, 123면.

제3절 디자인의 유사(類似)

1. 의의

디자인의 침해에서는 대부분이 동일여부보다는 유사여부가 문제가 된다. 디자인의 유사여부 판단은 디자인의 대상이 되는 물품이 유통과정에서 일반수요자를 기준으로 관찰하여 다른 물품과 혼동할 우려가 있는 경우에는 유사한 디자인으로 보며 또한 혼동할 우려가 있을 정도로 유사하지는 않더라도 그 디자인 분야의 형태적 흐름을 기초로 두 디자인을 관찰하여 창작의 공통성이 인정되는 경우에도 유사한 디자인으로 본다.

2. 유사의 판단

1) 유사여부의 판단기준

디자인의 유사여부는 전체적으로 관찰하여 종합 판단한다. 이때 '관찰'은 육안으로 비교하여 관찰하여야 하며,[8] '전체적으로 판단한다'함은 디자인의 요부 판단과 그 비교만으로 디자인의 유사여부를 판단할 것이 아니라 디자인을 전체 대 전체로서 대비 관찰하여 부분적으로 유사하더라도 전체적으로 유사하지 아니하면 비유사디자인으로, 부분적으로 다른 점이 있더라도 전체적으로 유사하면 유사한 디자인으로 판단한다.

2) 디자인의 유사여부 판단대상

디자인이 동일하거나 유사한 물품 간에서만 디자인의 유사여부를 판단한다.[9] 물품의 유사여부에 따른 디자인의 유사여부는 다음과 같다(디자인심사기준).

8) 확대경, 현미경 등을 사용하여 관찰하여서는 아니 된다. 다만, 확대관찰하는 것이 통상적인 경우에는 예외로 한다.

9) 대법원 1999. 12. 28. 선고 98후492 판결.

구 분	동일물품	유사물품	비유사물품
형상·모양·색채 동일	동일 디자인		
형상·모양·색채 유사		유사 디자인	
형상·모양·색채 비유사			비유사 디자인

3) 디자인의 유사여부 판단방법(디자인심사기준)

(1) 디자인의 유사여부 판단의 일반원칙

가. 디자인의 유사여부 판단은 디자인의 대상이 되는 물품이 유통과정에서 일반수요자를 기준으로 관찰하여 다른 물품과 혼동할 우려가 있는 경우에는 유사한 디자인으로 본다. 또한 혼동할 우려가 있을 정도로 유사하지는 않더라도 그 디자인 분야의 형태적 흐름을 기초로 두 디자인을 관찰하여 창작의 공통성이 인정되는 경우에도 유사한 디자인으로 본다.

나. 유사여부는 전체적으로 관찰하여 종합적으로 판단한다.

① 「관찰」은 육안으로 비교하여 관찰하는 것을 원칙으로 하되, 디자인에 관한 물품의 거래에서 물품의 형상 등을 확대하여 관찰하는 것이 통상적인 경우에는 확대경·현미경 등을 사용하여 관찰할 수 있다.

② 「전체적으로 판단한다」란 디자인을 구성하는 각 요소를 분리하여 개별적으로 대비할 것이 아니라 그 외관을 전체적으로 대비 관찰하여 보는 사람으로 하여금 상이한 심미감을 느끼게 하는지 여부에 따라 판단하여야 한다는 것이므로 그 지배적인 특징이 유사하다면 세부적인 점에 다소 차이가 있을지라도 유사한 것으로 본다.

: 관련 판례 대법원 2012. 4. 26. 선고 2011후2787 판결

기록에 의하여, 디자인의 전체적인 형상과 모양이 잘 드러난 사시도, 정면도를 중심으로 하여 이 사건 등록디자인과 비교대상디자인 1을 대비하여 보면, 양 디자인은 전체적으로 상하 모서리가 만곡된 원기둥 형상인 점, 몸체 둘레에는 상하 2줄로 테두리 형태의 홈이 형성되어 있는 점, 각 홈은 '〕〔'와 같은 형상인 점, 중심부에는 지주를 삽입할 수 있도록 통공이 형성되어 있는 점 등의 지배적인 특징이 유사하다.

다만 이 사건 등록디자인이 몸체 상단부에 홈이 없음에 비하여 비교대상디자인 1은 방사형

으로 6개의 홈이 패여 있는 점, 이 사건 등록디자인이 몸체 상·하단의 통공 입구에 두께가 얇은 돌출부가 형성되어 있음에 비하여, 비교대상디자인 1은 몸체 상·하단의 통공 입구에 돌출부가 형성되어 있지 않은 점 등에서 차이가 나기는 하나, 이러한 차이점은 당해 물품을 자세히 볼 때에만 비로소 인식할 수 있는 세부적인 구성의 미세한 차이에 불과하여 전체적인 심미감에 큰 영향을 미칠 정도라고하기 어려우므로, 양 디자인은 이와 같은 차이에도 불구하고 전체적으로 그 심미감이 유사하다.

③ 상식적인 범위에서 물품의 대소의 차이는 유사여부 판단의 요소로 고려하지 아니한다.

④ 재질은 그 자체가 모양이나 색채로서 표현되는 경우에만 유사여부 판단의 요소로 참작한다.

⑤ 기능, 구조, 정밀도, 내구력, 제조방법 등은 그 자체가 외관으로 표현되지 않는 한 유사여부 판단의 요소가 될 수 없다.

다. 디자인의 유사범위의 폭 설정방법 참신한 디자인일수록 유사의 폭을 넓게 보고, 같은 종류의 것이 많이 나올수록 유사의 폭을 좁게 본다.

① 유사의 폭이 비교적 넓은 것

㉮ 새로운 물품

㉯ 같은 종류의 물품 중에서 특히 새로운 부분을 포함하는 것

㉰ 특이한 형상 또는 모양

② 유사의 폭이 비교적 좁은 것

㉮ 옛날부터 흔히 사용되었거나 여러 가지 디자인이 많이 창작되었던 것

예 칼, 식기, 포장용 용기 등

㉯ 단순한 형태의 것으로서 옛날부터 사용되어 오던 것

예 젓가락, 편지지 등

㉰ 구조적으로 그 디자인을 크게 변화시킬 수 없는 것

예 자전거, 쌍안경, 운동화, 자동차용 부품 등

㉱ 유행의 변화에 한계가 있는 것

예 신사복, 한복 등

(2) 디자인의 형태에 의한 유사여부 판단방법

가. 형상, 모양 및 색채에 의한 디자인의 유사여부 판단은 다음과 같이 한다.

① 형상이나 모양 중 어느 하나가 유사하지 아니하면 원칙적으로 유사하지 아니한 디자인으로 보되, 형상이나 모양이 디자인의 미감에 미치는 영향의 정도 등을 종합적으로 고려하여 디자인 전체로서 판단한다.

② 모양의 유사여부는 주제(Motif)의 표현방법과 배열, 무늬의 크기 및 색채 등을 종합하여 판단한다.

③ 색채는 모양을 구성하지 아니하는 한 유사여부 판단의 요소로 고려하지 아니한다.

: 관련 판례 대법원 2007. 10. 25. 선고 2005후3307 판결

공지의 배구공을 이 사건 등록디자인에 사용된 것과 동일한 형상과 모양의 12개의 조각을 이어 붙여서 만든 것으로서, 양 디자인은 형상과 모양이 동일하고, 기본적인 채색 구도에 있어서도 전체의 절반에 해당하는 6개의 조각에 대해서는 흰색 내지는 흰색과 거의 동일한 바탕색으로 놔둔 채 6개의 조각에 대해서만 채색을 한 점 및 채색된 조각의 위치가 동일하며, 단지 이 사건 등록디자인은 빨간색과 파란색을 각 3개의 조각씩 입힌 데에 반하여 비교대상디자인은 단일의 진한 감색(거의 검정색과 같아 보인다)을 입혔다는 차이가 있을 뿐이므로(원심 판시의 비교대상디자인에는 영문으로 'TRIUMPH' 등의 문자가 포함되어 있으나 그 글꼴이 도형화 된 것도 아니고 문자 본래의 의미 전달에 충실한 것으로서 디자인의 유사 여부를 판단함에 있어서 고려할 것은 아니다), 다른 특별한 사정이 보이지 아니하는 이 사건에서 위 두 디자인은 보는 사람에게 주는 심미감에 차이가 없는 유사한 디자인이다.

④ 공지의 형상을 구성요소로 하고 있는 경우에도 그 부분이 특별한 심미감을 불러일으키지 못하는 것이 아닌 한 그것까지 포함한 전체로서 관찰하여 느껴지는 심미감에 따라 판단한다.

: 관련 판례 대법원 2009. 1. 30. 선고 2007후4830 판결

이 사건 등록디자인과 원심 판시 비교대상디자인 4의 유사 여부를 판단할 때에는 롤러부와 장착부의 형상 부분까지 포함하여 전체로서 대비 관찰하여야 할 것인바, 양 디자인의 전체적인 형상과 모양이 잘 나타나면서 미감이 같게 느껴지는 방향에서 본 사시도를 중심으로 하여, 이 사건 등록디자인과 비교대상디자인 4를 대비하여 보면, 상부가 오목한 반원 형상을 이루는 2개

의 프레임 사이에 소정 간격을 두고 원통형 롤러를 설치하여 롤러부를 구성한 점, 사각바로 된 지지대에만 끼울 수 있도록 각이 진 장착부를 형성한 점, 장착부가 롤러부에 연결되는 위치가 3번째 롤러와 4번째 롤러 사이의 프레임인 점이 공통되고, 롤러부가 롤러튜브를 받치기 위하여 눕는 각도 또한 거의 비슷하므로, 양 디자인은 전체적으로 그 심미감이 유사하다. 다만, 양 디자인은 프레임과 장착부를 연결하는 부위에서의 형상 및 삼각형 구멍의 유무, 장착부가 통철판 구조로 형성되었는지의 여부 등에서 차이가 나기는 하나, 이러한 차이점들은 당해 물품에 근접하여 자세히 볼 때에만 비로소 인식할 수 있는 세부적인 구성의 미세한 차이에 불과하거나 흔히 취할 수 있는 변형에 해당하여 새로운 미감적 가치를 창출한 부분이라고 볼 수 없으므로, 이와 같은 차이점들로 인하여 양 디자인의 전체적인 심미감이 달라진다고 보기는 어렵다.

⑤ 공지의 형상에 독특한 모양이 화체되어 새로운 미감을 일으키는 경우에는 모양에 비중을 두어 판단한다.

: 관련 판례 대법원 2004. 8. 30. 선고 2003후762 판결

기록에 의하면, 안경테, 렌즈, 코걸이, 홀더, 커넥터, 안경다리로 구성된 산업용 안경의 형상과 모양 중 안경테 주위에 부가된 보호용 덧살, 안경다리의 앞쪽 부위에 삼각형 형태로 부가된 보호용 덧살, 안경다리 중 귀에 걸리는 굴곡 부분의 각 형상과 모양, 정면에서 바라볼 때 대체로 역삼각형으로 형성된 렌즈 및 안경테의 모양이 이 사건 등록의장의 출원 이전에 이미 안경업계에서 통상적으로 실시해 온 것인 사실, 이 사건 등록의장의 등록의장공보의 도면 부분에 좌측면도를 확대한 사진이 '요부확대사진'으로 등재되어 있는 사실이 인정되므로, 위 법리에 의하면, 피고의 의장이 이 사건 등록의장의 권리범위에 속하는지 여부를 판단함에 있어서는 양 의장 모두 안경테의 정면에 해당하는 부분이 아니라 안경테와 안경다리를 연결하는 측면의 홀더 및 커넥터의 형상과 모양에 중점을 두어 양 의장의 유사 여부를 판단하여야 한다.

이에 따라 양 의장의 유사 여부를 살펴보면, 양 의장의 커넥터 부분은 원심 판시와 마찬가지로 그 심미감에 큰 차이가 있다고 할 수는 없지만, 홀더 부분에 있어서는 원심 판시와 같은 차이가 있고, 홀더와 커넥터로 구성된 측면부가 안경 착용자의 측면부에서 가장 눈에 띄기 쉬운 부분인 점, 양 고안의 정면 부분은 공지의 형상, 모양으로서 그 부분의 동일성이 심미감에 별다른 영향을 미치지 않는 점에 비추어 볼 때, 양 의장의 위와 같은 홀더 부분의 차이는 전체적인 심미감에 큰 차이를 가져온다고 봄이 상당하다.

나. 물품의 잘 보이는 면에 유사여부 판단의 비중을 둔다.

예 ① 텔레비전, 에어컨 등은 전체 중 앞면 부분에 비중을 둔다.

② 세탁기 등은 전체 중 아랫면 부분에 비중을 적게 둔다.

③ 물품의 구매 시 일반수요자가 중요하게 생각하는 부분은 유사여부판단 시 비중을 높게 둔다.

다. 물품 중 당연히 있어야 할 부분은 그 중요도를 낮게 평가하고 다양한 변화가 가능한 부분을 주로 평가한다.

예 수저의 경우에는 손잡이 부분의 형태에 비중을 두고 판단한다.

: 관련 판례 대법원 2005. 10. 14. 선고 2003후1666 판결

용기뚜껑 윗면에 어떤 무늬를 부가하는 것은 그로 인하여 윗면 자체의 모양과 형상을 심하게 변형시키지 않는 한 이 분야에서 통상의 지식을 가진 자라면 공지형상으로부터 용이하게 창작할 수 있는 상업적·기능적 변형에 불과할 뿐만 아니라, 용기뚜낑 윗면에 형성된 무늬는 상품 라벨 등이 부착되는 경우에는 눈에 잘 띄지 않게 되고, 잠금날개에 형성된 가로막대형의 구멍은 용기의 위쪽 모서리를 따라 평행하게 형성되어 있는데다가 그 양쪽에 형성된 잠금구멍과 그 형상이 매우 유사하여 눈에 쉽게 띄지 않아 양 의장의 이러한 차이는 전체적으로 느껴지는 심미감에 영향을 미치지 않는다고 보여, 비록 양 의장에 공통된 부분이 양 의장의 대상이 되는 물품의 구조적 특성상 그 형상을 크게 변화시킬 수 없는 단순한 형태의 것일 뿐만 아니라 오래 전부터 공지되었다고 보더라도 이 부분이 특별한 심미감을 불러일으키는 요소가 되지 못한다고 볼 수 없어 이 부분까지를 포함하여 전체로서 비교 관찰하여 보았을 때 양 의장은 전체적으로 느껴지는 심미감에 차이가 없다.

(3) 형태가 변화하는 디자인의 유사여부 판단방법

가. 형태가 변화하는 디자인 간 유사여부 판단 형태가 변화하는 디자인 간에는 형태변화의 전후 또는 일련의 변화과정을 기준으로 서로 같은 상태에서 대비하여 전체적으로 판단한다.

: 관련 판례 대법원 2010. 9. 30. 선고 2010다23739 판결

이 사건 제1 및 제2 등록디자인과 피고 실시 디자인의 전체적인 형상과 모양이 가장 잘 나타나는 사시도와 평면도를 중심으로 하여 이 사건 제1 등록디자인, 이 사건 제2 등록디자인과 피고 실시 디자인을 대비하여 보면, 양 디자인은 내부덮개와 외부덮개가 모두 닫힌 상태에서는 그 형상과 모양이 유사하고, 또한 내부덮개만이 닫힌 상태에서도 부속품 수납공간과 휴대폰 수납공간이 따로 분리되어 있고, 그 가로 세로 길이의 비율이 대략 2:1이며, 부속품 수납공간만을 가

린 내부덮개 및 상단의 일부가 본체를 감쌀 수 있도록 구성된 외부덮개가 각 형성되어 있는 등으로 유사하다. 그런데 내부덮개와 외부덮개가 모두 닫힌 상태에서의 형상과 모양은 동일·유사한 물품에 관한 선행디자인들에 의하여 공지된 것이어서 그 중요도를 높게 평가할 수 없지만, 내부덮개만이 닫힌 상태에서의 위와 같은 형상과 모양은 휴대폰 포장용 상자에 관한 선행디자인에서는 찾아볼 수 없는 참신한 것으로서 피고 실시 디자인과의 전체적인 유사 판단에 있어 그 중요도를 높게 평가하여야 할 것이다.

나. 형태가 변화하는 디자인과 형태가 변화하지 않는 디자인 간 유사여부 판단

형태가 변화하는 디자인의 정지상태 및 동작 중의 기본적 주체를 이루는 자태가 형태가 변화하지 않는 디자인과 유사하면 유사한 디자인으로 본다. 다만, 동작의 내용이 특이하면 유사하지 아니한 디자인으로 본다.

(4) 완성품(부품의 종합체)과 부품의 디자인의 유사여부 판단방법

가. 완성품과 부품은 비유사물품이므로 디자인보호법 제46조(선출원)를 적용하지 않는다.

나. 선출원된 완성품의 공개 또는 공고 전에 후출원된 부품은 완성품에 관한 선출원이 공개 또는 공고된 때에 디자인보호법 제33조(디자인등록의 요건) 제3항(확대된 선출원)을 적용하여 거절한다.

다. 공지된 부품을 이용한 완성품은 그 부품이 공지된 것을 이유로 거절하지 아니한다.

라. 공지된 완성품에 부착된 부품의 디자인과 동일하거나 유사한 부품의 디자인은 그 완성품에 의하여 공지된 디자인으로 보아 디자인보호법 제33조(디자인등록의 요건) 제1항(신규성) 각 호를 적용한다.

예 ㉠ "자전거"와 "자전거 핸들"

㉡ "가방"과 "가방지"

(5) 합성물 디자인의 유사여부 판단방법

가. 합성물이란 수 개의 구성부분이 결합하여 이루어진 물품으로서 1개의 물품으로 취급된다.

예 장기짝, 트럼프, 화투, 완성형태가 단일한 조립완구

나. 합성물의 디자인은 구성각편이 모아진 전체를 하나의 디자인으로 보아

대비 판단한다.

다. 완성형태가 다양한 조립완구와 같이 구성각편의 하나가 디자인등록의 대상이 되는 경우 그 조립완구와 구성각편의 유사여부 판단은 위 완성품과 부품의 디자인의 유사여부 판단에 준하여 판단한다.

(6) 부분디자인의 유사여부 판단방법

디자인이 속하는 분야의 통상의 지식을 기초로 다음 각 호의 요소를 종합적으로 고려하여 판단한다.

가. 디자인의 대상이 되는 물품

나. 부분디자인으로서 디자인등록을 받으려는 부분의 기능·용도

다. 해당 물품 중에서 부분디자인으로서 디자인등록을 받으려는 부분이 차지하는 위치·크기·범위

라. 부분디자인으로서 디자인등록을 받으려는 부분의 형상·모양·색채 또는 이들의 결합

(7) 한 벌의 물품의 디자인의 유사여부는 한 벌의 물품 전체로서 판단한다.

(8) 글자체디자인의 유사여부 판단방법

출원디자인이 다음의 어느 하나에 해당되는 경우에는 기존 글자체디자인과 동일·유사한 것으로 본다.

가. 기존 글자체의 복사나 기계적 복제에 해당되는 경우

① 복사: 어떠한 가감도 없이 그대로 다시 만드는 것

② 기계적 복제(모양·굵기): 장체(長體), 평체(平體), 사체(斜體) 혹은 굵기 변화 등에 의한 글자체의 복사 생성

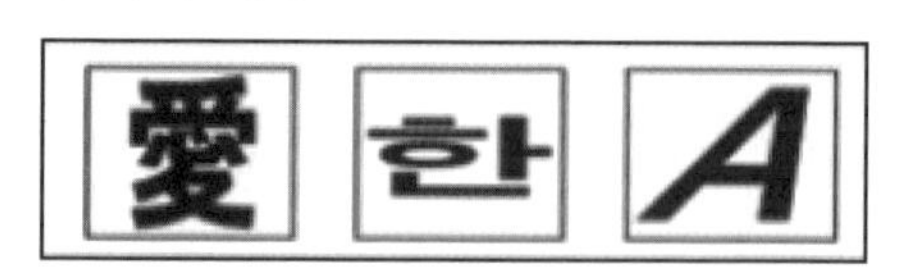

③ 기계적 복제(장식): 윤곽선, 음영 혹은 색구분·색흐림 처리 등에 의한 글자체의 복사 생성

나. 기존 글자체의 부분적 변경에 해당되는 경우

① 부분적 변경: 구성요소의 모양을 변경하거나 곡선·기울기를 변경하는 처리 등에 의한 글자체의 모사·변경

※ 상세설명: 「愛」는 点을 둥글게 했다. 「한」은 선을 절제해서 떼어냈다. 「A」는 바(bar)의 우측(右側)을 절제했다.

② 파생 글자체용 변경: 점 글자체 등 출력기의 특성에 맞춰 기존의 글자체 디자인을 충실히 재현하는 변경

다. 기존 글자체의 자족(字族, 패밀리글자체)에 해당되는 경우

① 자족(굵기): 기존 글자체를 기초로 굵기가 다른 글자체를 제작하는 것

② 자족(모양): 기존 글자체를 기초로 장체·평체·사체 등 모양이 다른 글자체를 제작하는 것

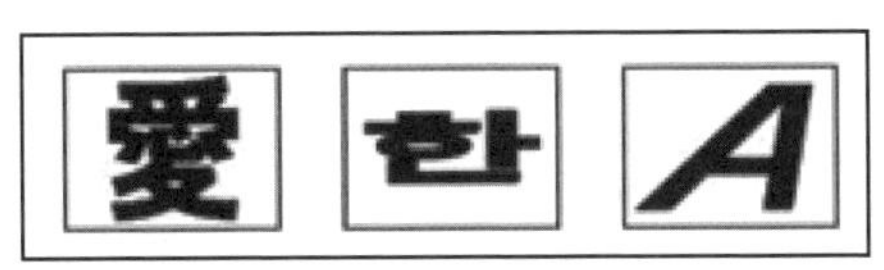

③ 자족(장식): 기존 글자체를 기초로 윤곽선, 음영, 윤곽선응용(내선) 등 장식이 다른 글자체를 제작하는 것

제4절 판례

: 사건 특허법원 2006. 6. 22. 선고 2006허1636 판결[등록무효(디)]

판시사항: 가. 디자인의 동일·유사의 판단기준

나. 2004. 12. 31. 법률 제7289호로 전면 개정되어 2005. 7. 1.부터 시행된 디자인보호법 제5조 제2항의 적용시점

다. 이 사건 등록디자인이 선출원디자인인 비교대상디자인과 동일한 물품의 디자인일 경우 구 의장법 제5조 제3항(2004. 12. 31. 법률 제7289호로 전문 개정되기 전의 것, 이하 같다)이 적용되는지 여부(소극)

판결요지: 가. 디자인의 유사 여부를 판단함에 있어서는 이를 구성하는 각 요소를 부분적으로 분리하여 대비할 것이 아니라 전체와 전체를 대비·관찰하여 보는 사람의 마음에 환기될 미감과 인상이 유사한지의 여부에 따라 판단하여야 하고, 이 경우 디자인을 보는 사람의 주의를 가장 끌기 쉬운 부분을 중요부분으로서 파악하고 이것을 관찰하여 일반 수요자의 심미감에 차이가 생기게 하는지 여부의 관점에서 그 유사 여부를 결정하여야 하며, 옛날부터 흔히 사용되어 왔고 단순하며 여러 디자인이 다양하게 고안되었던 디자인이나, 구조적으로 그 디자인을 크게 변화시킬 수 없는 것 등은 디자인의 유사범위를 비교적 좁게 보아야 한다(대법원 1997. 10. 14. 선고 96후2418 판결 등 참조).

수저통용 받침대 내지 수납틀에 있어서 2개 또는 3개의 원형테두리로 구성된 몸체와 이를 지지하기 위하여 양쪽에 "ll" 형상의 2개의 이중의 지지대를 가지면서, 그 밖의 부분이 다양하게 구성되어 있는 디자인들이 많이 등록되어 있고, 몸체부분은 수저통의 형상에 따라 변화될 수 있을 뿐이므로 구조적으로 그 디자인을 크게 변화시킬 수 없다 할 것이어서, 이 사건 등록디자

인의 유사범위를 판단함에 있어서 몸체를 이루는 원형테두리 부분과 2개의 이중의 지지대 부분은 그 유사의 폭을 비교적 좁게 보아야 한다고 한 사례.

나. 2004. 12. 31. 법률 제7289호로 전면 개정되어 2005. 7. 1.부터 시행된 디자인보호법 제5조 제2항은 디자인등록출원 전에 그 디자인이 속하는 분야에서 통상의 지식을 가진 자가 공지되거나 공연히 실시된 디자인 또는 간행물에 게재된 디자인의 결합에 의하여 용이하게 창작할 수 있는 디자인은 디자인등록을 받을 수 없다고 규정하고 있으나, 이 사건 등록디자인은 그 출원일이 2004. 12. 23.이고, 위 디자인보호법 부칙 제3조는 위 디자인보호법 시행 전에 행한 디자인등록출원에 따라 권리설정된 등록디자인에 관한 심판·소송 등은 종전의 규정에 의한다고 규정하고 있으므로, 이 사건 등록디자인에 대하여는 위 디자인보호법이 아니라 그 출원시의 법인 구 의장법이 적용되어야 한다.

다. 구 의장법 제5조 제3항은 후출원디자인이 그 후에 출원공개 또는 등록공보에 게재된 선출원 디자인의 일부와 동일 또는 유사한 경우에는 디자인등록을 받을 수 없도록 한 것으로, 후출원디자인의 일부분이 선출원디자인의 해당부분과 유사하기만 하면 후출원디자인의 다른 부분이 선출원디자인과 다르더라도 위 규정을 적용할 수 있는 것은 아니고, 위 규정은 후출원디자인이 선출원디자인의 부분디자인 또는 선출원디자인을 구성하는 부품에 관한 디자인으로서 후출원디자인 전체가 선출원디자인의 일부와 동일하거나 유사한 경우에만 적용된다.

따라서 이 사건 등록디자인은 선출원디자인인 비교대상디자인 3의 일부분에 대한 디자인이 아니라 비교대상디자인 3과 동일한 물품의 디자인이므로 구 의장법 제16조 제1항의 적용 여부가 문제될 뿐이고, 구 의장법 제5조 제3항은 적용될 여지가 없다.

제 4 장
디자인보호법상의 특유제도

제4장 디자인보호법상의 특유제도

1. 서설

디자인보호법은 다른 산업재산권법과 같이 궁극의 목적은 산업발전에 있으나 디자인은 물품의 외관상 나타나는 미감(美感)을 보호대상으로 한다. 이에 반해 특허와 실용신안은 기술적 사상을, 상표는 자타상품의 식별력을 보호대상으로 하고 있다. 디자인은 물품의 외관을 보호대상으로 하고 있어, 타인이 모방하기 쉽고 유행이나 환경·계절에 민감하며, 또 침해되기 쉽다. 따라서 i) 권리의 신속화를 위하여 출원을 공개하지 않고(출원인의 신청이 있으면 공개) 등록된 것(등록디자인)만 공고하며, ii) 타인의 침해·모방방지를 위한 제도로서 관련디자인과 비밀디자인을 두고 있으며, iii) 디자인특유의 창작보호를 위해서 한 벌 물품 디자인과 동적 디자인을 인정하고 있다. 이 외에도 iv) 권리범위가 다른 지적재산권에 비해 협소하므로 이를 보완하기 위해 디자인권의 효력범위를 등록디자인뿐만 아니라 그와 유사한 디자인에까지 확대하고 있다(디§92). 또한, 일부 물품에 대해서 일부심사등록제도, 복수디자인 1출원제도도 도입하였다.

2. 동적 디자인

1) 의의

동적 디자인이란 디자인에 관한 물품의 형상·모양 등이 그 물품이 가진 기능에 의하여 변화하는 디자인을 말하며, 이는 그 창작의 요점이 '디자인의 특이한 변화상태'에 있는 디자인으로서 그 물품이 갖는 기능에 기초하여 변화하고 변화 전에는 그 변화의 상태를 용이하게 예측할 수 없을 뿐 아니라 그 변화가 시각에 호소하는 것을 말한다.

즉 디자인이라고 하면 물품의 형상·모양·색채 또는 이들을 결합한 것으로서 시각을 통하여 미감을 일으키는 것으로 대개의 경우는 정적(靜的)인 상태이다. 그러나 갑자기 튀어나오는 괴물상자와 같이 물품 자체의 특별한 기능에 의하여 그 형태가 변화하도록 조립되어 있어서 정지한 상태만으로는 그 변형된 상태가 파악되지 않는 디자인이 있는데, 이는 움직이는 상태를 예측할 수 없으므로 정지상태를 잡아서 디자인으로 출원할 수 없는 것이 있다.

이러한 물품은 그 변화의 형태마다 별도의 디자인을 구성하기 때문에 그 형태마다 등록을 받지 않으면 안 되는 불편이 있다. 그리하여 해당 변화의 전체를 디자인의 창작으로서 하나의 출원을 인정하는 것이 동적 디자인제도이다. 즉 디자인보호법에서는 특별한 규정을 두고 있지는 않으나,[1] 디자인보호법 시행규칙 별지 제4호 서식에 이와 관련한 규정을 두고 있다.[2]

일본은 동적 디자인을 일본의장법 제6조 제4항[3]에 명문으로 규정하고 있다.

---

1) 일본은 동적 의장을 일본의장법 제6조 제5항에 명문으로 규정하고 있다.

2) 동적(動的) 디자인 출원시의 유의사항(출원서의 작성요령): 디자인보호법상 동적 디자인의 변화하는 상태의 도면은 원칙적으로 디자인등록출원시에 제출해야 한다(디규§35①②). 따라서 디자인등록출원 후 첨부도면을 변경하는 보정을 하는 경우 그 보정이 최초에 출원한 디자인과 동일성이 유지되지 않으면 요지변경이 되므로 동적 디자인을 출원하고자 하는 자는 ⅰ) 변화전 상태의 사시도(斜視圖)와 정투상도법에 의한 6면도(정면도, 배면도, 좌측면도, 우측면도, 평면도, 저면도)를 도시하고, ⅱ) 동작상태를 알 수 있는 참고도면과 변화후 상태의 도면을 각각 도시하여야 한다. ⅲ) 기타 디자인의 설명란에는 동작상태를 구체적으로 설명하여야 한다.

3) 일본의장법 제6조 제4항: 의장에 관계된 물품의 형상, 모양 또는 색채가 그 물품이 가지는 기능에 근거하여 변화한 경우에 있어, 그 변화의 전후에 걸친 그 물품의 형상, 모양 또는 색채 또는 이러한 결합에 관하여 의장등록을 받으려고 할 때는, 그 취지 및 그 물품의 해당 기능의 설명을 출원서에

그러나 우리나라에서는 디자인심사기준[4]에서 움직이는 물품의 디자인(동적 디자인)으로서 그 움직이는 상태를 표현하지 아니하면 그 디자인을 충분히 파악할 수 없는 경우에 정지상태의 도면(사시도 및 정투상도법에 의한 6면도)과 그 동작 상태를 알 수 있는 도면(동작 중의 기본적 자세, 동작내용을 나타내는 궤적 등)이 없거나 디자인의 설명란에 그에 관한 설명이 없는 경우에는 공업상 이용할 수 없는 디자인으로 본다.

2) 성립요건

(1) 물품의 형상 등이 그 물품이 가진 기능에 근거하여 변화할 것

가. 형상의 변화: 귀가 상하로 움직이는 코끼리 완구

나. 모양의 변화: 회전하는 팽이의 모양

다. 색채의 변화: 온도로 색이 변하는 물건

라. 열리는 디자인: 물건의 성질상 덮개를 열어서 사용하기 때문에 사용시에는 변화하는 디자인을 말한다(예 피아노, 냉장고).

마. 펼치는 디자인: 거래·수납시에는 접는 것으로 사용시에는 펼치는 디자인을 말한다(예 우산, 양산).

(2) 변화의 예측성이 없을 것

정지상태에서 움직이는 상태를 예측할 수 있는 것은 변화의 상태에 창작적인 가치가 없으며, 따라서 동적 디자인으로서 보호의 가치가 없다. 예를 들어 자동차 핸들이나 라이터의 점화부분은 동적 디자인이 아닌데, 이는 변화가 예측가능하기 때문이다. 또한 동적 디자인은 물품의 기능에 근거하여 움직이는 디자인을 말한다(예 갑자기 튀어나오는 상자, 네 다리가 자유롭게 움직이는 동물의 완구).

(3) 시각을 통함

변화가 시각을 통하여야 한다.

(4) 일정성

변화에는 일정성이 있어야 한다.

기재하지 않으면 안 된다.

4) 디자인심사기준(2014.6.30. 특허청예규 제75호).

3) 등록요건

일반적인 등록요건(공업상 이용가능성+신규성+창작비용이성)과 선출원, 그리고 1디자인1출원이어야 하고 절차적인 요건(출원서제출+도면, 보정, 분할출원 등)을 갖추어야 한다.

4) 디자인권의 효력

일반적인 독점배타적인 권리로서 출원일로부터 20년이다. 그러나 동작디자인은 개개의 동작마다의 권리가 아니라 동작 전체로서 하나의 권리가 발생한다.

3. 부분디자인

제2조(정의)

이 법에서 사용하는 용어의 뜻은 다음과 같다.

1. "디자인"이란 물품[물품의 부분(제42조는 제외한다) 및 글자체를 포함한다. 이하 같다]의 형상·모양·색채 또는 이들을 결합한 것으로서 시각을 통하여 미감(美感)을 일으키게 하는 것을 말한다.

1) 의의

원칙적으로 물품 전체의 외관에 관한 디자인에 대해서만 디자인등록을 받을 수 있지만, 2001년 개정법에서는 디자인의 정의 규정에 물품의 부분의 형상·모양·색채 또는 이들의 결합도 디자인임을 명확히 하여 그 자체 독립해서 거래될 수 없는 물품 일부분에 관한 디자인도 등록받을 수 있도록 하였다(디§2 i).

이는 물품 부분에 관한 디자인의 창작적 가치를 보호하고, 부분디자인의 도용으로 인한 분쟁을 방지하기 위함이다. 즉, 부분디자인제도가 도입되기 전에는 하나의 디자인에 독창적이고 특징이 있는 부분이 다수 존재하는 경우 그들 일부가 모방되어도 디자인 전체로서 모방을 회피하면(전체적 관찰) 디자인권 침해를 면할 수 있었다.

또한, 디자인의 국제등록에 관한 헤이그협정(신헤이그협정)에서도 부분디자인에 대한 보호를 강제하고 있다.

이러한 부분디자인은 그 자체로는 독립거래의 대상이 되지 않는 '물품의 부분'에 관한 것으로 어떤 물품의 필수적인 구성요소로서 독립하여 사용·실시할 수는 없으나 독립 거래의 대상이 되는 부품디자인이나 본체의 필수 구성요소는 아니나 본체의 기능을 확충하거나 편리하게 해주고 독립거래의 대상이 되는 부속품 디자인과 구분된다.

2) 성립요건

(1) 부분디자인에 관한 물품은 디자인보호법의 대상이 되는 물품, 즉 생산되어 시장에서 유통되는 유체물로서 그 자체가 독립하여 거래의 대상이 되는 것이어야 하고, 시각성이 있어야 한다.
(2) 물품 전체 중 일정한 범위를 차지하는 부분의 형태이다.
(3) 당해 물품에 있어서 다른 디자인과 대비하였을 때 대비대상이 될 수 있는 부분이다.
(4) 물품과 분리된 모양만으로는 디자인보호법상 보호대상이 될 수 없다(모양 또는 색채만 표시한 것, 물품 형태의 실루엣만 표시한 것).
(5) 한 벌 물품디자인에 부분디자인을 포함할 수 없다.

3) 등록 및 절차적 요건

부분디자인도 일반적 디자인과 같이 ① 공업상 이용가능성, ② 신규성, ③ 창작성과 부등록사유에 해당하지 않아야 하고 선출원이어야 한다. 절차적으로는 출원서에 부분디자인 출원임을 표시하고, 도면에는 디자인등록을 받고자 하는 부분에 대해서는 실선으로, 그 외 부분은 점선으로, 경계가 불분명하면 일점쇄선으로 도시하거나, 이에 준하는 방법으로 명확하게 도시하고 디자인의 설명란에 그에 관한 설명을 기재한다. 사진 또는 견본으로 제출하는 경우, 유채색과 무채색을 적절히 활용하여 명확하게 도시하고 디자인의 설명란에 그에 관한 설명을 기재한다. 디자인의 대상이 되는 물품은 독립거래의 대상이 되는 물품명을 기재하여야 한다.

부분디자인의 심사에 있어서는 기존의 등록요건과 확대된 선출원주의(디§33③)

가 적용되고, 신규성 판단에 있어 전체디자인과 동일·유사여부를 비교할 경우에는 대비 대상이 되는 전체디자인의 부분디자인과 동일·유사여부를 판단하게 된다. 전체디자인과 부분디자인 간에는 물품이 동일한 경우라도, 등록 대상 및 방법이 상이한바 선출원주의 적용이 배제된다.

4. 글자체디자인

제2조(정의)

이 법에서 사용하는 용어의 뜻은 다음과 같다.

1. "디자인"이란 물품[물품의 부분(제42조는 제외한다) 및 글자체를 포함한다. 이하 같다]의 형상·모양·색채 또는 이들을 결합한 것으로서 시각을 통하여 미감(美感)을 일으키게 하는 것을 말한다.
2. "글자체"란 기록이나 표시 또는 인쇄 등에 사용하기 위하여 공통적인 특징을 가진 형태로 만들어진 한 벌의 글자꼴(숫자, 문장부호 및 기호 등의 형태를 포함한다)을 말한다.

1) 입법취지 및 배경

우리나라 글자체의 개발수준은 선진국과 대등한 수준에 이르렀으나, 글자체의 저작물성을 부인한 1996년의 대법원 판결(1996. 8. 23. 선고 94누5632 판결)이 있은 이래, 글자체의 무단복제로 인한 창작자의 피해에 대하여 법적인 보호가 불충분한 상태였기 때문에 무단복제행위에 대하여 권리주장이 곤란하였다. 그리하여 저작권법뿐만 아니라 디자인보호법에서도 보호하고 있다. 즉 글자체를 디자인보호법으로 보호함으로써 저작권법과와의 중첩보호문제가 발생한다.

2004년 개정법에서 디자인보호법 제2조 제1호 디자인의 정의규정에 글자체를 포함시켜 물품으로 의제함으로써 보통의 디자인과 동일하게 보호하도록 하고, 제2조 제2호에서는 글자체에 관한 정의규정을 신설하였다.

이처럼 개정법에서 디자인의 정의에 글자체를 신설한 것은 글자체를 개발하기 위해서는 견본원도(見本原圖)의 제작·평가·수정·인자실험(印字實驗) 등에 많은 노력과 자본이 소요되고 있으나 이에 관한 법적인 보호의 부재로 인하여, 글자체 개발자의 창작의욕이 저하되고 있을 뿐만 아니라, 나아가서 읽기 쉽고 미려한 글자체의 개발이 저해되는 것을 방지하기 위한 것이다.5)

〈글자체보호 관련 주요 외국의 입법례〉

국 가	디자인 일반의 보호	글자체 보호	보호시작
미 국	특허법/저작권법	특허법	1842년
E U	디자인보호지침 및 규정	디자인보호지침 및 규정	2003년
영 국	저작권·디자인·특허법	등록디자인법/저작권·디자인·특허법	1949년
독 일	디자인법/저작권법	타이프페이스법/디자인법	1981년
프랑스	디자인법/저작권법	디자인법/저작권법	1985년
일 본	의장법	보호법 없음	–
한 국	디자인보호법/저작권법	디자인보호법	2004년

외국의 경우에 EU, 영국, 독일 등 많은 국가들이 글자체를 디자인보호법에서 보호하며, 보호에 대한 구체적인 방안도 제시하고 있다(위의 도표 참조).

한편, 디자인보호법 제94조 제2항에서는 글자체6)가 디자인권으로 설정 등록된 경우에도 타자·조판 또는 인쇄 등의 통상적인 과정에서 글자체를 사용하는 경우와 글자체의 사용으로 생산된 결과물인 경우에는 그 효력을 미치지 않도록 규정하고 있다. 이는 글자체의 법적인 보호가 출판·인쇄업계 및 일반사용자에게 미치는 영향이 큰 점을 고려하여 글자체에 대한 디자인권의 효력은 글자체의 생산 및 생산된 글자체의 유통행위에만 미치도록 하고, 글자체의 사용에는 디자인권의 효력이 미치지 아니하도록 하여 인쇄업체 등 최종사용자는 등록된 글자체라 하여도 디자인권자의 허락 없이 자유롭게 글자체를 사용할 수 있도록 하려는 것이다.

5) 글자체를 디자인권으로 보호하는 디자인보호법 제2조 제1호의 개정 및 제1호의2의 신설로 글자체 디자인회사 간의 불법복제를 막고 글자체 시장의 올바른 경쟁을 유도함으로써 창의적인 글자체 개발환경을 조성하며, 글자체의 창작자는 개발에 투입된 노력과 자본을 사회로부터 정당하게 보상받음으로써 글자체의 개발에 기여할 것으로 보인다(의장법 중 개정 법률안 심사보고서, 국회 산업자원위원회, 2004.12).

6) 한 벌의 글자체에 있어서의 한 벌의 글자 수는 한글은 2,350자, 영문알파벳은 52자(A~Z, a~z), 한자는 4,888자, 영문알파벳 이외는 영문알파벳에 준하고, 숫자의 경우에는 10자(0123456789)이며, 특수문자는 435자이다(노태정, "2004년 개정 디자인보호법의 주요 개정내용," 지식과 권리, 2005년 봄호, 106면).

2) 성립요건

(1) 기록이나 표시 또는 인쇄 등에 사용하기 위한 것일 것(디§2 ii 전단)
(2) 공통적인 특징을 가진 형태로 만들어진 것일 것(디§2 ii 중단)
(3) 한 벌의 글자꼴(숫자, 문장부호 및 기호 등의 형태를 포함한다)일 것(디§2 ii 후단)
(4) 글자체의 형상·모양·색채 또는 이들을 결합한 것(디§2 i 중단)
(5) 시각을 통하여 미감(美感)을 일으키게 하는 것(디§2 i 후단)

이상의 요건을 갖추지 않으면 제33조 제1항 본문의 위반으로 거절이유(디§62) 정보제공사유(디§55)에 해당하여 거절결정이 된다. 만약 등록이 되었다면 무효사유(디§121)에 해당한다.

3) 등록요건

(1) 공업상 이용가능성(디§33①전단)
(2) 신규성(디§33① i ii)
(3) 비유사디자인(디§33①iii)
(4) 비용이창작성(디§33②)
(5) 확대된 선출원주의(디§33③)
(6) 1디자인1출원주의(디§40①)
(7) 물품명의 기재(디§40②)

4) 출원절차

글자체도 디자인권을 취득하기 위해서는 ① 출원서(디§37①)와 ② 도면(디§37②)에 기재하여 특허청에 출원하여야 하고, 보정(디§48)과 요지변경(디§49)을 할 수 있고 출원을 분할(디§50)할 수도 있다.

5) 디자인권

(1) 글자체 디자인권은 설정등록에 의하여 발생하며(디§90①), 설정등록한 날부터 발생하여 디자인등록출원일 후 20년이 되는 날까지 존속한다(디§91①).

(2) 효력은 디자인권자는 업으로서 등록디자인 또는 이와 유사한 디자인을 실

시할 권리를 독점한다. 다만, 그 디자인권에 관하여 전용실시권을 설정하였을 때에는 제97조 제2항에 따라 전용실시권자가 그 등록디자인 또는 이와 유사한 디자인을 실시할 권리를 독점하는 범위에서는 그러하지 아니하다(디§92).

효력의 제한은 ① 타자·조판 또는 인쇄 등의 통상적인 과정에서 글자체를 사용하는 경우와 ② 제1호에 따른 글자체의 사용으로 생산된 결과물인 경우(디§94②)에는 글자체에 대한 효력이 제한된다.

6) 판례

디자인의 유사판단(2005후1097 등)에 관한 법리는 글자체에 대한 디자인의 경우에도 마찬가지로 적용된다. 한편 글자체 디자인은 물품성을 요하지 않고, 문자의 기본 형태와 가독성을 필수적인 요소로 고려하여 디자인하여야 하는 관계상 구조적으로 그 디자인을 크게 변화시키기 어려운 특성이 있으므로, 이와 같은 글자체 디자인의 고유한 특성을 충분히 참작하여 그 유사여부를 판단하여야 할 것이다(2012후603, 2012후597).

5. 화상디자인

화상디자인이란 화상표시장치를 갖춘 시스템의 사용자에 대해서 데이터의 입력·처리를 빠르게 효율화한다고 하는 실용적 작용을 완수하는 기능적 창작물로서, 그래픽 사용자 인터페이스 및 아이콘 등을 포함하는 사용자 인터페이스로서의 기능을 완수하고 있는 경우를 의미한다.

그래픽 사용자 인터페이스란 홈페이지, 소프트웨어 프로그램, 휴대전화기, PDA, MP3, 디지털 TV 등의 초기화면을 지칭한다.[7] 이러한 화상디자인을 「부분디자인」으로 보호하고 있으며,[8] 심미성뿐만 아니라 기능성을 갖는 특징이 있다.

---

7) 특허청 심사1국 심사기준과, 「의장법 현대화를 위한 의장법령 개정방안」, 2000. 3.

8) 특허청, 「화상디자인에 관한 의장의 출원요령」.

6. 관련디자인제도

제35조(관련디자인)
① 디자인권자 또는 디자인등록출원인은 자기의 등록디자인 또는 디자인등록출원한 디자인(이하 "기본디자인"이라 한다)과만 유사한 디자인(이하 "관련디자인"이라 한다)에 대하여는 그 기본디자인의 디자인등록출원일부터 1년 이내에 디자인등록출원된 경우에 한하여 제33조 제1항 각 호 및 제46조 제1항·제2항에도 불구하고 관련디자인으로 디자인등록을 받을 수 있다.
② 제1항에 따라 디자인등록을 받은 관련디자인 또는 디자인등록출원된 관련디자인과만 유사한 디자인은 디자인등록을 받을 수 없다.
③ 기본디자인의 디자인권에 제97조에 따른 전용실시권(이하 "전용실시권"이라 한다)이 설정되어 있는 경우에는 그 기본디자인에 관한 관련디자인에 대하여는 제1항에도 불구하고 디자인등록을 받을 수 없다.

1) 의의

관련디자인이란 기본디자인에 유사한 디자인으로서 그 출원일에 선행하는 타인의 디자인(선출원디자인, 등록디자인, 공지디자인)에 유사하지 아니한 것을 말한다. 즉 디자인보호법은 유사디자인이라 하여 디자인권자 또는 디자인등록출원인이 자기의 등록디자인이나 디자인등록출원한 디자인에만 유사한 디자인에 대하여 관련(類似)디자인으로 디자인등록을 받을 수 있도록 하고 있다. 본래 디자인은 물품의 외관에 표현된 미감을 보호대상으로 하므로 타인의 모방·도용이 용이하고 유행에 민감한 반면, 디자인은 물품에 화체되어 물품과 불가분의 관계에 있고 또한 주로 도면에 의하여 특정되므로 디자인권의 효력은 제한적이 될 것이다.

디자인권의 효력은 등록디자인뿐만 아니라 그와 유사한 디자인에까지 미친다(디§92). 그러나 디자인은 물품의 미적 외관으로서 추상적인 것이기 때문에 관념적이고 불명확하다. 따라서 자기의 등록디자인 또는 출원디자인에 유사한 디자인에 대해 관련디자인등록을 인정하여 사전에 권리범위를 명확히 함으로써 침해와 모방을 미연에 방지하고, 침해에 대한 신속한 조치를 취할 수 있도록 관련디자인제도를 두고 있다(디§35①). 이 제도는 신규성 및 선출원주의에 대한 예외라고 할 수 있다.

이러한 관련디자인은 자기의 기본디자인에만 유사한 것으로 관련디자인으로 등록된 디자인권의 존속기간 만료일은 그 기본디자인의 디자인권 존속기간 만료일로 한다(디§91①단).

2) 등록요건

(1) 주체적 요건

관련디자인제도는 기본디자인의 권리범위를 명확히 하는 데 의의가 있으므로 관련디자인등록 출원인은 기본디자인권자 또는 기본디자인등록 출원인과 동일인 또는 정당한 승계인이어야 하고, 디자인등록을 받을 수 있는 권리가 공유인 경우에는 공유자 모두가 공동으로 디자인등록출원을 하여야 한다(디§39).

(2) 객체적 요건

첫째, 기본디자인이 존재할 것, 둘째, 자기의 기본디자인과만 유사할 것, 셋째, 관련디자인과만 유사하지 않을 것, 넷째, 1년 이내에 출원할 것, 다섯째, 물품이 동일·유사할 것, 즉 관련디자인을 표현한 물품은 기본디자인의 그것과 동일·유사한 것에 한한다. 그리고 여섯째, 기본 디자인의 디자인권에 전용실시권이 설정되어 있는 경우에도 등록을 받을 수 없다.

가. 기본 등록 또는 출원 디자인이 존재할 것 관련디자인은 기본디자인의 존재를 전제로 한 개념이므로 그 유사디자인의 기본이 되는 자기의 등록디자인이나 출원디자인이 디자인등록출원 전 또는 출원시에 존재하여야 한다. 기본디자인은 디자인등록여부결정시 또는 심결시까지 유지되면 족하다고 본다.

무효심판 계류 중인 등록디자인을 기본디자인으로 한 관련디자인등록출원이 유사디자인으로 인정될 경우에는 심사보류하지 않고 등록여부결정을 하도록 하며, 기본디자인에 대한 거절결정이 확정되지 않은 경우[9]나 이의신청이 계류 중인 경우에는 관련디자인등록출원의 심사는 보류하는 것을 원칙으로 한다.

나. 자기의 기본디자인과만 유사할 것 관련디자인은 관련디자인 출원시점을 기준으로, 자기의 기본디자인과만 유사하여야 하고, 타인의 선행디자인에 유사

9) 거절결정에 대한 심판계류 중인 경우를 포함한다.

하여서는 안 된다.

다. 관련디자인과만 유사한 디자인이 아닐 것 관련디자인에만 유사한 디자인에까지 관련디자인등록을 인정하면 기본디자인의 권리범위가 무한하게 확대되고, 또한 기본디자인에는 유사하지 않은 디자인을 기본디자인에 합체시키는 결과가 되어 관련디자인제도의 취지에 반하게 된다. 이에 디자인보호법은 관련디자인으로 등록받기 위해서는 기본디자인과만 유사하여야 하며, 관련디자인등록을 받은 관련디자인 또는 디자인등록출원된 관련디자인과만 유사한 디자인에 대해서는 관련디자인으로 등록을 받을 수 없다(디§35②)고 규정하고 있다.

라. 디자인의 대상이 되는 물품이 기본디자인의 물품과 동일·유사물품일 것 관련디자인등록을 받을 수 있는 물품의 범위는 기본디자인과 동일 물품 및 유사물품이다. 이 경우 유사물품의 정의는 용도가 동일하고 기능이 다른 것을 말한다. 유사물품의 정의에 있어서 용도가 동일한 물품의 범위는 디자인물품구분상 분류가 동일한 범위 내에서 판단하는 것을 원칙으로 한다(심사기준).

마. 기본디자인 출원일부터 1년 이내에 출원할 것 관련디자인은 기본디자인의 디자인등록출원일부터 1년 이내에 디자인등록출원된 경우에 한하여 자기의 기본디자인과의 관계에서 신규성과 선출원의 예외로 적용받을 수 있다.

바. 기본 디자인의 디자인권에 전용실시권이 설정되어 있지 않을 것 기본디자인의 디자인권에 전용실시권이 설정되어 있는 경우에는 그 기본디자인에 관한 관련디자인에 대하여는 디자인등록을 받을 수 없다.

(3) 관련디자인 출원의 변경

디자인등록출원인은 관련디자인등록출원을 단독의 디자인등록출원으로, 단독의 디자인등록출원을 관련디자인등록출원으로 변경하는 보정을 할 수 있다(디§48②).

(4) 관련디자인등록의 효과

가. 독점적 실시 디자인권자는 업으로서 등록디자인 또는 이와 유사한 디자인을 실시할 권리를 독점한다. 다만, 그 디자인권에 관하여 전용실시권을 설정하였을 때에는 전용실시권자가 그 등록디자인 또는 이와 유사한 디자인을 실시할 권리를 독점하는 범위에서는 그러하지 아니하다(디§92). 즉 관련디자인의 디자

인권은 독자적으로 효력을 가지므로 권리범위확인심판을 비롯한 민·형사적인 권리행사를 할 수 있다.

관련디자인의 유사여부판단에는 형상과 모양이 그 중심기준이 되고 색채는 보조적으로 형태성의 유사 여부를 판단하는 기준이 된다고 한다.

나. 관련디자인의 디자인권의 권리 이전의 제한 디자인권은 이전할 수 있다. 다만, 기본디자인의 디자인권과 관련디자인의 디자인권은 같은 자에게 함께 이전하여야 한다(§96①단). 즉 존속기간의 부수성(附隨性), 권리의 분리이전불가(디§54①단, §96①단) 및 모든 것은 기본디자인권에 따르는 것을 말한다. 또한 기본디자인의 디자인권이 취소, 포기 또는 무효심결 등으로 소멸한 경우 그 기본디자인에 관한 2 이상의 관련디자인의 디자인권을 이전하려면 같은 자에게 함께 이전하여야 한다(디§96⑥).

다. 관련디자인권의 독자성 관련디자인의 디자인권은 그 독자의 행정처분에 의하여 발생한 권리이므로 그 등록에 하자가 있는 경우에는 독립적으로 무효심판청구의 대상이 되며, 따라서 독자적인 원인에 의해 소멸할 수도 있다. 또한 관련디자인권만을 대상으로 한 권리범위확인심판도 가능하다. 이때 관련디자인의 디자인권만이 독자적인 무효원인에 의하여 무효로 되는 경우에는 기본디자인의 디자인권에는 하등의 영향을 미치지 않는다(디§121).[10]

7. 비밀디자인제도

제43조(비밀디자인)

① 디자인등록출원인은 디자인권의 설정등록일부터 3년 이내의 기간을 정하여 그 디자인을 비밀로 할 것을 청구할 수 있다. 이 경우 복수디자인등록출원된 디자인에 대하여는 출원된 디자인의 전부 또는 일부에 대하여 청구할 수 있다.

② 디자인등록출원인은 디자인등록출원을 한 날부터 최초의 디자인등록료를 내는

10) 노태정, 「디자인보호법개설」(제3판), 세창출판사, 2017, 185면.

날까지 제1항의 청구를 할 수 있다. 다만, 제86조 제1항 제1호 및 제2항에 따라 그 등록료가 면제된 경우에는 제90조 제2항 각 호의 어느 하나에 따라 특허청장이 디자인권을 설정등록할 때까지 할 수 있다.
③ 디자인등록출원인 또는 디자인권자는 제1항에 따라 지정한 기간을 청구에 의하여 단축하거나 연장할 수 있다. 이 경우 그 기간을 연상하는 경우에는 디자인권의 설정등록일부터 3년을 초과할 수 없다.
④ 특허청장은 다음 각 호의 어느 하나에 해당하는 경우에는 비밀디자인의 열람청구에 응하여야 한다.
1. 디자인권자의 동의를 받은 자가 열람청구한 경우
2. 그 비밀디자인과 동일하거나 유사한 디자인에 관한 심사, 디자인일부심사등록 이의신청, 심판, 재심 또는 소송의 당사자나 참가인이 열람청구한 경우
3. 디자인권 침해의 경고를 받은 사실을 소명한 자가 열람청구한 경우
4. 법원 또는 특허심판원이 열람청구한 경우
⑤ 제4항에 따라 비밀디자인을 열람한 자는 그 열람한 내용을 무단으로 촬영·복사 등의 방법으로 취득하거나 알게 된 내용을 누설하여서는 아니 된다.
⑥ 제52조에 따른 출원공개신청을 한 경우에는 제1항에 따른 청구는 철회된 것으로 본다.

1) 의의

비밀디자인이란 디자인등록출원인의 신청에 의하여 디자인권의 설정등록일로부터 일정기간 동안 그 디자인을 공개하지 않고 비밀로 하는 제도를 말한다(디§43). 즉 디자인은 물품의 외관을 보호대상으로 하기 때문에 다른 산업재산(특허·실용신안)에 비해 타인에 의해 쉽게 모방될 수 있기 때문에 일정기간 동안 이를 공개하지 않고 비밀로 함으로써 권리자 및 이해관계인을 보호하기 위하여 만든 제도라고 할 수 있다.

2) 비밀디자인의 청구절차

(1) 청구권자

디자인을 비밀로 할 것을 청구하거나 청구에 의하여 지정한 기간의 단축 또

는 연장을 청구할 수 있는 자는 디자인등록출원인 또는 디자인권자에 한한다. 즉 비밀디자인의 청구권한은 디자인등록출원인 또는 디자인권자에게만 있으며, 디자인등록을 받을 수 있는 권리가 공유인 경우에는 공유자 전원이 청구하여야 한다.

(2) 비밀기간

디자인등록출원인은 디자인권의 설정등록일로부터 3년 이내의 기간을 정하여 그 디자인을 비밀로 할 것을 청구할 수 있다(디§43①). 이때 디자인등록출원인은 비밀디자인의 청구를 출원일로부터 최초의 등록료납부일까지 할 수 있다. 다만, 그 등록료가 면제된 경우에는 디자인권을 설정하기 위한 등록을 하는 때까지 할 수 있다(디§43②).

또 디자인등록출원인 또는 디자인권자는 당초에 지정한 기간을 디자인권의 설정등록일부터 3년 내에서 연장 또는 단축할 것을 청구할 수 있다(디§43③).

(3) 청구절차

비밀디자인을 청구하고자 하는 자는 그 기간을 지정한 출원서에 취지를 기재하거나 비밀디자인 청구서를 최초 디자인 등록료 납부일까지 특허청장에게 제출하여야 한다(디규§39①②). 이미 청구된 비밀보장기간의 연장, 단축의 경우에는 디자인비밀보장연장 또는 단축청구서를 제출해야 한다. 이 경우 대리인에 의하여 절차를 밟는 경우에는 그 대리권을 증명하는 서류를 첨부하여야 한다(디규§39③). 복수디자인등록출원된 디자인에 대하여는 출원된 디자인의 전부 또는 일부에 대하여 청구할 수 있다(디§43①단).

3) 비밀디자인 청구 후 출원공개신청의 효과

디자인을 비밀로 할 것을 청구한 후 출원공개신청이 있는 경우에는 그 비밀디자인청구는 철회된 것으로 본다(디§43⑥). 출원공개제도는 출원디자인의 내용을 디자인공보에 개재하여 공개하면서 그에 확대된 선출원 보호내지 보상금 청구권과 같은 일정한 법률적 보호를 부여하는 것이므로 굳이 비밀로 유지할 의의가 없게 되기 때문이다.

4) 비밀디자인의 권리행사

비밀디자인(디§43①)의 규정에 따라 비밀디자인을 청구한 디자인권자 및 전용실시권자가 자기의 비밀디자인권이 침해받는 경우에 특허청장으로부터 받은 증명서를 침해자에게 제시하여 경고한 후에만 침해금지청구권을 행사할 수 있다(디§113②). 즉 비밀디자인권자의 침해금지청구권은 타인이 자기의 비밀디자인과 동일 또는 유사한 디자인을 실시하는 경우에 이들에게 사전에 등록된 디자인이라는 것을 서면으로 제시하여 경고한 후에만 행사할 수 있도록 하여, 비밀디자인권자의 권리침해의 금지 또는 예방을 보장하면서도 비밀디자인제도로 인한 불측의 피해자가 발생하지 않도록 규정하고 있다.

5) 비밀디자인등록의 효과

디자인등록출원인이 지정한 비밀기간 동안에는 그 디자인의 내용을 공표할 수 없다. 단 공보(公報)에는 일반적인 성명·출원 및 등록번호·연월일만 게재되며, 출원서 및 도면 등은 게재되지 않는다. 하지만, ⅰ) 디자인권자의 동의를 받은 자의 청구가 있는 경우, ⅱ) 그 비밀디자인과 동일 또는 유사한 디자인에 관한 심사·디자인일부심사등록이의신청·심판·재심 또는 소송의 당사자나 참가인의 청구가 있는 경우, ⅲ) 디자인권 침해의 경고를 받은 사실을 소명한 자의 청구가 있는 경우, ⅳ) 법원 또는 특허심판원으로부터 청구가 있는 경우에는 특허청장은 비밀디자인의 열람청구에 응해야 한다(디§43④).

비밀디자인의 지정기간이 경과하면 비밀디자인은 디자인공보에 게재하여 공표된다. 또 비밀기간 동안에는 디자인의 내용이 공표되지 않으므로 그 비밀기간중 제3자의 침해행위는 과실추정이 배제될 뿐만 아니라(디§116①단), 선의·무과실을 추정할 수 있는 유력한 근거가 된다. 따라서 이 경우에는 디자인권자는 침해행위임을 경고하고 만일 그 후에도 계속 침해행위를 한다면 그때에 비로소 민사상의 손해배상 등의 청구권과 형사적 규제인 비밀누설죄(디§225③)를 행사할 수 있다.

8. 한 벌 물품디자인제도

제42조(한 벌의 물품의 디자인)

① 2 이상의 물품이 한 벌의 물품으로 동시에 사용되는 경우 그 한 벌의 물품의

디자인이 한 벌 전체로서 통일성이 있을 때에는 1디자인으로 디자인등록을 받을 수 있다.
② 제1항에 따른 한 벌의 물품의 구분은 산업통상자원부령으로 정한다.

1) 의의

한 벌의 물품으로 동시에 사용되는 2 이상의 물품으로서 한 벌을 구성하는 물품의 디자인이 한 벌 전체로서 통일성이 있을 때 이를 한 벌 물품의 디자인이라고 한다(디§42①). 한 벌 물품의 구분은 산업통상자원부령으로 정하고 있다(디§42②).

최근 제품개발의 다양화·고도화와 더불어 특정목적에 사용하기 위하여 복수의 물품군에 대해서, 그들을 세트화할 수 있게 되어 전체적으로 통일감을 가진 개개의 물품의 디자인을 보호할 필요성이 강하게 제기되어 왔다. 그리하여 1961년 이후 2001년 개정시까지 6품목(끽연용구세트, 숟가락과 젓가락, 나이프·포크·스푼 등)으로 보호를 확대하기 위하여 '2종 이상의 물품'을 '2 이상의 물품'으로 하고, 관습적 사용요건을 삭제하는 등 한 벌 물품의 디자인이 성립되는 요건을 완화하여 시스템디자인(시스템 키친, 문방구 세트, TV 세트, 컴퓨터 시스템 등)의 보호대상을 확대하였다(디§42①, 디규§38④ 별표 5).[11]

2) 성립요건

(1) 2 이상의 물품일 것
(2) 동시에 사용될 것
(3) 한 벌 전체로서 통일성이 있을 것
(4) 구성물품이 적합할 것
(5) 법규(디규§38④ 별표 5)에서 정하는 물품에 해당할 것

3) 등록요건

한 벌 물품디자인의 등록에는 디자인에 관한 일반적인 등록요건과 절차적인

11) 현재 보호되고 있는 한 벌 물품은 한 벌의 여성용 한복 세트, 한 벌의 남성용 한복 세트, 한 벌의 여성용 속옷 세트, 한 벌의 장신구 세트, 한 벌의 커프스버튼 및 넥타이 핀 세트, 한 벌의 필기구 세트, 한 벌의 오디오 세트 등 93종이다.

요건을 갖추어야 한다. 구법(2001년 개정법 전) 하에서 이 제도는 등록시에 한 벌 물품 디자인의 전체에 추가하여 한 벌 물품을 구성하는 물품 각각의 디자인에 대하여도 디자인등록의 요건, 디자인등록을 받을 수 없는 디자인 및 선출원의 등록요건을 만족시키는 것이 요구되고 있었으나 권리의 행사시에는 한 벌 물품 디자인 전체로서만 가능할 뿐 해당 한 벌 물품을 구성하는 각각의 물품별로 행사할 수 없는 것으로 해석되고 있어 한 벌 물품 디자인의 등록요건과 그 권리행사간에 부정합(不整合)이 생기고 있었다.

이와 같은 부정합을 해소함과 동시에 한 벌 물품의 디자인 전체에 대해서만 권리의 행사가 가능하도록 하기 위하여 한 벌 물품의 디자인 전체의 창작에 신규성이나 창작성 등이 있는 경우에는 등록요건을 만족시키고 있는 것으로 하여 등록되도록 해당 한 벌 물품의 디자인의 등록요건을 고치고 보호대상을 확대하였다. 즉, 한 벌을 구성하는 물품의 디자인이 각각 등록요건을 구비할 것을 요구하던 구법 제12조 제3항의 규정은 삭제함으로써 보호가 확대되었다.

4) 한 벌 물품 디자인의 등록

한 벌 물품이란 한 벌의 물품으로 동시에 사용되어지는 2 이상의 물품으로서 디자인보호법 시행규칙 제38조 제4항의 별표 5에 규정되어 있는 물품을 말한다. 이때 '동시에 사용된다'는 것은 언제든지 반드시 동시에 사용되는 것이 아니라 관념적으로 하나의 사용이 다른 것의 사용을 예상케 하는 것을 의미한다.

한 벌의 물품은 다음에 해당하는 경우에 등록받을 수 있다. 즉 i) 디자인보호법 시행규칙 제38조 제4항의 별표 5에서 정하는 한 벌 물품에 해당하여야 하며, ii) 구성물품이 적당하여야 하고, iii) 한 벌 전체로서 통일성이 있어야 한다. 한 벌의 물품은 구성물품이 적당하여야 한다. 즉 한 벌의 구성물품은 별표 1에서 정하는 한 벌을 구성하는 물품의 적합성 요건을 구비하여야 한다. 다만, 정하여진 구성물품 이외의 물품이 포함된 경우에는 한 벌의 물품으로 정하여진 물품과 동시에 사용되는 것이 명백한 경우에 정당한 한 벌 물품으로 인정할 수 있다. 또한 한 벌의 물품은 한 벌 전체로서 통일성이 있어야 한다. 이때 한 벌 전체로서의 통일성은 i) 각 구성물품의 형상, 모양 및 색채 또는 이들의 결합이 동일한 표현방법으로 표현되어 있는 경우, ii) 각 구성물품이 상호 집합되어 하나의 통일된 형상, 모양을 표현함으로써 한 벌 전체로서 통일성이 있다고 인정되는 경우[12] 및 iii) 각 구성물품의 형상, 모양 및 색채 또는 이들의 결합에 의하여 전설이나 관념적으로 관련이 있는 인상을 줌으로써 한 벌 전체로서의 통일성이 있다고 인정되는 경우[13]에는 통일성이 있는 것으로 인정된다.

한 벌 물품 디자인의 도면은 각 구성물품의 도면만으로 한 벌 물품의 디자인을 충분히 표현할 수 있는 경우에는 각 구성물품마다 1조의 도면을 제출하고, 각 구성물품이 상호 집합되어 하나의 통일된 형상·모양 또는 관념을 표현하는 경우에는 구성물품이 조합된 상태의 1조의 도면과 각 구성물품에 대한 1조의 도면을 제출하여야 한다.

한 벌 물품의 디자인에 대하여는 한벌 전체로서만 등록요건을 판단한다. 따라서 한 벌 물품의 디자인과 그 구성물품의 디자인간에는 디자인보호법 제46조의 규정에 의한 선후원관계는 적용되지 않지만, 디자인보호법 제33조 제3항의 규정에 의한 확대된 선원주의는 적용된다. 또한 제34조 제1호 내지 제3호에 해당하는지를 판단함에 있어서는 한 벌 물품을 구성하는 일부의 구성물품에 관한 디자인만이 이에 해당하더라도 동호를 적용한다.

5) 한 벌 물품 디자인권의 효과

한 벌 물품의 디자인을 구성하고 있는 물품은 2 이상이지만 한 벌 디자인으로 출원하게 되면 하나의 디자인으로 권리가 설정된다. 따라서 한 벌 물품의 디자인권에 대한 심판, 권리의 이전 및 소멸 등도 분리하여 할 수 없고, 다만 한 벌 전체로서만 가능하다.

12) 예: 한 벌의 끽연용구 세트에 있어서 재털이, 담배갑, 라이타 및 받침대가 상호집합되어 하나의 거북이 형상을 표현한 것 등.

13) 예: "토끼와 거북이"의 동화를 그림으로 각 구성 물품에 관련있게 표현한 것 등.

9. 디자인일부심사등록제도

제2조(정의)

6. "디자인일부심사등록"이란 디자인등록출원이 디자인등록요건 중 일부만을 갖추고 있는지를 심사하여 등록하는 것을 말한다.

제37조(디자인등록출원)

④ 디자인일부심사등록출원을 할 수 있는 디자인은 물품류 구분 중 산업통상자원부령으로 정하는 물품으로 한정한다. 이 경우 해당 물품에 대하여는 디자인일부심사등록출원으로만 출원할 수 있다.

⑤ 제1항부터 제4항까지 규정된 것 외에 디자인등록출원에 필요한 사항은 산업통상자원부령으로 정한다.

제38조(디자인등록출원일의 인정 등)

④ 특허청장은 제2항에 따른 보완명령을 받은 자가 지정기간 내에 디자인등록출원을 보완한 경우에는 그 절차보완서가 특허청장에게 도달한 날을 출원일로 본다. 다만, 제41조에 따라 복수디자인등록출원된 디자인 중 일부 디자인에만 보완이 필요한 경우에는 그 일부 디자인에 대한 절차보완서가 특허청장에게 도달한 날을 복수디자인 전체의 출원일로 본다.

제70조(심사·결정의 합의체)

① 디자인일부심사등록 이의신청은 심사관 3명으로 구성되는 심사관합의체에서 심사·결정한다.

② 특허청장은 각 디자인일부심사등록 이의신청에 대하여 심사관합의체를 구성할 심사관을 지정하여야 한다.

③ 특허청장은 제2항에 따라 지정된 심사관 중 1명을 심사장으로 지정하여야 한다.

④ 심사관합의체 및 심사장에 관하여는 제131조 제2항, 제132조 제2항 및 제133조 제2항·제3항을 준용한다.

제71조(디자인일부심사등록 이의신청 심사에서의 직권심사)

① 디자인일부심사등록 이의신청에 관한 심사를 할 때에는 디자인권자나 이의신청인이 주장하지 아니한 이유에 대하여도 심사할 수 있다. 이 경우 디자인권자나 이의신청인에게 기간을 정하여 그 이유에 관하여 의견을 진술할 수 있는 기회를 주어야 한다.

② 디자인일부심사등록 이의신청에 관한 심사를 할 때에는 이의신청인이 신청하지 아니한 등록디자인에 관하여는 심사할 수 없다.

제72조(디자인일부심사등록 이의신청의 병합 또는 분리)

심사관합의체는 2 이상의 디자인일부심사등록 이의신청을 병합하거나 분리하여 심사·결정할 수 있다.

제73조(디자인일부심사등록 이의신청에 대한 결정)

① 심사관합의체는 제68조 제3항 및 제69조에 따른 기간이 지난 후에 디자인일부심사등록 이의신청에 대한 결정을 하여야 한다.

② 심사장은 이의신청인이 그 이유 및 증거를 제출하지 아니한 경우에는 제68조 제3항에도 불구하고 제69조에 따른 기간이 지난 후에 결정으로 디자인일부심사등록 이의신청을 각하할 수 있다.

③ 심사관합의체는 디자인일부심사등록 이의신청이 이유 있다고 인정될 때에는 그 등록디자인을 취소한다는 취지의 결정(이하 "디자인등록취소결정"이라 한다)을 하여야 한다.

④ 디자인등록취소결정이 확정된 때에는 그 디자인권은 처음부터 없었던 것으로 본다.

⑤ 심사관합의체는 디자인일부심사등록 이의신청이 이유 없다고 인정될 때에는 그 이의신청을 기각한다는 취지의 결정(이하 "이의신청기각결정"이라 한다)을 하여야 한다.

⑥ 디자인일부심사등록 이의신청에 대한 각하결정 및 이의신청기각결정에 대하여는 불복할 수 없다.

제74조(디자인일부심사등록 이의신청에 대한 결정방식)
① 디자인일부심사등록 이의신청에 대한 결정은 다음 각 호의 사항을 적은 서면으로 하여야 하며, 결정을 한 심사관은 그 서면에 기명날인하여야 한다.
1. 디자인일부심사등록 이의신청 사건의 번호
2. 디자인권자와 이의신청인의 성명 및 주소(법인인 경우에는 그 명칭 및 영업소의 소재지)
3. 디자인권자와 이의신청인의 대리인이 있는 경우에는 대리인의 성명 및 주소나 영업소의 소재지(대리인이 특허법인·특허법인(유한)인 경우에는 그 명칭, 사무소의 소재지 및 지정된 변리사의 성명)
4. 결정과 관련된 디자인의 표시
5. 결정의 결론 및 이유
6. 결정연월일
② 심사장은 디자인일부심사등록 이의신청에 대한 결정을 한 경우에는 결정등본을 이의신청인과 디자인권자에게 송달하여야 한다.

제75조(디자인일부심사등록 이의신청의 취하)
① 디자인일부심사등록 이의신청은 제71조 제1항 후단에 따른 의견진술의 통지 또는 제74조 제2항에 따른 결정등본이 송달된 후에는 취하할 수 없다.
② 디자인일부심사등록 이의신청을 취하하면 그 이의신청은 처음부터 없었던 것으로 본다.

1) 의의

디자인일부심사등록제도란 디자인등록출원이 디자인등록출원에 필요한 방식을 갖추고 있는지와 디자인의 성립요건, 공업상 이용가능성 및 부등록사유 등 디자인등록요건의 일부 사항만을 심사하여 행하는 디자인등록제도를 말한다(디§2vi). 유행성이 강한 일부 물품(예 직물지, 벽지 등의 Life-cycle이 짧고 유행성이 강한 평면디자인 등)에 대해서 1998년 3월 1일부터 디자인심사등록주의에서 무심사등록주의로 변경하였는데, 디자인무심사등록제도 또한 신규성·선출원 요건 및 창작성 요건 일부를 제외하고는 심사등록제도와 동일하게 실체심사를 한다. 따라서 등록요건 전부를 심사하지 않는다는 부정적 인식을 없애고자 2013년 개정법에서 '디자인무심사'의 용어를 '디자인일부심사'로 변경하게 되었다.

특허청은 유행성이 강한 디자인에 대해서는 디자인등록출원이 출원방식에 적합한지 등의 형식적 요건과 부실권리의 발생을 최소화하기 위한 필수적인 사항만을 심사하여 디자인등록을 허여함으로써 심사처리기간의 단축과 신속한 권리화를 가능케 하여 권리자의 실질적인 보호와 아울러 행정력의 절감을 도모하고자 도입한 제도이다.

2) 등록요건

디자인일부심사등록출원의 요건은 ⅰ) 유행성이 강한 물품에 관한 디자인으로서 산업통상자원부령이 정하는 물품일 것[14](디§37④, §40②), ⅱ) 디자인등록출원에 필요한 방식을 갖추고 있을 것(디§4, §7, §47), ⅲ) 디자인등록을 받을 수 없는 디자인이 아닐 것(디§34), ⅳ) 거절이유에 해당하지 않을 것(디§33①본, §33② 중 주지디자인에 의한 용이창작, §39 등) 등이다.

한편, 디자인일부심사등록출원에 대하여는 신규성(新規性)(디§33① ⅰ, ⅱ, ⅲ), 창작비용이성(創作非容易性)(디§33② ⅰ), 확대된 선출원(先出願)(디§33③), 관련 디자인이 자기의 관련 디자인과만 유사한 디자인(디§35②) 및 선출원(先出願)(디§46)은 심사단계에서 판단되지 않는다(디§62②). 그러나 디자인일부심사등록출원에 대하여도 출원된 디자인이 신규성 또는 창작성 등이 상실되었다는 정보제공이 있는 때[15]에는, 그 정보 및 증거에 근거하여 디자인등록거절결정을 할 수 있도록 변경하여 부실권리의 발생을 억제하려는 것으로 보인다(디§62④). 또한, 관련디자인등록출원에 대하여는 제35조 관련디자인의 일반규정이 적용되지 아니하고, 별도로 거절이유가 규정되어 있다(디§62③ ⅴ).

14) 디자인보호법 시행규칙[별표 4](물품류 구분)에서 제2류(의류 및 패션잡화용품), 제5류(섬유제품, 인조 및 천연시트직물류), 제19류(문방구, 사무용품, 미술재료, 교재) 중 어느 하나에 속하는 물품.

15) 정보제공이 있는 경우의 심사범위는 디자인일부심사등록출원에 대하여 디자인보호법 제55조(정보제공)에 따른 정보 및 증거의 제공이 있는 경우에는 심사하지 않는 등록요건에 불구하고 그 증거자료에 근거하여 거절결정을 할 수 있다.

(1) 지정된 물품에 해당할 것

유행성이 강한 물품에 관한 디자인으로서 디자인보호법 제37조 제4항의 규정에 의한 물품구분 중 산업통상자원부령이 정하는 물품에 한해서만 디자인일부심사등록출원을 할 수 있으며, 이 경우 지정된 물품에 대하여는 디자인일부심사등록출원으로만 출원할 수 있다(디§37④). 이때 디자인일부심사등록출원을 힐 수 있는 물품은 별표 4의 물품의 구분 중 의류, 침구류, 사무용지류, 포장지류, 직물지류에 속하는 물품으로 한다(디규§38).

(2) 디자인등록출원에 필요한 방식을 갖추고 있을 것

디자인보호법에 의하여 출원인의 절차능력, 대리권의 범위, 디자인보호법령이 정하는 방식 및 출원료 등 수수료 납부와 같은 방식을 충족시켜야 한다.

(3) 거절이유에 해당하지 않을 것

디자인일부심사등록 출원에 대해서는 적용되지 않는 거절이유를 소극적으로 규정하고 있으므로, 이에 따라 디자인일부심사등록출원은 디자인의 성립성과 공업성을 충족하여야 하며, 또 부등록사유에 해당하지 않아야 하고, 그 외에도 공동출원규정, 물품의 구분, 무권리자와 디자인등록을 받을 수 없는 자 및 조약규정위반에 해당하지 않아야 한다.

(4) 관련디자인심사등록출원의 경우(디§62③)

관련디자인심사등록출원이 ⅰ) 관련디자인등록된 디자인 또는 관련디자인등록출원된 디자인을 기본디자인으로 표시한 경우, ⅱ) 기본디자인의 디자인권이 소멸된 경우, ⅲ) 기본디자인에 관한 디자인등록출원이 무효·취하·포기되거나 디자인등록거절결정이 확정된 경우, ⅳ) 관련디자인심사등록출원인이 기본디자인의 디자인권자 또는 기본디자인에 관한 디자인등록출원인과 다른 경우 또는 ⅴ) 관련디자인심사등록출원된 디자인이 기본디자인에 유사하지 아니한 경우에는 디자인등록을 받을 수 없다.

3) 효력

(1) 부적법한 경우

디자인일부심사등록출원이 등록요건을 흠결한 경우에는 절차보정명령 후 절차무효, 거절이유가 되고, 착오로 등록된 경우에는 이의신청의 사유가 되거나 무효사유에 해당될 수 있다.

또 일부심사등록출원의 거절이유에 해당하지 않더라도, 정보제공이 있는 경우에는 심사등록출원의 거절이유 전부에 대하여 판단 가능하다(디§62④).

(2) 적법한 경우

디자인일부심사등록된 디자인권에 대해서는 디자인심사등록에 의한 디자인권과 동일한 독점배타권이 주어지며 그 권리는 등록디자인 또는 이와 유사한 디자인에까지 효력이 미친다(디§92). 다만 복수디자인에 관한 디자인권은 한 벌 물품에 관한 디자인권과는 달리 각 디자인마다 권리가 발생한다. 따라서 포기, 이전, 실시권,

〈디자인일부심사등록출원의 절차도〉

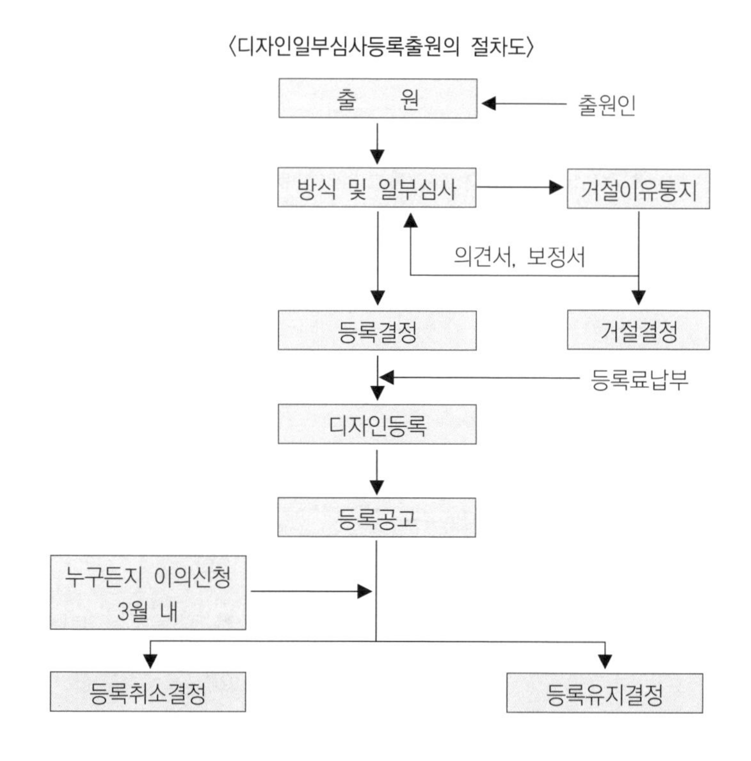

이의신청, 무효심판청구, 권리범위확인심판청구는 디자인별로 할 수 있다. 한편 디자인일부심사등록제도를 악용하는 것을 방지한다는 점에서 디자인일부심사등록을 받은 디자인권자, 전용실시권자 또는 통상실시권자가 타인의 디자인권 또는 전용실시권을 침해한 경우 그 침해행위에 대하여는 과실이 추정된다(디§116②).

4) 디자인일부심사등록 이의신청

제68조(디자인일부심사등록 이의신청)

① 누구든지 디자인일부심사등록출원에 따라 디자인권이 설정등록된 날부터 디자인일부심사등록 공고일 후 3개월이 되는 날까지 그 디자인일부심사등록이 다음 각 호의 어느 하나에 해당하는 것을 이유로 특허청장에게 디자인일부심사등록 이의신청을 할 수 있다. 이 경우 복수디자인등록출원된 디자인등록에 대하여는 각 디자인마다 디자인일부심사등록 이의신청을 하여야 한다.

1. 제3조 제1항 본문에 따른 디자인등록을 받을 수 있는 권리를 가지지 아니하거나 같은 항 단서에 따라 디자인등록을 받을 수 없는 경우
2. 제27조, 제33조, 제34조, 제35조 제2항·제3항, 제39조 및 제46조 제1항·제2항에 위반된 경우
3. 조약에 위반된 경우

② 디자인일부심사등록 이의신청을 하는 자(이하 "이의신청인"이라 한다)는 다음 각 호의 사항을 적은 디자인일부심사등록 이의신청서에 필요한 증거를 첨부하여 특허청장에게 제출하여야 한다. 〈개정 2013.7.30.〉

1. 이의신청인의 성명 및 주소(법인인 경우에는 그 명칭 및 영업소의 소재지)
2. 이의신청인의 대리인이 있는 경우에는 그 대리인의 성명 및 주소나 영업소의 소재지(대리인이 특허법인·특허법인(유한)인 경우에는 그 명칭, 사무소의 소재지 및 지정된 변리사의 성명)
3. 디자인일부심사등록 이의신청의 대상이 되는 등록디자인의 표시
4. 디자인일부심사등록 이의신청의 취지
5. 디자인일부심사등록 이의신청의 이유 및 필요한 증거의 표시

③ 심사장은 디자인일부심사등록 이의신청이 있을 때에는 디자인일부심사등록 이의신청서 부본(副本)을 디자인일부심사등록 이의신청의 대상이 된 등록디자인의 디

자인권자에게 송달하고 기간을 정하여 답변서를 제출할 기회를 주어야 한다.
④ 디자인일부심사등록 이의신청에 관하여는 제121조 제4항을 준용한다.

제69조(디자인일부심사등록 이의신청 이유 등의 보정)
이의신청인은 디자인일부심사등록 이의신청을 한 날부터 30일 이내에 디자인일부심사등록 이의신청서에 적은 이유 또는 증거를 보정할 수 있다.

디자인보호법은 디자인일부심사등록에 대해서는 등록 공고일 후 3월간 이의신청을 제기할 수 있는 디자인등록이의신청제도를 도입함으로써 제3자와의 이익·형평을 꾀하고 일부심사의 폐단을 방지하고자 하고 있다.

(1) 이의신청 신청인

디자인일부심사등록에 대하여는 누구든지 디자인일부심사등록이의신청을 할 수 있다.

(2) 이의신청의 이유

디자인일부심사등록이의신청의 이유는 다음의 1과 같다. 즉 ⅰ) 제3조 본문에 따른 디자인등록을 받을 수 있는 권리를 가지지 아니하거나 같은 항 단서에 따라 디자인등록을 받을 수 없는 경우, ⅱ) 제27조(외국인의 권리능력), 제33조(디자인등록의 요건), 제34조(디자인등록을 받을 수 없는 디자인), 제35조(관련디자인) 제2항·제3항, 제39조(공동출원) 및 제46조(선출원) 제1항·제2항에 위반된 경우 또는 ⅲ) 조약에 위반된 경우는 이의신청의 사유가 된다. 복수디자인출원에 의한 디자인등록에 대하여는 각 디자인마다 이의신청할 수 있다.

(3) 신청기간

디자인일부심사등록출원에 따라 디자인권이 설정등록된 날부터 디자인일부심사등록 공고일 후 3개월이 되는 날까지 그 디자인일부심사등록이 다음 각 호의 어느 하나에 해당하는 것을 이유로 특허청장에게 디자인일부심사등록 이의신청을 할 수 있다.

(4) 답변서 제출의 기회부여

심사관합의체의 장(심사장)은 이의신청이 있는 경우 디자인권자에게 이의신청서 부본을 송달하고 기간을 정하여 답변서를 제출할 수 있는 기회를 주어야 한다. 또한 이의신청의 취지를 당해 디자인권의 전용실시권자 기타 디자인권에 관하여 등록을 한 권리를 가지는 자에게 통지하여야 한다.

한편 이의신청인은 이의신청을 한 날로부터 30일 이내에는 이의신청이유 또는 증거를 보정할 수 있으며, 심사장은 보정된 이의신청이유 등에 대하여도 디자인권자 등에게 답변서를 제출할 수 있는 기회를 주어야 한다.

(5) 결정

이의신청에 대한 결정은 심사관합의체가 행한다. 심사관은 디자인보호법 제68조 제3항의 규정에 의한 답변서 제출기간, 디자인보호법 제69조의 규정에 의한 이의신청이유 등의 보정기간 및 의견서 제출기간이 경과한 후에 이의결정을 하여야 한다. 그러나 이의신청인이 이의신청이유 등의 보정기간 내에 그 이유 및 증거를 제출하지 아니한 경우에는 답변서제출기간이 경과하기 전이라도 결정으로 당해 이의신청을 각하할 수 있다.

심사관합의체는 이의신청이 이유가 있다고 인정될 때에는 '디자인등록취소결정'을, 이의신청이 이유가 없다고 인정될 때에는 '디자인등록유지결정'을 하여야 한다. 이때 이의신청에 대한 각하결정 및 디자인등록유지결정에 대하여는 불복할 수 없다.

5) 출원의 보정

디자인등록출원인은 디자인일부심사등록출원을 디자인심사등록출원으로, 디자인심사등록출원을 디자인일부심사등록출원으로 변경하는 보정을 할 수 있고(디 §48③),[16] 이러한 보정은 디자인등록여부결정의 통지서가 발송되기 전까지 할 수

16) 2004년 디자인보호법 개정시 유사디자인등록출원(관련디자인등록출원)과 단독디자인등록출원간의 변경에 관한 제20조와 디자인무심사등록출원(디자인일부심사등록출원)과 디자인심사등록출원간의 변경에 관한 제20조의2를 삭제하고 이들 조항을 디자인보호법 제18조의 보정의 한 유형으로 새로이 규정하여 디자인보호법 제18조의 보정의 경우와 마찬가지로 취급하였다.

있다. 다만, 재심사를 청구하는 경우에는 재심사를 청구하는 때, 그리고 디자인등록거절결정에 대한 심판을 청구하는 경우에는 그 청구일로부터 30일 이내에 보정할 수 있다(디§48④).

6) 디자인일부심사등록의 효과

디자인일부심사등록출원은 방식요건 및 일부 실체적 요건을 충족한 경우에는 다른 실체적 요건에 대한 심사 없이 등록되며, 등록된 디자인권에 대해서는 디자인심사등록에 의한 디자인권과 동일한 독점배타권이 주어진다. 그러나 디자인일부심사등록디자인에 관한 디자인권자·전용실시권자 또는 통상실시권자도 다른 사람의 디자인권 또는 전용실시권을 침해한 경우에는 그 침해행위에 대하여 과실이 있는 것으로 추정된다(디§116②).

10. 복수디자인등록출원제도

> 제41조(복수디자인등록출원)
> 디자인등록출원을 하려는 자는 제40조 제1항에도 불구하고 산업통상자원부령으로 정하는 물품류 구분에서 같은 물품류에 속하는 물품에 대하여는 100 이내의 디자인을 1디자인등록출원(이하 "복수디자인등록출원"이라 한다)으로 할 수 있다. 이 경우 1 디자인마다 분리하여 표현하여야 한다.

(1) 의의 및 취지

복수디자인등록출원제도란 여러 개의 디자인을 한꺼번에 하나의 출원으로 할 수 있도록 하는 제도를 말한다.

우리 디자인보호법은 1출원서에 1디자인만을 등록출원하도록 하였으나(디§40), 1998년 3월 1일부터는 디자인등록출원인의 편의를 도모하고, 출원절차를 간소화하기 위하여 1출원서로 복수(100개 이내)의 디자인을 함께 출원할 수 있게 하였다(디§41).

(2) 등록요건

복수디자인등록출원할 수 있는 것은 ⅰ) 1디자인마다 분리하여 표현해야 하고, ⅱ) 동일물품분류에 속한 것이어야 하고, ⅲ) 100개 이내의 디자인에 한한 것이어야 한다. ⅳ) 각 디자인이 거절이유에 해당하지 않을 것 등의 요건을 충족시켜야 한다.

(3) 방식요건의 심사

복수디자인등록출원에 대한 방식요건 심사는 다음과 같이 한다. 1복수디자인등록출원된 디자인이 100개를 초과한 경우에는 디자인보호법 제63조 제1항에 의하여 거절이유를 통지한 후 100개를 초과하는 디자인에 대하여 출원분할 또는 출원취하 하도록 한 후에 등록결정을 한다. 복수디자인등록출원 중 일부디자인에 대한 출원취하는 삭제 보정으로 할 수 있도록 하며, 출원서에 기재된 출원디자인의 수와 첨부된 도면상의 디자인의 수가 일치되지 아니할 경우에는 도면상 디자인의 수를 기준으로 출원서를 보정토록 한다.

복수디자인등록출원된 디자인의 물품이 동일한 대분류에 속하지 아니하는 경우에는 디자인보호법 제63조 제2항에 의하여 거절이유를 통지한 후 대분류가 상이한 물품에 대한 디자인을 출원분할하거나 출원취하 하도록 한 후에 등록결정한다. 하나의 복수디자인등록출원으로 할 수 있는 물품은 대분류가 동일한 것에 한한다.

(4) 등록의 효과

복수디자인등록출원은 각 디자인이 일정한 방식 등의 요건을 충족시켜야 등록받을 수 있으며, 한 디자인에라도 거절이유가 있는 경우 등록받을 수 없다. 복수디자인등록출원에 대한 디자인등록결정을 받은 자는 등록료를 납부하는 때에 디자인별로 이를 포기할 수 있으며(디§80①), 복수디자인등록출원이 등록된 후에는 각 디자인마다 권리가 발생하는 것으로 본다. 따라서 각 권리별로 이전, 사용, 수익, 처분이 가능하다(디§96⑤).

11. 출원공개제도

1) 서설

종전의 의장법(현 디자인보호법)에서는 디자인을 출원한 후 등록 전까지는 자기의 출원디자인을 제3자가 모방하여 실시하더라도 이를 제재할 수 있는 적절한 방법이 없었다. 이에 디자인등록 전 출원심사단계에서의 제3자에 의한 출원디자인의 모방, 침해행위를 방지하고 출원인의 권리를 보호하기 위하여 출원공개제도를 도입하였다. 즉 디자인보호법은 디자인심사등록출원인 산업통상자원부령이 정하는 바에 따라 자기의 디자인등록출원에 대한 공개를 신청하고, 그 공개신청에 따라 특허청장이 디자인공보에 그 디자인등록출원에 관한 사항에 게재하여 공개하고 그 대가로 보상금청구권 등을 부여하는 출원공개제도를 인정하고 있다.

다만 디자인보호법상의 출원공개제도는 특허법상의 출원공개제도가 일률적인 강제주의를 채택하고 있는 데 반하여, 타인의 모방이 용이한 특성에 고려하여 신청에 의하여 개별적으로 공개하는 신청주의만을 택하고 있다. 또한 특허법상 출원공개제도는 심사적체에 따른 중복연구, 중복투자의 방지, 심사청구제도의 폐해방지에 주된 취지가 있으나, 디자인보호법상 공개제도는 타인의 모방, 도용에 대한 구제수단의 제공에 주된 취지가 있다. 1995년 개정시 신청에 의한 출원공개제도를 새로 도입하였다(디§52).[17)]

---

17) 이는 모든 디자인에 적용되는 것이 아니라 디자인등록 출원인의 청구가 있는 경우에만 적용되며, 2004년 개정법은 심사 및 무심사등록출원(일부심사등록출원) 모두에 대하여 출원공개신청이 가능하도록 하였다.
2004년 개정법 이전 구법 제23조의3의 규정에 의하면 출원공개된 경우에 디자인권이 설정되기 이전이라도 디자인등록출원인이 출원한 디자인을 타인이 무단으로 실시하는 경우에는 출원중인 디자인임을 주장하여 실시하지 말 것을 경고할 수 있고, 그 출원디자인이 설정등록된 후에는 보상금청구권을 행사할 수 있는 등 일정한 법적 효과가 발생되는 권리를 부여하고 있으나, 무심사등록출원(일부심사등록출원)의 경우는 이러한 권리를 주장할 수 있는 규정이 없었다.
이것은 무심사등록출원(일부심사등록출원)의 경우에 심사처리기간이 짧아 디자인권의 설정여부가 신속히 결정됨으로써 출원을 공개하여 권리를 주장할 실효성이 없다고 판단하여 공개를 인정하지 않았기 때문이다.
그러나 Web공보의 발행으로 신속한 출원공개가 가능해졌기 때문에 심사등록출원인에게 인정되는 경고권과 보상금청구권을 무심사등록출원인(일부심사등록출원인)에게도 인정하는 것이 가능해졌을 뿐 아니라 심사등록출원인과의 형평에도 맞는 것이기 때문에, 2004년 개정법에서는 동 조항을 개정하여 무심사등록출원인(일부심사등록출원인)도 출원계속중에 공개신청을 하여 경고권을 행사하고 보

2) 출원공개제도 요건

디자인보호법상 출원공개제도는 신청주의만을 택하므로 출원공개를 위해서는 디자인심사등록출원인의 공개신청이 있어야 한다.

(1) 주체적 요건

디자인등록출원의 공개를 신청할 수 있는 자는 출원인이며(디§52①), 공개신청이 있는 때에는 특허와 같이 그 디자인등록출원에 관하여 디자인공보에 게재하여 출원공개를 하여야 한다.

(2) 객체적 요건

특허청에 계속 중인 디자인 심사등록출원 또는 일부심사등록출원이 대상이 된다. 다만, 디자인등록출원된 디자인이 주는 의미나 내용 등이 일반인의 통상적인 도덕관념인 선량한 풍속에 어긋나거나 공공질서를 해칠 우려가 있는 경우나 국방상 비밀로 취급하여야 하는 경우에는 출원공개를 하지 아니할 수 있다(디§52②). 이에 따라 출원공개를 하지 아니하는 경우에는 특허청장은 그 취지와 이유를 디자인등록출원인에게 통지하여야 한다.

(3) 시기적 요건

출원공개신청은 그 디자인등록출원에 대한 최초의 디자인등록여부결정의 등본이 송달된 후에는 이를 할 수 없다(디§52③).

(4) 절차요건

가. 공개신청서의 제출 디자인등록출원에 대해 공개신청을 하고자 하는 자는 소정양식의 신청서에 출원서 부본 1통, 도면 또는 견본의 사진 1통, 대리권 증명서류 1통을 첨부하여 특허청장에게 제출해야 한다. 다만 디자인등록출원과 동시에 공개를 신청하고자 하는 경우에는 출원서에 그 취지를 기재함으로써 그 신청서에 갈음할 수 있다.

상금청구권을 확보할 수 있게 함으로써 무심사등록출원인(일부심사등록출원인)의 권리보호를 확대하고 있다.

나. 공개의 방법 특허청장은 출원공개신청이 있는 때에는 공개디자인공보에 출원디자인의 서지적 사항 및 실질적 내용 모두를 게재하여 공개한다. 출원인의 성명 및 주소, 출원번호 및 출원연월일, 우선권주장 사실, 기본의장의 표시, 출원공개번호 및 공개연월일, 도면 또는 견본의 사진, 창작내용의 요점, 디자인의 설명, 이외에 특허청장이 게재할 필요가 있다고 인정되는 사항 등이 포함된다. 또한 출원디자인이 부분디자인인 경우 부분디자인등록출원이라는 취지도 게재한다.

출원인이 제출한 도면을 그대로 공개하는 것을 원칙으로 한다. 다만 출원인이 제출한 출원공개용 도면이 출원서에 첨부한 도면과 불일치할 경우에는 출원서에 첨부한 것과 동일한 도면을 공개하도록 한다.

3) 출원공개의 효과

디자인등록출원인은 출원공개가 있은 후 그 디자인등록출원된 디자인 또는 이와 유사한 디자인을 업으로서 실시한 자에게 디자인등록출원된 디자인임을 서면으로 경고할 수 있고(디§53①), 보상금의 지급을 청구할 수 있으며(디§53②), 우선심사 신청도 가능하다(디§61).

이 외에 보상금청구권의 소멸 등에 관한 사항은 특허와 같이 민법의 규정을 준용한다.

(1) 공지

디자인등록출원이 공개되면 그 출원디자인은 비밀이 완전히 해제되어 공지디자인이 되므로 심사관은 후출원디자인에 대한 신규성 상실의 거절참증으로 인용할 수 있다. 이때 공지시점은 공개디자인공보의 발행일이 된다.

(2) 비밀디자인청구의 철회

출원공개의 신청이 있는 경우에는 비밀디자인청구는 철회된 것으로 본다(디§43⑥).

(3) 경고할 권리

디자인등록출원인은 출원공개가 있은 후 그 디자인등록출원된 디자인 또는 이와 유사한 디자인을 업으로서 실시한 자에게 디자인등록출원된 디자인임을 서면으로 경고할 수 있다(디§53①).

(4) 보상금청구권

디자인등록출원인은 출원공개 후에 경고를 받거나 출원공개된 디자인임을 알고 그 디자인등록출원된 디자인 또는 이와 유사한 디자인을 업으로서 실시한 자에게 그 경고를 받거나 출원공개된 디자인임을 안 때부터 디자인권의 설정등록시까지의 기간 동안 그 등록디자인 또는 이와 유사한 니사인의 실시에 대하여 통상 받을 수 있는 금액에 상당하는 보상금의 지급을 청구할 수 있는데 이를 보상금청구권이라 한다(디§53②).

출원인은 경고를 한 자에게는 물론 경고를 하지 않는 자라도 악의로 그 디자인을 실시한 자에 대하여 보상금청구권을 행사할 수 있다. 이때 출원디자인에 대한 침해행위는 간접침해 행위를 포함한다. 다만 이러한 보상금청구권은 당해 디자인등록출원된 디자인에 대한 디자인권 설정등록이 있은 후가 아니면 이를 행사할 수 없다.

보상금청구권은 당해 디자인권설정등록일부터 3년 내에 이를 행사하지 않으면 시효로 인하여 소멸하며, 불법행위를 한 날로부터 10년이 경과한 때에도 같다.

출원공개 후 디자인등록출원이 포기·무효·취하되거나 디자인등록거절결정이 확정된 때, 또는 디자인등록 취소결정이나 무효심결이 확정된 때에는 보상금청구권은 처음부터 발생하지 않았던 것으로 본다(디§53⑥). 다만 이 경우 보상금청구권은 디자인권 설정등록 후에만 행사할 수 있으므로 이후에 권리 무효가 되더라도 그 권리행사로 타인에게 입힌 손해에 대해 무과실배상책임은 주어지지 않는다고 본다.

(5) 우선심사청구

특허청장은 ⅰ) 출원공개 후 디자인등록출원인이 아닌 자가 업으로서 디자인등록출원된 디자인을 실시하고 있다고 인정되거나, ⅱ) 출원공개 전이라도 긴급처리가 필요하다고 인정되는 것으로서 대통령령이 정하는 디자인등록출원에 대해서는 다른 디자인등록출원에 우선하여 심사하게 할 수 있다(디§61).

4) 정보제공제도와의 관계

출원디자인에 대한 출원인의 공개신청은 그 출원에 대한 최초 등록여부결정의 등본을 송달받은 후에는 할 수 없다. 다만, 2001년 개정된 현행법에서는 출원공개된 디자인에 대하여 일정사유에 한해 가능하였던 정보제공을 디자인등록출원된 디자인에 대하여는 누구든지 당해 디자인이 등록될 수 없다는 취지의 정보를 증거와 함께 제출할 수 있도록 하여 심사의 정확성과 신속성을 제고할 수 있도록 하였다(디§55).

12. 디자인보호법에 없는 제도

디자인보호법에는 다른 산업재산권법에 없는 디자인보호법 고유의 제도가 있는 것을 위에서 살펴보았는데, 이와 반대로 디자인보호법만이 갖고 있지 않은 제도가 있다. 이는 다음과 같다.

특허·실용신안법에서는 출원 후 심사청구가 있어야만 실체를 심사하나, 디자인보호법에서는 원칙적으로 한 번의 출원의사표시로 실체심사를 행하고 출원공개는 출원인의 신청이 있어야만 행한다. 이와 같이 특허법에서 모든 출원에 대하여 공개하는 강제적인 출원공개제도와 심사청구제도와는 상이(相異)하다. 또, 특허법에서는 등록 후 명세서나 도면을 정정하는 정정심판제도가 있으며, 또 정정한 명세서나 도면을 무효로 하는 정정무효심판제도를 두고 있으나, 디자인보호법은 이러한 제도를 두고 있지 않다.

이외에도 디자인보호법은 국내우선권제도, 식물특허제도, 미생물특허제도, 물질특허제도, 제조방법에 관한 특허제도, 불실시에 대한 취소심판제도 등을 두고 있지 않다.

또한 디자인보호법에서는 디자인심사등록출원에 대하여 원칙적으로 출원공개를 하지 않기 때문에 이의신청제도가 없었으나, 1998년 3월 1일 일부 물품에 한하여 일부심사등록제도를 도입하면서 디자인일부심사등록 이의신청제도를 두게 되었다.

디자인등록출원 · 심사절차

제5장 디자인등록출원 · 심사절차

제1절 서설

디자인등록출원에 대하여 디자인보호법에 특별히 규정한 것을 제외하고는 특허법의 경우와 같이 출원절차·심사절차·등록절차를 밟아야 하며, 그에 필요한 서류는 서면주의·양식주의·국어주의의 원칙에 의하여야 하고, 필요한 비용도 납부하여야 한다.

제2절 디자인등록을 받을 수 있는 자

디자인등록을 받을 수 있는 자는 디자인을 창작한 자 또는 그 승계인으로서(디§3①) 디자인보호법에서 정하는 바에 의하여 디자인등록을 받을 수 있는 권리를 가진다.

이 권리는 디자인을 창작함으로써 생기는 것으로서 국가에 대하여 디자인등록을 청구하는 권리이므로 공권(公權)임과 동시에 양도 가능한 재산권이다.

디자인등록을 받을 수 있는 자는 자연인 또는 법인이어야 하고, 외국인인 경

〈출원에서 등록까지의 간단한 절차〉

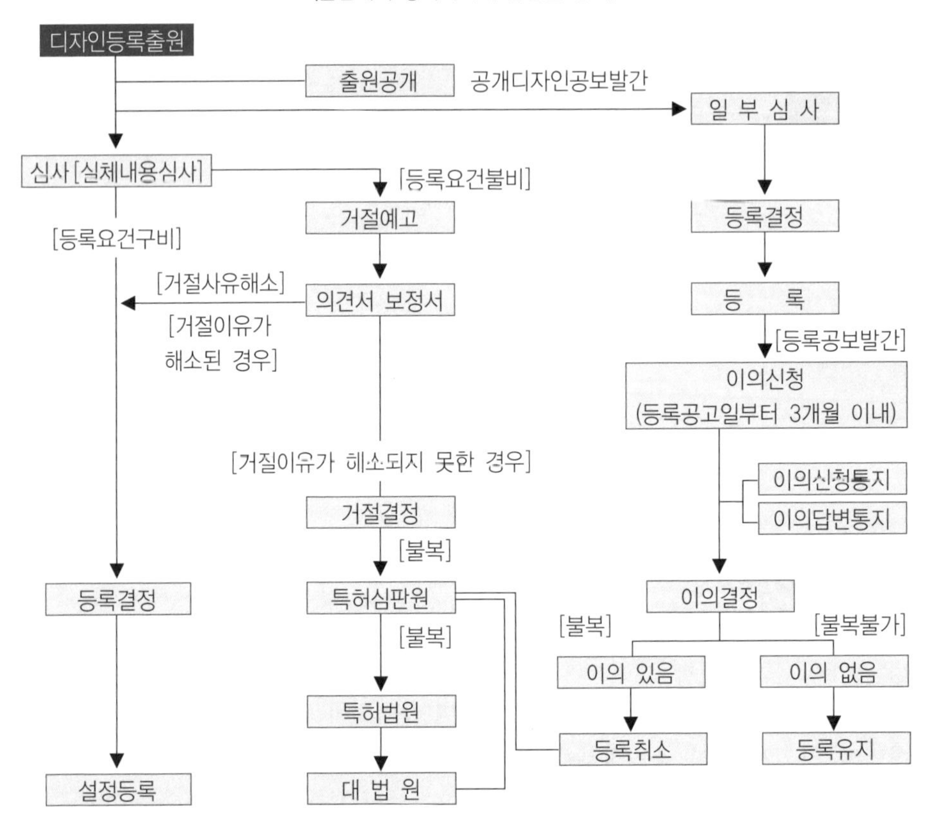

우에는 평등주의·상호주의에 따르며, 파리협약에 의한 경우에는 우리나라에서도 디자인등록을 받을 수 있다(상세한 것은 제2장 참조).

제3절 디자인등록출원

디자인등록을 받으려고 하는 자는 출원요건[1]을 갖추어 소정의 양식에 기재

1) 디자인보호법 제37조(디자인등록출원) ① 디자인등록을 받으려는 자는 다음 각 호의 사항을 적은 디

한 출원서 및 도면 등을 특허청장에게 제출해야 한다. 그러면 특허청은 방식심사를 하게 된다(상세한 것은 앞의 도표를 참조).

제37조(디자인등록출원)

① 디자인등록을 받으려는 자는 다음 각 호의 사항을 적은 디자인등록출원서를 특허청장에게 제출하여야 한다.

1. 디자인등록출원인의 성명 및 주소(법인인 경우에는 그 명칭 및 영업소의 소재지)
2. 디자인등록출원인의 대리인이 있는 경우에는 그 대리인의 성명 및 주소나 영업소의 소재지(대리인이 특허법인·특허법인(유한)인 경우에는 그 명칭, 사무소의 소재지 및 지정된 변리사의 성명)
3. 디자인의 대상이 되는 물품 및 제40조 제2항에 따른 물품류(이하 "물품류"라 한다)
4. 단독의 디자인등록출원 또는 관련디자인의 디자인등록출원(이하 "관련디자인등

자인등록출원서를 특허청장에게 제출하여야 한다. 〈개정 2013.7.30〉
1. 디자인등록출원인의 성명 및 주소(법인인 경우에는 그 명칭 및 영업소의 소재지)
2. 디자인등록출원인의 대리인이 있는 경우에는 그 대리인의 성명 및 주소나 영업소의 소재지[대리인이 특허법인·특허법인(유한)인 경우에는 그 명칭, 사무소의 소재지 및 지정된 변리사의 성명]
3. 디자인의 대상이 되는 물품 및 제40조 제2항에 따른 물품류(이하 "물품류"라 한다)
4. 단독의 디자인등록출원 또는 관련디자인의 디자인등록출원(이하 "관련디자인등록출원"이라 한다) 여부
5. 기본디자인의 디자인등록번호 또는 디자인등록출원번호(제35조 제1항에 따라 관련디자인으로 디자인등록을 받으려는 경우만 해당한다)
6. 디자인을 창작한 사람의 성명 및 주소
7. 제41조에 따른 복수디자인등록출원 여부
8. 디자인의 수 및 각 디자인의 일련번호(제41조에 따라 복수디자인등록출원을 하는 경우에만 해당한다)
9. 제51조 제3항에 규정된 사항(우선권 주장을 하는 경우만 해당한다)

② 제1항에 따른 디자인등록출원서에는 각 디자인에 관한 다음 각 호의 사항을 적은 도면을 첨부하여야 한다.
1. 디자인의 대상이 되는 물품 및 물품류
2. 디자인의 설명 및 창작내용의 요점
3. 디자인의 일련번호(제41조에 따라 복수디자인등록출원을 하는 경우에만 해당한다)

③ 디자인등록출원인은 제2항의 도면을 갈음하여 디자인의 사진 또는 견본을 제출할 수 있다.

④ 디자인일부심사등록출원을 할 수 있는 디자인은 물품류 구분 중 산업통상자원부령으로 정하는 물품으로 한정한다. 이 경우 해당 물품에 대하여는 디자인일부심사등록출원으로만 출원할 수 있다.

⑤ 제1항부터 제4항까지 규정된 것 외에 디자인등록출원에 필요한 사항은 산업통상자원부령으로 정한다.

록출원"이라 한다) 여부
5. 기본디자인의 디자인등록번호 또는 디자인등록출원번호(제35조 제1항에 따라 관련디자인으로 디자인등록을 받으려는 경우만 해당한다)
6. 디자인을 창작한 사람의 성명 및 주소
7. 제41조에 따른 복수디자인등록출원 여부
8. 디자인의 수 및 각 디자인의 일련번호(제41조에 따라 복수디자인등록출원을 하는 경우에만 해당한다)
9. 제51조 제3항에 규정된 사항(우선권 주장을 하는 경우만 해당한다)

② 제1항에 따른 디자인등록출원서에는 각 디자인에 관한 다음 각 호의 사항을 적은 도면을 첨부하여야 한다.

1. 디자인의 대상이 되는 물품 및 물품류
2. 디자인의 설명 및 창작내용의 요점
3. 디자인의 일련번호(제41조에 따라 복수디자인등록출원을 하는 경우에만 해당한다)

1. 출원서류

1) 출원서

디자인등록을 받으려는 자는 디자인등록출원서를 특허청장에게 제출하여야 한다(디§37). 구체적인 것은 위에 언급한 조문과 같다.

2) 도면

(1) 디자인도면의 의의

디자인도면이란 디자인등록출원되는 디자인의 내용을 명확히 하기 위하여 일정한 도법에 의하여 표현한 서면을 말한다. 특허나 실용신안이 기술적 사상 그 자체에 중점을 두고 있는 반면, 디자인은 '표현형태'에 중점을 두므로 문장보다는 그림에 의해 표현하는 것이 더 정확하다. 따라서 디자인내용은 도면에 의해 구체화, 특정된다 할 수 있으며, 디자인보호법은 서면주의를 원칙으로 하면서 디자인등록을 받고자 하는 자는 소정의 사항을 기재한 디자인등록출원서에 도면을 첨부하여 특허청장에게 제출하도록 하고 있다(디§37②).

디자인도면은 디자인의 내용을 표현하는 본체로서 등록디자인의 보호범위를 정하는 기준이 되므로, 일정한 도법에 따라 구체적으로 명확하게 작성하지 않으면 안 된다. 또한 디자인등록출원 이후의 도면의 부가, 변경 등은 요지변경이 되기 쉽고 정정심판 제도도 없으므로 도면은 처음부터 완전하게 완성되어야 한다. 다만 이때 디자인등록출원인은 도면에 갈음하여 디자인의 사진 또는 견본을 제출할 수 있다(디§37③).

(2) 도면의 역할

가. 출원 및 심사·심판의 대상 특정 도면은 디자인등록을 받고자 하는 디자인의 내용을 구체적으로 표현한 것으로서 디자인등록출원서상의 추상적, 관념적인 물품을 도면에 표현된 디자인으로 구체화하여, 출원 및 심사·심판의 대상을 특정하는 역할을 한다. 따라서 디자인등록요건의 판단은 도면을 기준으로 행하여 진다.

나. 명세서, 권리서로서의 역할 디자인은 문장보다는 도면에 의해 그 내용을 더 정확히 표현할 수 있고 출원된 디자인의 내용도 도면에 의해 모두 파악되므로 특허나 실용신안의 명세서와 같은 역할을 한다. 등록디자인의 보호범위와 관련하여서도 디자인등록출원서의 기재사항 및 출원서에 첨부한 도면·사진 또는 견본과 도면에 기재된 디자인의 설명에 표현된 디자인에 의해 정해지므로 도면은 디자인의 권리범위 해석의 1차적 기준이 되며, 등록받은 디자인의 도면은 디자인등록원부의 일부로 되어 권리로서의 역할을 한다.

(3) 도면의 기재사항

디자인심사등록출원서 또는 디자인일부심사등록출원서에 첨부하는 도면에는 ① 디자인의 대상이 되는 물품, ② 디자인의 설명, ③ 창작내용의 요점, ④ 디자인의 일련번호 등을 기재하여야 한다(디§37②).

디자인창작의 요점을 분명히 하기 위해 디자인창작의 포인트, 특징, 요지 등을 기재형식에 구애받지 않고 자유롭게 자세하고 명확하게 기재할 수 있다. 그러나 창작내용의 요점의 기재는 등록디자인의 보호범위 판단기준에서는 제외된다.

(4) 도면의 작성방법

가. 일반적 작성방법 도면은 디자인보호범위 해석의 1차적 기준이므로 보정이 거의 허용되지 않는다. 따라서 처음부터 완벽하게 작성해야 한다.

나. 특수한 디자인의 표현방법 분리되는 물품은 조립된 상태의 도면 이외에 개개의 구성부분을 알 수 있도록 필요한 도면 및 단면도를 첨가하여야 한다. 조립완구와 같이 그 구성각편의 도면만으로는 사용상태을 충분히 표현할 수 없는 것은 그 만들어지는 상태 또는 수장되는 상태를 표시하는 사시도를 첨부하고, 조립 후 분해하는 것으로서 조립된 상태의 도면만으로는 분해된 상태를 충분히 표현할 수 없는 물품에 대하여는 그 구성각편의 사시도를 첨가하여야 한다.

동적 디자인의 경우는 정지상태의 도면과 그 동작 상태를 알 수 있는 참고도면을 각각 도시해야 한다. 움직이는 것, 열리는 것 등의 디자인으로서의 그 움직임 또는 열림에 대한 디자인의 변화에 대하여는 변화 전 상태의 도면과 변화 후 상태의 도면을 각각 도시해야 한다.

투명디자인의 경우 외주가 무색으로 모양이 없는 경우에는 보이는 대로, 외주의 외면, 내면 또는 두께면의 어느 곳에 모양, 색채가 표시되어 있는 경우에는 겉으로나 위에 나타나는 모양 또는 색채만을 나타내며, 외주의 외면, 내면 또는 그 두께면이나 외주에 둘러싸인 내부의 어느 곳에 2 이상의 형상, 모양, 색채가 표시되어 있는 경우에는 그것을 각면에 표시한다.

한 벌 물품디자인의 경우는 구성물품별 및 한 벌 전체로서의 물품을 사용하는 그대로 도시하며, 디자인의 설명란에는 한 벌을 구성하는 물품 및 그 개수를 기재한다.

부분디자인을 도면에 도시하는 경우에는 당해 디자인의 대상이 되는 물품의 전체디자인 중 부분디자인으로 디자인등록을 받고자 하는 부분은 실선으로 표현하고, 그 외의 부분에 관한 형상은 파선으로 표현하여 부분디자인으로 등록받고자 하는 부분을 명확히 특정하여야 한다.

3) 부적법한 출원서류의 반려

특허청장등은 디자인보호법 제37조의 규정에 의한 출원요건 등을 갖추지 아니한 디자인등록출원에 관한 서류·견본 기타의 물품이 동법 제37조의 1에 해당하는 경우에는 법령에 특별한 규정이 있는 경우를 제외하고는 이를 적법한 출원에 관한 서류·견본 기타의 물건으로 보지 아니한다. 이때 특허청장은 부적법한 출원에 관한 서류·견본 기타의 물품을 그 출원인 또는 제출자에게 그 이유를 명시하여 이를 반려할 수 있다(디§38⑤).

제4절 절차상의 제 원칙 및 제도

1. 1디자인 1출원의 원칙

제40조(1디자인 1디자인등록출원)
① 디자인등록출원은 1디자인마다 1디자인등록출원으로 한다.
② 디자인등록출원을 하려는 자는 산업통상자원부령으로 정하는 물품류 구분에 따라야 한다.

디자인심사등록출원은 산업통상자원부령으로 정하는 물품의 구분에 따라 1디자인마다 1출원으로 한다(디§40). 이것을 1디자인 1출원의 원칙이라고 한다. 즉 하나의 출원에는 하나의 디자인만 출원할 수 있으며 이에 위반하여 출원하면 거절사유가 된다(디§62).[2] 그러나 같은 물품류에 속하는 물품에 대하여는 100 이내의

2) 제62조(디자인등록거절결정) ① 심사관은 디자인심사등록출원이 다음 각 호의 어느 하나에 해당하는 경우에는 디자인등록거절결정을 하여야 한다.
1. 제3조 제1항 본문에 따른 디자인등록을 받을 수 있는 권리를 가지지 아니하거나 같은 항 단서에 따라 디자인등록을 받을 수 없는 경우
2. 제27조, 제33조부터 제35조까지, 제37조 제4항, 제39조부터 제42조까지 및 제46조 제1항·제2항에 따라 디자인등록을 받을 수 없는 경우
3. 조약에 위반된 경우
② 심사관은 디자인일부심사등록출원이 다음 각 호의 어느 하나에 해당하는 경우에는 디자인등록거절결정을 하여야 한다.
1. 제3조 제1항 본문에 따른 디자인등록을 받을 수 있는 권리를 가지지 아니하거나 같은 항 단서에 따라 디자인등록을 받을 수 없는 경우

디자인을 1디자인등록출원으로 할 수 있다(디§41).

우리 디자인보호법에서는 1디자인 1출원을 원칙으로 하고 있으나 예외로 2이상의 디자인을 하나의 출원으로 인정하는 경우도 있다. 이는 앞에서 본 한 벌 물품디자인제도와 복수디자인 1출원제도이다.

1) 판단

2 이상의 물품을 결합하여 출원된 물품의 1물품 또는 다물품 해당여부는 그 결합상태로 보아 각 물품의 기능·용도가 상실되고 새로운 하나의 기능·용도로 인식될 수 있는지 여부를 기준으로 판단한다. 하나의 물품 중에 물리적으로 분리된 2 이상의 부분디자인이 표현된 경우에는 1디자인인지 여부는 출원서 및 도면, 디자인의 설명, 창작 내용의 요점에 기재된 출원인의 창작의도를 고려해야만 한다. 다만, 다음과 같이 전체로서 일체성이 인정되는 경우에는 예외로 한다. 즉 ⅰ) 형태적 일체성이 인정되는 것[3]이나 기능성 일체성이 인정되는 것[4]은 일체성이 인정된다.

---

2. 제27조, 제33조(제1항 각 호 외의 부분 및 제2항 제2호만 해당한다), 제34조, 제37조 제4항 및 제39조부터 제42조까지의 규정에 따라 디자인등록을 받을 수 없는 경우
3. 조약에 위반된 경우

③ 심사관은 디자인일부심사등록출원으로서 제35조에 따른 관련디자인등록출원이 제2항 각 호의 어느 하나 또는 다음 각 호의 어느 하나에 해당하는 경우에는 디자인등록거절결정을 하여야 한다.

1. 디자인등록을 받은 관련디자인 또는 디자인등록출원된 관련디자인을 기본디자인으로 표시한 경우
2. 기본디자인의 디자인권이 소멸된 경우
3. 기본디자인의 디자인등록출원이 무효·취하·포기되거나 디자인등록거절결정이 확정된 경우
4. 관련디자인의 디자인등록출원인이 기본디자인의 디자인권자 또는 기본디자인의 디자인등록출원인과 다른 경우
5. 기본디자인과 유사하지 아니한 경우
6. 기본디자인의 디자인등록출원일부터 1년이 지난 후에 디자인등록출원된 경우
7. 제35조 제3항에 따라 디자인등록을 받을 수 없는 경우

④ 심사관은 디자인일부심사등록출원에 관하여 제55조에 따른 정보 및 증거가 제공된 경우에는 제2항에도 불구하고 그 정보 및 증거에 근거하여 디자인등록거절결정을 할 수 있다.

⑤ 복수디자인등록출원에 대하여 제1항부터 제3항까지의 규정에 따라 디자인등록거절결정을 할 경우 일부 디자인에만 거절이유가 있으면 그 일부 디자인에 대하여만 디자인등록거절결정을 할 수 있다.

3) 물리적으로 분리된 부분으로서 대칭이 되거나 한 쌍이 되는 등 관련성을 가지고 있는 것.

4) 가위의 손잡이 또는 전화기의 버튼부분 등과 같이 전체로서 하나의 기능을 수행함으로써 일체적 관련성을 가지고 있는 것

: 관련 판례 대법원 2013. 2. 15. 선고 2012후3343 판결

이 사건 출원디자인은  부분과  부분이 물리적으로 떨어져 있더라도 이를 보는 사람이 부분은 '토끼 귀'로, 부분은 '토끼 꼬리'로 각각 인식할 수 있어서 그들 사이에 형태적으로 일체성이 인정되고, 그로 인하여 이를 보는 사람으로 하여금 그 전체가 '토끼 형상'과 유사한 일체로서 시각을 통한 미감을 일으키게 하므로, 이 사건 출원디자인은 디자인보호법 제11조 제1항에서 규정한 '1디자인'에 해당한다.

한편 복수디자인등록출원에 있어서 하나의 도면에 2 이상의 디자인이 표현된 경우에는 디자인보호법 제40조 제1항의 규정이 아니라 디자인보호법 제41조의 후단의 규정에 의하여 등록을 받을 수 없는 것으로 하며, 복수디자인등록출원된 각각의 디자인에 대하여는 심사기준에 따라 심사한다.

2) 구체례

※ 심사기준을 참조바람.

2. 선출원주의

제46조(선출원)

① 동일하거나 유사한 디자인에 대하여 다른 날에 2 이상의 디자인등록출원이 있는 경우에는 먼저 디자인등록출원한 자만이 그 디자인에 관하여 디자인등록을 받을 수 있다.

② 동일하거나 유사한 디자인에 대하여 같은 날에 2 이상의 디자인등록출원이 있는 경우에는 디자인등록출원인이 협의하여 정한 하나의 디자인등록출원인만이 그 디자인에 대하여 디자인등록을 받을 수 있다. 협의가 성립하지 아니하거나 협의를 할 수 없는 경우에는 어느 디자인등록출원인도 그 디자인에 대하여 디자인등록을 받을 수 없다.

③ 디자인등록출원이 무효·취하·포기되거나 제62조에 따른 디자인등록거절결정 또는 거절한다는 취지의 심결이 확정된 경우 그 디자인등록출원은 제1항 및 제2항을 적용할 때에는 처음부터 없었던 것으로 본다. 다만, 제2항 후단에 해당하여 제62조에 따른 디자인등록거절결정이나 거절한다는 취지의 심결이 확정된 경우에는 그러하지 아니하다.
④ 무권리자가 한 디자인등록출원은 제1항 및 제2항을 적용할 때에는 처음부터 없었던 것으로 본다.
⑤ 특허청장은 제2항의 경우에 디자인등록출원인에게 기간을 정하여 협의의 결과를 신고할 것을 명하고 그 기간 내에 신고가 없으면 제2항에 따른 협의는 성립되지 아니한 것으로 본다.

동일하거나 유사한 디자인에 대하여 다른 날에 2 이상의 디자인등록출원이 있는 경우에는 먼저 디자인등록출원한 자만이 그 디자인에 관하여 디자인등록을 받을 수 있다(디§46①). 이렇게 출원의 선후에 따라 등록을 받을 수 있도록 하는 것을 선출원주의라 한다.

또한 동일하거나 유사한 디자인에 대하여 같은 날에 2 이상의 디자인등록출원이 있는 경우에는 디자인등록출원인이 협의하여 정한 하나의 디자인등록출원인만이 그 디자인에 대하여 디자인등록을 받을 수 있다(디§46②). 이 경우 특허청장 명의로 기간을 정하여 출원인에게 협의 결과를 신고할 것을 요구한 후 협의에 따라 정해진 하나의 출원에 대하여 등록결정을 하고 나머지 출원은 거절이유를 통지한 다음에 거절결정을 한다.

3. 출원의 분할

제50조(출원의 분할)
① 다음 각 호의 어느 하나에 해당하는 자는 디자인등록출원의 일부를 1 이상의 새로운 디자인등록출원으로 분할하여 디자인등록출원을 할 수 있다.
1. 제40조를 위반하여 2 이상의 디자인을 1디자인등록출원으로 출원한 자

2. 복수디자인등록출원을 한 자
② 제1항에 따라 분할된 디자인등록출원(이하 "분할출원"이라 한다)이 있는 경우 그 분할출원은 최초에 디자인등록출원을 한 때에 출원한 것으로 본다. 다만, 제36조 제2항 제1호 또는 제51조 제3항 및 제4항을 적용할 때에는 그러하지 아니하다.
③ 제1항에 따른 디자인등록출원의 분할은 제48조 제4항에 따른 보정을 할 수 있는 기간에 할 수 있다.

1) 의의

2 이상의 디자인을 1출원으로 한 자가 이를 2 이상의 출원으로 분할하여 출원하거나 복수디자인등록출원을 2 이상의 출원으로 분할하여 출원하는 것을 디자인등록출원의 분할이라고 한다(디§50①). 이러한 출원분할은 ① 디자인등록여부결정의 통지서가 발송되기 전까지, ② 제64조에 따른 재심사를 청구할 때, ③ 제120조에 따라 디자인등록거절결정에 대한 심판을 청구하는 경우에는 그 청구일부터 30일 이내에 가능하다(디§50③).

2) 요건

(1) 하나의 디자인등록출원서에 2 이상의 디자인이 포함되어 있어야 한다.
(2) 원(原)출원이 존재하여야 하고, 원출원의 범위 내에서 분할하여야 한다.
(3) 원(原)출원인과 분할출원인이 동일하여야 한다.

3) 분할의 예

디자인보호법 제50조 제1항의 규정에 위반하여 2 이상의 디자인을 1디자인등록출원으로 한 경우 분할출원은 다음과 같이 한다. 즉 ⅰ) 1출원으로 되어 있는 2 이상의 디자인 중에 하나의 디자인만을 등록받고자 할 경우에는 원출원을 하나의 디자인에 대한 출원으로 보정하여야 하며, ⅱ) 1출원으로 되어 있는 2 이상의 디자인을 2 이상의 디자인등록출원으로 분할하고자 할 경우에는 원출원을 하나의 디자인에 대한 출원으로 보정함과 동시에 남은 디자인 중 등록받고자 하는 각각의 디자인에 대하여 분할출원하여야 한다.

한 벌 물품의 디자인으로 출원되었으나, 그 성립요건을 충족하지 못한 경우에는 디자인보호법 제50조의 규정에 위반된 것이므로 각 물품별 디자인으로 분할출원하도록 한다.

복수디자인등록출원에 대한 분할출원은 다음과 같이 한다. i) 출원디자인의 수의 변동에 따라 원출원의 출원서 및 도면을 보정하고, 분할되는 디자인은 디자인보호법시행규칙 별지서식에 의하여 분할출원하여야 한다. 출원분할에 따라 원출원이 1디자인만을 출원하는 것으로 된 경우에는 원출원의 출원서에 '복수디자인'의 표시를 '1디자인'으로 보정하여야 한다. 분할출원에 대하여는 통상의 디자인등록출원에 필요한 것과 동일한 절차에 의하여 출원하여야 한다. ii) 복수디자인등록출원된 1일련번호의 디자인에 2 이상의 디자인이 포함된 경우에는 이를 분할출원하거나 각각의 디자인으로 보정하여야 한다. 다만 도면을 보정함으로써 출원디자인의 수가 100개를 초과하는 경우에는 출원분할을 하여야 한다. iii) 디자인일부심사등록 대상물품이 아닌 것을 복수디자인등록출원 한 경우에는 당해 디자인심사등록대상물품에 관한 디자인은 디자인보호법시행규칙 별지서식의 출원서에 의하여 디자인심사등록분할 및 변경출원을 하여야 한다.

4) 효과

분할출원을 한 경우에 그 분할출원은 최초에 출원한 때에 출원한 것으로 본다(디§50②). 즉 분할하여 출원한 것의 효력이 최초에 출원한 때로 소급하여 발생하는 것으로, 선출원주의(先出願主義)의 예외가 된다. 다만, 제36조 제2항(신규성의제의 취지기재 및 증명서류 제출) 또는 제51조 제3항(우선권 주장시 취지, 최초로 출원한 국명 및 출원의 연월일 기재)·제4항(우선권주장시 출원일로부터 3월 이내에 최초로 출원한 국가의 정부가 인정하는 출원의 연월일을 기재한 서면 및 도면의 등본을 제출)의 규정의 적용에 있어서는 그러하지 아니하다(디§50②단).

4. 출원을 변경하는 보정

제48조(출원의 보정과 요지변경)
① 디자인등록출원인은 최초의 디자인등록출원의 요지를 변경하지 아니하는 범위

에서 디자인등록출원서의 기재사항, 디자인등록출원서에 첨부한 도면, 도면의 기재사항이나 사진 또는 견본을 보정할 수 있다.
② 디자인등록출원인은 관련디자인등록출원을 단독의 디자인등록출원으로, 단독의 디자인등록출원을 관련디자인등록출원으로 변경하는 보정을 할 수 있다.
③ 디자인등록출원인은 디자인일부심사등록출원을 디자인심사등록출원으로, 디자인심사등록출원을 디자인일부심사등록출원으로 변경하는 보정을 할 수 있다.
④ 제1항부터 제3항까지의 규정에 따른 보정은 다음 각 호에서 정한 시기에 할 수 있다. 〈개정 2017.3.21.〉
1. 디자인등록여부결정의 통지서가 발송되기 전까지
2. 제64조에 따른 재심사를 청구할 때
3. 제120조에 따라 디자인등록거절결정에 대한 심판을 청구하는 경우에는 그 청구일부터 30일 이내
⑤ 제1항부터 제3항까지의 규정에 따른 보정이 최초의 디자인등록출원의 요지를 변경하는 것으로 디자인권의 설정등록 후에 인정된 경우에는 그 디자인등록출원은 그 보정서를 제출한 때에 디자인등록출원을 한 것으로 본다.

1) 의의

출원변경이란 출원대상을 잘못 선택한 경우에 최초의 출원내용의 동일성을 유지하면서 출원의 형식을 바꾸는 것을 말한다. 디자인출원변경의 유형은 단독디자인등록출원과 관련디자인등록출원 상호간의 변경을 하는 경우(디§48②)와 디자인등록출원과 디자인일부심사등록출원 상호간의 변경을 하는 경우(디§48③)가 있다.

2) 요건

위의 경우라도 일정한 요건을 갖추어야 한다. 즉 출원인이 동일인이거나 또는 그 승계인이어야 하며, 출원내용의 동일성이 있어야 하고, 시기적 요건으로 ① 디자인등록여부결정의 통지서가 발송되기 전까지, ② 제64조에 따른 재심사를 청구할 때, ③ 제120조에 따라 디자인등록거절결정에 대한 심판을 청구하는 경우에는 그 청구일부터 30일 이내에 가능하다(디§48④). 이 외에도 출원변경의 기초가 되는 출원이 특허청에 계속 중이어야 한다.

3) 관련디자인등록출원등의 변경

디자인등록출원인은 관련디자인등록출원을 단독의 디자인등록출원으로, 단독의 디자인등록출원을 관련디자인등록출원으로 변경하는 보정을 할 수 있다(디§48②).

출원의 변경이란 디자인보호법 체계 내에서 관련디자인등록출원을 단독의 디자인등록출원으로 또는 단독의 디자인등록출원을 관련디자인등록출원으로 변경하는 것을 말한다.

출원의 변경은 ① 디자인등록여부결정의 통지서가 발송되기 전까지, ② 제64조에 따른 재심사를 청구할 때, ③ 제120조에 따라 디자인등록거절결정에 대한 심판을 청구하는 경우에는 그 청구일부터 30일 이내에 가능하다(디§48④).

출원의 변경은 내용의 변경이 아닌 형식의 변경이므로 변경출원시에는 도면을 제출할 수 없으며, 출원변경에 의한 새로운 디자인등록출원이 최초 디자인등록출원의 출원서 및 출원서에 첨부된 도면에 기재된 디자인과 동일성이 유지되지 않는 경우에는 적법한 변경출원으로 인정하지 않는다.

심사관은 출원인에게 그 이유를 통지하고 의견서 제출기회를 주어야 한다(디§63①). 제출된 의견서 내용을 채택할 수 없을 때에는 변경출원은 인정되지 아니한다. 다만 변경출원이 적법하게 보정되어 원출원과 동일성이 있는 범위내로 되었을 경우에는 적법한 변경출원으로 인정한다.

4) 디자인일부심사등록출원등의 변경

디자인등록출원인은 디자인일부심사등록출원을 디자인심사등록출원으로, 디자인심사등록출원을 디자인일부심사등록출원으로 변경하는 보정을 할 수 있다(디§48③).

출원의 변경은 디자인등록출원에 대한 등록여부결정 또는 심결이 확정된 후에는 할 수 없다. 출원의 변경은 내용의 변경이 아닌 형식의 변경이므로 변경출원 시에는 도면을 제출할 수 없으며, 출원변경에 의한 새로운 디자인등록출원이 최초 디자인등록출원의 출원서 및 출원서에 첨부된 도면에 기재된 디자인과 동일성이 유지되지 않는 경우에는 적법한 변경출원으로 인정하지 않는다.

심사관은 출원인에게 그 이유를 통지하고 의견서 제출기회를 주어야 한다. 제출된 의견서 내용을 채택할 수 없을 때에는 변경출원은 인정되지 아니한다. 다만 변경출원이 적법하게 보정되어 원출원과 동일성이 있는 범위 내로 되었을 경우에는 적법한 변경출원으로 인정한다.

5) 효력

출원변경된 디자인등록출원은 최초의 출원일로 소급효가 인정(디§48⑤)되나, 디자인보호법 제49조 제1항(요지의 변경)의 규정의 적용에 있어서는 그러하지 아니하다(디§48①). 2001년 개정법에서는 원출원 취하간주 규정을 삭제하여, 새로이 출원번호를 부여하고 재심사하는 절차상, 심사업무상 부담을 개선하고 실질적으로 보정과 같이 처리할 수 있도록 하였다.

5. 출원의 보정

1) 의의

출원보정이란 최초에 출원한 사항에 흠결이 있거나 불비한 경우 이를 명료하게 정정·보충하는 것을 말한다. 출원 보정제도는 선출원주의(先出願主義)하에서 출원을 서두르거나 착오에 의한 흠결이 있는 출원에 대해 출원 이후 그 흠결을 정정·보충할 기회를 부여하기 위한 것이나 보정의 무제한 인정은 제3자에게 예측하지 못한 손해를 줄 우려가 있으므로 일정한 제한 하에서만 보정이 인정된다(디§48①).

2) 보정의 종류

출원인은 특허청에 제출된 도면 기타 서류에 대하여 자신이 자진하여 보정할 수 있는 경우[5]와 특허청의 지시에 의하여 보정하는 경우[6]가 있다.[7]

5) 자진보정은 디자인등록출원 이후 방식상의 불비나 흠결사항을 스스로 발견하여 절차를 완전하게 하기 위하여 하는 자발적 의사에 의하여 행하는 보정과 특허청 심사관의 거절이유에 대한 해소를 목적으로 행하는 보정이 있다(디§48).

6) 특허청장 또는 특허심판원장은 디자인등록에 관한 절차가 ⅰ) 행위능력이 없는 자에 의하여 행하여진 경우 또는 대리권이 없는 자에 의하여 행하여진 경우, ⅱ) 법령이 정하는 방식에 위반된 경우, ⅲ) 절차에 대하여 납부하여야 할 수수료를 납부하지 아니한 경우에 해당하는 경우에는 기간을 정하여 보정을 명하여야 한다(디§47).

7) 절차보정은 출원인과 그 대리인이 할 수 있고, 보정기간은 1월 이내이다(디규§29). 자진보정의 경우

이렇게 행하여지는 보정은 내용에 따라 형식적 요건에 관한 절차보정과 실체적 내용에 관한 실체보정으로 나눌 수 있다.

3) 보정의 내용

(1) 절차보정

절차보정이란 직권 또는 자진하여 출원에 관한 형식적 요건에 흠결이 있는 경우에 이를 시정하는 것을 말한다.

보정절차는 법정 보정서에 의하여 행하여야 하며 보정시기는 직권보정인 경우는 특허청장이나 특허심판원장이 정한 기간 내이며(디§47), 자진보정인 경우는 디자인등록여부결정의 통지서가 발송되기 전까지 보정할 수 있다.

(2) 실체보정

실체보정이란 디자인등록출원에 관한 출원·도면 등의 실체적 내용에 흠결이 있을 때 이를 정정·보충하는 것을 말한다.

실체보정은 디자인등록결정여부 결정의 통지서가 발송되기 전까지 할 수 있다. 다만, 재심사를 청구하는 경우에는 재심사청구를 하는 때에 보정할 수 있고(디§48⑤), 거절결정 불복심판을 청구할 때에는 청구일로부터 30일 이내에 보정을 할 수 있다.

(3) 출원의 변경

관련디자인등록출원을 단독의 디자인등록출원으로, 단독의 디자인등록출원을 관련디자인등록출원으로 변경하거나(디§48②), 디자인일부심사등록출원을 디자인심사등록출원으로, 디자인심사등록출원을 디자인일부심사등록출원으로 변경하는(디§48③) 보정을 말한다.

이러한 변경은 실체보정과 마찬가지로 등록여부결정의 통지서가 송달되기 전까지, 재심사를 청구하는 경우에는 재심사를 청구하는 때에 보정할 수 있다.

는 디자인등록출원인은 최초의 디자인등록출원의 요지를 변경하지 아니하는 범위 안에서 디자인등록여부결정의 통지서가 송달되기 전까지 또는 재심사 청구시 디자인등록출원서의 기재사항, 디자인등록출원서에 첨부한 도면, 도면의 기재사항 및 사진이나 견본을 보정할 수 있다.

4) 보정의 효과

(1) 적법한 보정

보정이 적법한 경우 그 보정내용으로 최초의 출원이 그대로 승계되고 출원의 지위 또는 신규성 판단의 시점 등이 당초의 출원시를 기준으로 하여 판단된다고 할 수 있다. 다만, 보정이 최초의 디자인등록출원의 요지를 변경하는 것으로 디자인권의 설정등록이 있은 후에 인정된 때에는 그 디자인등록출원은 그 보정서를 제출한 때에 디자인등록출원을 한 것으로 본다(디§48⑤).

(2) 부적법한 보정

보정기간을 경과한 보정은 불수리되고, 요지변경인 경우는 결정으로 그 보정을 각하[8]하고 당해 결정등본의 송달이 있은 날부터 30일을 경과할 때까지 당해 출원의 디자인등록여부결정을 하지 않는다(디§49②).

6. 요지변경

제48조(출원의 보정과 요지변경)

① 디자인등록출원인은 최초의 디자인등록출원의 요지를 변경하지 아니하는 범위에서 디자인등록출원서의 기재사항, 디자인등록출원서에 첨부한 도면, 도면의 기재사항이나 사진 또는 견본을 보정할 수 있다.

② 디자인등록출원인은 관련디자인등록출원을 단독의 디자인등록출원으로, 단독의 디자인등록출원을 관련디자인등록출원으로 변경하는 보정을 할 수 있다.

③ 디자인등록출원인은 디자인일부심사등록출원을 디자인심사등록출원으로, 디자인심사등록출원을 디자인일부심사등록출원으로 변경하는 보정을 할 수 있다.

④ 제1항부터 제3항까지의 규정에 따른 보정은 다음 각 호에서 정한 시기에 할 수

8) 보정각하제도는 법규에 위반된 보정을 배척하여 법적 안정성을 기하고, 보정각하결정에 불복이 있는 경우 행정구제의 근거를 마련하고, 각하의 형식으로 처분을 내리게 함으로써 심사관의 판단에 보다 신중을 기하도록 하기 위한 제도이다.

있다. 〈개정 2017.3.21.〉

1. 디자인등록여부결정의 통지서가 발송되기 전까지
2. 제64조에 따른 재심사를 청구할 때
3. 제120조에 따라 디자인등록거절결정에 대한 심판을 청구하는 경우에는 그 청구일부터 30일 이내

⑤ 제1항부터 제3항까지의 규정에 따른 보정이 최초의 디자인등록출원의 요지를 변경하는 것으로 디자인권의 설정등록 후에 인정된 경우에는 그 디자인등록출원은 그 보정서를 제출한 때에 디자인등록출원을 한 것으로 본다.

출원의 보정이 최초의 디자인등록출원서의 기재사항, 첨부된 도면 및 도면의 기재사항의 요지를 변경하는 것인 경우에는 디자인보호법 제49조 제1항의 규정에 의하여 보정각하결정을 하여야 한다. 이때 '요지변경'이란 출원서에 기재된 디자인의 대상이 되는 물품, 도면(사진, 실물견본 포함) 및 도면의 기재사항 등을 종합적으로 판단하여 최초에 출원된 디자인과 보정된 디자인 간에 동일성이 유지되지 않는 것을 말한다.

1) 요지변경이 되는 경우

ⅰ) 최초의 도면 등에 표현된 형상, 모양이나 색채상의 부가, 삭감, 변경 등으로 인하여 외관에 영향을 미치는 경우에는 요지변경이 된다. 다만, 그 부가, 삭감, 변경 등이 외관에 거의 영향을 미치지 않는 정도의 것은 예외로 한다. ⅱ) 6면도와 사시도 중 불일치한 일면을 중심으로 하여 다른 도면을 정정함으로써 최초에 제출한 도면으로부터 상기되는 것과 다른 디자인이 되는 경우, ⅲ) 도면에는 형상만이 그려지고 『디자인의 설명』란에 색구분 또는 색흐림이 있다고 설명되어진 것을 그 설명과 같이 도면을 보정한 것이 통상 그 물품으로서 실시되는 정도의 상식적인 표현이 아닌 경우, ⅳ) 디자인의 대상이 되는 물품의 명칭이 동일물품 이외의 물품으로 보정되는 경우,[9] ⅴ) 첨부도면으로 추측하여 상식적으로 판단되는 범위를 벗어날 정도로 디자인의 설명을 보정하는 경우, ⅵ) 복수디자인등

9) 다만, 단순한 착오나 오기로 인정되는 경우에는 예외로 한다.

록출원의 출원서에 기재된 출원디자인의 수와 첨부된 도면상 디자인의 수가 일치되지 아니하여 출원서에 기재된 출원디자인의 수에 맞추어 도면을 추가로 제출하는 경우[10] 등은 요지변경으로 본다.

2) 요지변경이 되지 않는 경우

i) 도면으로 제출되었던 디자인을 대용사진 또는 대용 견본으로 보정하거나, 반대로 사진 또는 견본으로 제출되었던 디자인을 도면으로 보정한 경우에는 도면을 그대로 실시하면 그렇게 될 것이라고 추측될 수 있는 범위 내에서 보정된 경우에는 요지변경이 되지 않는다. 다만, 이 경우에는 사시도 및 6면도 모두를 도면 또는 사진 등 한 가지로 통일하여 보정하여야 한다. ii) 도면, 사진 등이 너무 작거나 불선명한 경우에 최초에 출원한 것과 동일성을 상실하지 않는 범위 내에서 적당한 크기 또는 선명한 것으로 보정된 경우, iii) 선명한 사진이더라도 배경 등 불필요한 것이 촬영되어 있어서 정확한 디자인을 알 수 없는 경우에 그 배경, 음영 등을 제거하기 위하여 보정된 경우, iv) 도면 중에 음영, 지시선, 기타 디자인을 구성하지 않는 선, 부호 또는 문자 등을 표현하고 있는 경우에 이들을 제거하기 위하여 보정된 경우, v) 각도의 축척이 일치되지 않는 경우에 그 도면에서 추측되는 범위 내에서 축척이 일치되도록 도면을 보정하는 경우, vi) 필수도면이 부족한 경우에 그것을 보충하기 위한 도면이 이미 제출된 도면으로부터 상기될 수 있는 디자인과 동일성을 상실하지 않는 정도의 것으로 보정된 경우, vii) 정투상도법이 아닌 도면이 정투상도법에 의한 도면으로 보정된 경우, viii) 디자인의 대상이 되는 물품의 명칭, 디자인의 설명, 도면 등의 오기를 정정하거나 불명확한 것을 명확하게 한 경우, ix) 복수디자인등록출원의 출원서에 기재된 출원디자인의 수를 첨부된 도면상 디자인의 수에 따라 보정하는 경우, x) 복수디자인등록출원된 디자인의 일부를 취하하기 위하여 출원디자인의 일부를 삭제 보정하는 경우, xi) 사시도와 6면도가 일치되는 않는 경우에 이미 제출된 도면을 기준으로 상식적으로 판단하여 동일성이 인정되는 범위 내에서 사시도 및 6면도가 일치되도록 보정하는 경우 등은 요지변경으로 보지 않는다. 또한 xii) 디자인창작내용의

10) 예컨대 출원서에는 10개의 디자인을 출원하는 것으로 표시되었으나 도면은 9개의 디자인에 대한 것만 제출된 경우 1개 디자인에 대한 도면을 추가 제출하는 경우를 들 수 있겠다.

요점은 권리범위에 영향을 미치지 아니하므로 그 변경은 요지변경으로 취급하지 아니한다.

7. 보정각하결정

제49조(보정각하)
① 심사관은 제48조에 따른 보정이 디자인등록출원의 요지를 변경하는 것일 때에는 결정으로 그 보정을 각하하여야 한다.
② 심사관은 제1항에 따른 각하결정을 한 경우에는 그 결정등본을 디자인등록출원인에게 송달한 날부터 30일이 지나기 전까지는 그 디자인등록출원(복수디자인등록출원된 일부 디자인에 대하여 각하결정을 한 경우에는 그 일부 디자인을 말한다)에 대한 디자인등록여부결정을 하여서는 아니 된다.
③ 심사관은 디자인등록출원인이 제1항에 따른 각하결정에 대하여 제119조에 따라 심판을 청구한 경우에는 그 심결이 확정될 때까지 그 디자인등록출원(복수디자인등록출원된 일부 디자인에 대한 각하결정에 대하여 심판을 청구한 경우에는 그 일부 디자인을 말한다)의 심사를 중지하여야 한다.
④ 제1항에 따른 각하결정은 서면으로 하여야 하며 그 이유를 붙여야 한다.

심사관은 디자인등록출원서와 출원서에 첨부된 도면 및 도면에 기재된 사항에 관하여 등록여부결정의 통지서가 송달되기 전에 한 보정이 최초의 디자인등록출원의 요지를 변경하는 것인 때에는 결정으로 그 보정을 각하하여야 한다(디§49①). 이때 심사관은 결정등본을 디자인등록출원인에게 송달한 날부터 30일을 경과하기 전까지는 당해 디자인등록출원에 대하여 등록여부결정을 하여서는 아니된다(디§49②). 한편 디자인등록출원인이 각하결정에 대하여 디자인보호법 제49조 제3항의 규정에 의한 보정각하결정에 대한 심판을 청구한 때에는 그 심판의 심결이 확정될 때까지 그 디자인등록출원의 심사를 중지하여야 한다(디§49③).

8. 조약에 의한 우선권 주장

제51조(조약에 따른 우선권 주장)
① 조약에 따라 대한민국 국민에게 출원에 대한 우선권을 인정하는 당사국의 국민이 그 당사국 또는 다른 당사국에 출원한 후 동일한 디자인을 대한민국에 디자인등록출원하여 우선권을 주장하는 경우에는 제33조 및 제46조를 적용할 때 그 당사국 또는 다른 당사국에 출원한 날을 대한민국에 디자인등록출원한 날로 본다. 대한민국 국민이 조약에 따라 대한민국 국민에게 출원에 대한 우선권을 인정하는 당사국에 출원한 후 동일한 디자인을 대한민국에 디자인등록출원한 경우에도 또한 같다.
② 제1항에 따라 우선권을 주장하려는 자는 우선권 주장의 기초가 되는 최초의 출원일부터 6개월 이내에 디자인등록출원을 하지 아니하면 우선권을 주장할 수 없다.
③ 제1항에 따라 우선권을 주장하려는 자는 디자인등록출원 시 디자인등록출원서에 그 취지와 최초로 출원한 국명 및 출원연월일을 적어야 한다.
④ 제3항에 따라 우선권을 주장한 자는 제1호의 서류 또는 제2호의 서면을 디자인등록출원일부터 3개월 이내에 특허청장에게 제출하여야 한다. 다만, 제2호의 서면은 산업통상자원부령으로 정하는 국가의 경우만 해당한다. 〈개정 2017.3.21.〉
1. 최초로 출원한 국가의 정부가 인증하는 서류로서 디자인등록출원의 연월일을 적은 서면 및 도면의 등본
2. 최초로 출원한 국가의 디자인등록출원의 출원번호 및 그 밖에 출원을 확인할 수 있는 정보 등 산업통상자원부령으로 정하는 사항을 적은 서면
⑤ 제3항에 따라 우선권을 주장한 자가 제4항의 기간 내에 같은 항에 규정된 서류를 제출하지 아니한 경우에는 그 우선권 주장은 효력을 상실한다.

1) 의의

조약에 따라 대한민국 국민에게 출원에 대한 우선권을 인정하는 당사국의 국민이 그 당사국 또는 다른 당사국에 출원한 후 동일한 디자인을 대한민국에 디자인등록출원하여 우선권을 주장하는 경우에는 제33조 및 제46조를 적용할 때 그 당사국 또는 다른 당사국에 출원한 날을 대한민국에 디자인등록출원한 날로 본다. 대한민국 국민이 조약에 따라 대한민국 국민에게 출원에 대한 우선권을 인정

하는 당사국에 출원한 후 동일한 디자인을 대한민국에 디자인등록출원한 경우에도 또한 같다(디§51①).

2) 요건

(1) 주관적 요건

우선권 주장을 할 수 있는 자는 조약에 의하여 대한민국 국민에게 우선권을 인정하는 당사국 국민으로서 그 당사국 또는 다른 동맹국에 디자인등록출원한 후 동일한 디자인을 대한민국에 출원하는 경우에 적용되며, 또한 대한민국 국민도 동맹국 1국에 출원한 후 그와 동일한 디자인을 대한민국에 디자인등록출원하는 경우에도 적용을 받을 수 있다. 비동맹국 국민도 파리조약 동맹국 내에 주소나 영업소를 갖는 자는 준동맹국민으로서 동맹국 1국에 디자인출원한 후 이를 기초로 우리나라에 우선권 주장 출원을 할 수 있다.

(2) 우선권 주장의 대상 출원

대한민국에 출원된 디자인과 우선권 주장의 기초가 되는 제1국 출원은 동일성이 있어야 한다. 이 경우 기재형식까지 동일할 필요는 없고 내용상 대한민국에 출원된 디자인과 동일성이 인정되는 것이 우선권증명서에 명시된 것만으로 족하다.

출원된 디자인과 우선권 주장의 기초가 되는 디자인 간에 동일성이 인정되는 않는 경우에는 우선권불인정 예고통지를 하고 의견서제출기회를 주어야 하며, 제출된 의견서에 의하여도 출원내용의 동일성이 인정되지 않는 경우 및 우선권증명서류가 법정기간(출원일로부터 3월)내에 제출되지 아니한 경우에는 우선권주장은 효력이 상실되고 우리나라의 출원일을 기준으로 심사하여야 한다.

우선권 주장을 인정받기 위해서는 제1국의 출원이 정규의 국내출원으로 인정된 것이어야 한다. 정규의 국내출원이란 출원의 결과 여부에 불구하고 당해국에 출원을 한 일부를 확정하기에 적합한 모든 출원을 의미한다. 또한 우선권 주장의 기초가 되는 출원은 동맹국에서의 최선의 출원이어야 한다.

(3) 청구기간

우선권을 주장하고자 하는 자는 우선권주장의 기초가 되는 최초의 출원일부터 6개월 이내에 디자인등록출원을 하지 아니하면 이를 주장할 수 없다(디§51②).

(4) 우선권증명서류

우선권을 주장하고자 하는 자는 디자인등록출원시 디자인등록출원서에 그 취지, 최초로 출원한 국명 및 출원의 연월일을 기재하여야 하며(디§51③), 최초로 출원한 국가의 정부가 인정하는 출원의 연월일을 기재한 서면 및 도면의 등본을 디자인등록출원일부터 3개월 이내에 특허청장에게 제출하여야 하며(디§51④), 이 서류를 제출하지 아니한 경우에는 그 우선권주장은 효력을 상실한다(디§51⑤).

3) 우선권주장의 효력

우선권 주장을 수반한 디자인등록출원에 대해서는 디자인보호법 제33조 및 제46조의 규정을 적용함에 있어서 제1국에 출원한 날을 대한민국에 디자인등록출원한 날로 보며, 따라서 우선기간 내에 출원된 다른 디자인등록출원 또는 공지된 사실 등에 의하여 거절이유의 근거가 되지 아니한다. 한편 디자인일부심사등록출원은 우선권주장기간(제1국 출원일로부터 6개월)이 경과되기 전에도 등록 결정할 수 있다.

9. 출원공개

※ 구체적인 것은 앞의 출원공개제도를 참조바람.

10. 정보 제공

제55조(정보 제공)
누구든지 디자인등록출원된 디자인이 제62조 제1항 각 호의 어느 하나에 해당되어 디자인등록될 수 없다는 취지의 정보를 증거와 함께 특허청장 또는 특허심판원장에게 제공할 수 있다.

1) 의의

디자인등록출원된 디자인에 대하여는 누구든지 당해 디자인이 제62조에 해당하여 등록될 수 없다는 취지의 정보를 증거와 함께 특허청장에게 제공할 수 있다. 특히 현행법에서는 구법과 달리 출원공개 선후에 관계없이 그리고 디자인심사등록출원과 디자인일부심사등록출원을 막론하고 정보를 제공할 수 있다.

2) 효력

공중으로부터의 정보 제공을 통하여 심사관은 선행디자인의 검색에 소요되는 노력을 줄일 수 있기 때문에 심사의 촉진을 기할 수 있는 한편, 정보 제공자는 이의신청 절차와 마찬가지로 심사에 참여하여 하자있는 디자인권의 발생을 사전에 저지할 수 있다.

정보 제공이 있는 경우에는 당해 디자인등록출원에 대한 거절결정서 또는 등록결정서를 발송할 때 정보 제공자에게 제출된 정보의 채택여부, 당해 디자인등록출원의 등록여부결과를 통보한다.

제5절 디자인등록심사절차

제58조(심사관에 의한 심사)
① 특허청장은 심사관에게 디자인등록출원 및 디자인일부심사등록 이의신청을 심사하게 한다.

디자인등록출원이 있으면 특허청장은 심사관으로 하여금 디자인등록출원 및 디자인일부심사등록 이의신청을 심사하게 한다(디§58①). 여기서 '심사'란 일단 특허청에 디자인출원된 것을 등록하여 줄 것인가 아니 할 것인가의 판단을 하기 위한 것을 말하며, 이의신청제도는 1998년 3월 1일부터 도입되어 일부심사등록출원

(무심사등록출원)에 한하여 적용한다.

현행 우리나라의 디자인보호법은 다른 산업재산권법과 달리 심사주의와 일부 심사주의를 병행하여 채택하고 있다.

디자인등록출원의 심사절차는 심사청구제도가 없는 것 외에는 특허법의 규정과 거의 동일하다. 그리고 출원인의 신청에 의한 출원공개가 가능하여 출원공개된 디자인이 침해되는 경우 우선심사청구가 가능하고, 보상금청구권을 행사할 수 있다.

1. 거절결정

제62조(디자인등록거절결정)

① 심사관은 디자인심사등록출원이 다음 각 호의 어느 하나에 해당하는 경우에는 디자인등록거절결정을 하여야 한다.

1. 제3조 제1항 본문에 따른 디자인등록을 받을 수 있는 권리를 가지지 아니하거나 같은 항 단서에 따라 디자인등록을 받을 수 없는 경우
2. 제27조, 제33조부터 제35조까지, 제37조 제4항, 제39조부터 제42조까지 및 제46조 제1항·제2항에 따라 디자인등록을 받을 수 없는 경우
3. 조약에 위반된 경우

② 심사관은 디자인일부심사등록출원이 다음 각 호의 어느 하나에 해당하는 경우에는 디자인등록거절결정을 하여야 한다.

1. 제3조 제1항 본문에 따른 디자인등록을 받을 수 있는 권리를 가지지 아니하거나 같은 항 단서에 따라 디자인등록을 받을 수 없는 경우
2. 제27조, 제33조(제1항 각 호 외의 부분 및 제2항 제2호만 해당한다), 제34조, 제37조 제4항 및 제39조부터 제42조까지의 규정에 따라 디자인등록을 받을 수 없는 경우
3. 조약에 위반된 경우

③ 심사관은 디자인일부심사등록출원으로서 제35조에 따른 관련디자인등록출원이 제2항 각 호의 어느 하나 또는 다음 각 호의 어느 하나에 해당하는 경우에는 디자

인등록거절결정을 하여야 한다.

1. 디자인등록을 받은 관련디자인 또는 디자인등록출원된 관련디자인을 기본디자인으로 표시한 경우
2. 기본디자인의 디자인권이 소멸된 경우
3. 기본디자인의 디자인등록출원이 무효·취하·포기되거나 디자인등록거절결정이 확정된 경우
4. 관련디자인의 디자인등록출원인이 기본디자인의 디자인권자 또는 기본디자인의 디자인등록출원인과 다른 경우
5. 기본디자인과 유사하지 아니한 경우
6. 기본디자인의 디자인등록출원일부터 1년이 지난 후에 디자인등록출원된 경우
7. 제35조 제3항에 따라 디자인등록을 받을 수 없는 경우

④ 심사관은 디자인일부심사등록출원에 관하여 제55조에 따른 정보 및 증거가 제공된 경우에는 제2항에도 불구하고 그 정보 및 증거에 근거하여 디자인등록거절결정을 할 수 있다.

⑤ 복수디자인등록출원에 대하여 제1항부터 제3항까지의 규정에 따라 디자인등록거절결정을 할 경우 일부 디자인에만 거절이유가 있으면 그 일부 디자인에 대하여만 디자인등록거절결정을 할 수 있다.

디자인보호법은 디자인등록출원이 디자인보호법 제62조 제1항, 제2항, 제3항에서 열거하고 있는 거절이유에 해당될 때에는 거절결정을 하여야 한다고 규정하고, 거절결정을 하고자 할 때에는 출원인에게 거절이유를 통지하고 기간을 정하여 의견서 제출의 기회를 주어야 한다고 규정하고 있다.

1) 거절이유

디자인보호법 제62조 제1항, 제2항, 제3항에서 거절이유를 제한적 열거사항으로 규정하고 있다. 따라서 명문으로 열거되지 아니한 이유에 의해서는 거절되지 않는다.

2) 거절이유의 통지

제63조(거절이유통지)
① 심사관은 제62조에 따라 디자인등록거절결정을 하려는 경우에는 디자인등록출원인에게 미리 거절이유(제62조 제1항부터 제3항까지에 해당하는 이유를 말하며, 이하 "거절이유"라 한다)를 통지하고 기간을 정하여 의견서를 제출할 수 있는 기회를 주어야 한다.
② 복수디자인등록출원된 디자인 중 일부 디자인에 대하여 거절이유가 있는 경우에는 그 디자인의 일련번호, 디자인의 대상이 되는 물품 및 거절이유를 구체적으로 적어야 한다.

심사관은 디자인보호법 제62조의 규정에 의하여 디자인등록거절결정을 하고자 할 때에는 그 디자인등록출원인에게 의견제출통지서를 통하여 거절이유를 통지하고, 기간을 정하여 의견서를 제출할 수 있는 기회를 주어야 한다. 이는 아무런 기회도 주지 아니하고 그대로 거절결정을 하는 것은 출원인에게 가혹할 뿐 아니라 심사상의 잘못으로 거절결정을 하는 경우도 있으므로 출원인에게 충분한 의견제시의 기회를 주어 심사관이 재심사할 기회를 갖도록 하기 위함이다.

2. 재심사

제64조(재심사의 청구)
① 디자인등록출원인은 그 디자인등록출원에 관하여 디자인등록거절결정(재심사에 따른 디자인등록거절결정은 제외한다) 등본을 송달받은 날부터 30일(제17조 제1항에 따라 제120조에 따른 기간이 연장된 경우에는 그 연장된 기간을 말한다) 이내에 제48조 제1항부터 제3항까지의 규정에 따른 보정을 하여 디자인등록출원에 대하여 재심사를 청구할 수 있다. 다만, 제120조에 따른 심판청구가 있는 경우에는 그러하지 아니하다.
② 디자인등록출원인은 제1항에 따른 재심사의 청구와 함께 의견서를 제출할 수

있다.

③ 제1항 본문에 따른 요건을 갖추어 재심사가 청구된 경우 그 디자인등록출원에 대하여 종전에 이루어진 디자인등록거절결정은 취소된 것으로 본다.

④ 제1항에 따른 재심사의 청구는 취하할 수 없다.

1) 의의

재심사 청구란 디자인등록출원인은 그 디자인등록출원에 관하여 디자인등록거절결정(재심사에 따른 디자인등록거절결정은 제외한다) 등본을 송달받은 날부터 30일 이내에 출원의 보정과 요지변경(제48조 제1항부터 제3항)의 규정에 따른 보정을 하여 디자인등록출원에 대하여 재심사를 청구할 수 있다(디§64①본). 다만, 제120조에 따른 심판청구가 있는 경우에는 그러하지 아니하다(디§64①단).

2) 재심사 청구의 대상

(1) 재심사를 청구할 수 있는 출원

디자인등록거절결정 등본을 송달받은 후 일정기간 이내에 출원서 기재사항, 도면의 기재사항 및 도면, 사진이나 견본을 보정하여 디자인보호법 제64조(재심사의 청구)에 따라 재심사를 청구할 수 있다.

(2) 재심사를 청구할 수 없는 경우

기존의 재심사에 따른 거절결정이 있거나 디자인보호법 제120조(디자인등록거절결정 또는 디자인등록취소결정에 대한 심판)에 따른 거절결정불복심판의 청구가 있는 경우에는 재심사를 청구할 수 없다.

3) 재심사 청구의 절차

(1) 재심사의 청구방법

① 보정서의 [그 밖의 사항]란에 재심사청구의 취지를 표시하여야 한다.

② 재심사를 청구하는 때에는 출원의 보정을 할 수 있다.

③ 재심사를 청구하는 때에는 의견서를 함께 제출할 수 있다.

(2) 재심사 청구의 기한

① 디자인등록거절결정 등본을 송달받은 날부터 30일 이내에 청구하여야 한다.

② 디자인보호법 제17조(기간의 연장 등) 제1항에 의하여 디자인보호법 제120조(디자인등록거절결정 또는 디자인등록취소결정에 대한 심판)에 따른 기간이 연장된 경우에는 그 연장기간 이내에 청구하여야 한다.

4) 재심사가 청구된 출원의 심사

(1) 재심사 착수의 기한

재심사가 청구된 출원에 대해서는 재심사를 청구하는 보정서의 심사관 이송일로부터 1개월 이내에 심사를 착수한다.

(2) 재심사의 범위

재심사가 청구된 출원에 대해서는 재심사 청구의 대상이 아닌 사항에 대하여도 심사관 직권으로 심사할 수 있다.

(3) 재심사가 청구된 출원에 대한 처리방법

① 재심사의 청구가 적법한 경우에는 당초의 거절결정은 취소된 것으로 본다.

② 재심사에 의하여도 당초 거절이유가 해소되지 않은 경우에는 거절결정을 한다.

③ 재심사에 의하여 당초 거절이유가 해소되고 새로운 거절이유가 발견되지 않은 경우에는 등록결정을 한다.

④ 재심사에 의하여 새로운 거절이유를 발견한 경우에는 의견제출통지를 하고 보통의 심사절차에 따른다.

3. 등록결정

제65조(디자인등록결정)
심사관은 디자인등록출원에 대하여 거절이유를 발견할 수 없을 때에는 디자인등록결정을 하여야 한다. 이 경우 복수디자인등록출원된 디자인 중 일부 디자인에 대하여 거절이유를 발견할 수 없을 때에는 그 일부 디자인에 대하여 디자인등록결정을 하여야 한다.

심사관은 디자인등록출원에 대한 거절이유를 발견할 수 없을 때에는 디자인등록결정을 하여야 한다. 이 디자인등록결정은 서면으로 하여야 하며, 그 이유를 붙여야 한다. 특허청장은 디자인등록결정이 있는 경우에는 그 결정의 등본을 디자인등록출원인에게 송부해야 한다.

등록결정은 등본의 송달과 동시에 효력을 발생한다. 등록결정을 받은 자는 디자인등록결정 등본 송달일부터 3월 이내에 최초 3년분의 등록료를 납부해야 한다. 다만 일정한 경우 추납할 수 있으며 납부하지 않은 경우 일정한 제재가 주어진다.

제6절 등록절차

1. 의의

디자인등록출원에 대한 심사결과 디자인등록결정이 되고 디자인등록출원인이 법정기간 내에 최초 3년분의 설정등록료를 납부하면 특허청장은 디자인권의 설정등록을 해야 하며, 설정등록에 의하여 디자인권이 발생한다. 이로서 디자인권자는 업으로서의 등록디자인 또는 이와 유사한 디자인을 실시할 권리를 독점하는 적극적 효력과 타인의 실시를 배제하여 자기의 등록디자인을 보호하기 위한 소극적 효력이 발생함과 동시에 디자인권자는 등록료를 납부할 의무 등을 지게 된다.

2. 등록료의 납부

제79조(디자인등록료)
① 제90조 제1항에 따른 디자인권의 설정등록을 받으려는 자는 설정등록을 받으려는 날부터 3년분의 디자인등록료(이하 "등록료"라 한다)를 내야 하며, 디자인권자는 그 다음 해부터의 등록료를 그 권리의 설정등록일에 해당하는 날을 기준으로 매년 1년분씩 내야 한다.
② 제1항에도 불구하고 디자인권자는 그 다음 해부터의 등록료는 그 납부연도 순서에 따라 수년분 또는 모든 연도분을 함께 낼 수 있다.
③ 제1항 및 제2항에 따른 등록료, 그 납부방법 및 납부기간, 그 밖에 필요한 사항은 산업통상자원부령으로 정한다.

제81조(이해관계인의 등록료 납부)
① 이해관계인은 등록료를 내야 할 자의 의사와 관계없이 등록료를 낼 수 있다.
② 이해관계인이 제1항에 따라 등록료를 낸 경우에는 내야 할 자가 현재 이익을 얻는 한도에서 그 비용의 상환을 청구할 수 있다.

1) 디자인등록료

디자인권의 설정등록을 받고자 하는 자는 디자인등록결정 또는 등록심결의 등본을 받은 날부터 3월 이내에 최초 3년분의 등록료를 일시에 납부해야 하며, 디자인권자는 4년분부터 매년 1년분씩 또는 수년 분의 등록료를 등록료납부기간 경과 전까지 납부해야 한다. 이때 이해관계인은 납부하여야 할 자의 의사에 불구하고 등록료를 납부할 수 있다. 여기서 이해관계인이란 납부할 자의 채권자, 전용실시권자, 통상실시권자 또는 질권자를 말한다.

2) 디자인등록료를 납부할 때의 디자인별 포기

제80조(등록료를 납부할 때의 디자인별 포기)
① 복수디자인등록출원에 대한 디자인등록결정을 받은 자가 등록료를 낼 때에는

디자인별로 포기할 수 있다.
② 제1항에 따른 디자인의 포기에 필요한 사항은 산업통상자원부령으로 정한다.

디자인일부심사 복수디자인등록출원에 대한 디자인등록결정을 받은 자가 등록료를 납부하는 때에는 디자인별로 포기할 수 있다. 이때 설정등록료 납부서에 그 취지를 기재하고 '일부디자인포기서'를 특허청장에게 제출해야 한다.

3) 등록료의 추가납부

제82조(등록료의 추가납부 등)
① 디자인권의 설정등록을 받으려는 자 또는 디자인권자는 제79조 제3항에 따른 등록료 납부기간이 지난 후에도 6개월 이내(이하 "추가납부기간"이라 한다)에 등록료를 추가납부할 수 있다.
② 제1항에 따라 등록료를 추가납부할 때에는 내야 할 등록료의 2배의 범위에서 산업통상자원부령으로 정하는 금액을 내야 한다.
③ 추가납부기간에 등록료를 내지 아니한 경우(추가납부기간이 끝나더라도 제83조 제2항에 따른 보전기간이 끝나지 아니한 경우에는 그 보전기간에 보전하지 아니한 경우를 말한다)에는 디자인권의 설정등록을 받으려는 자의 디자인등록출원은 포기한 것으로 보며, 디자인권자의 디자인권은 제79조 제1항 또는 제2항에 따라 낸 등록료에 해당하는 기간이 끝나는 날의 다음 날로 소급하여 소멸된 것으로 본다.

제83조(등록료의 보전)
① 특허청장은 디자인권의 설정등록을 받으려는 자 또는 디자인권자가 제79조 제3항 또는 제82조 제1항에 따른 기간 이내에 등록료의 일부를 내지 아니한 경우에는 등록료의 보전(補塡)을 명하여야 한다.
② 제1항에 따라 보전명령을 받은 자는 그 보전명령을 받은 날부터 1개월 이내(이하 "보전기간"이라 한다)에 등록료를 보전할 수 있다.
③ 제2항에 따라 등록료를 보전하는 자는 내지 아니한 금액의 2배의 범위에서 산업통상자원부령으로 정하는 금액을 내야 한다.

第84条(등록료의 추가납부 또는 보전에 의한 디자인등록출원과 디자인권의 회복 등)
① 디자인권의 설정등록을 받으려는 자 또는 디자인권자가 책임질 수 없는 사유로 추가납부기간 내에 등록료를 내지 아니하였거나 보전기간 내에 보전하지 아니한 경우에는 그 사유가 종료된 날부터 2개월 이내에 그 등록료를 내거나 보전할 수 있다. 다만, 추가납부기간의 만료일 또는 보전기간의 만료일 중 늦은 날부터 1년이 지났을 때에는 그러하지 아니하다.
② 제1항에 따라 등록료를 내거나 보전한 자는 第82条 제3항에도 불구하고 그 디자인등록출원을 포기하지 아니한 것으로 보며, 그 디자인권은 계속하여 존속하고 있던 것으로 본다.
③ 추가납부기간 내에 등록료를 내지 아니하였거나 보전기간 내에 보전하지 아니하여 등록디자인의 디자인권이 소멸한 경우 그 디자인권자는 추가납부기간 또는 보전기간 만료일부터 3개월 이내에 등록료의 2배를 내고 그 소멸한 권리의 회복을 신청할 수 있다. 이 경우 그 디자인권은 계속하여 존속하고 있던 것으로 본다. 〈개정 2016.1.27.〉
④ 제2항 또는 제3항에 따른 디자인등록출원 또는 디자인권의 효력은 등록료 추가납부기간이 지난 날부터 등록료를 내거나 보전한 날까지의 기간(이하 "효력제한기간"이라 한다) 중에 다른 사람이 그 디자인 또는 이와 유사한 디자인을 실시한 행위에 대하여는 효력이 미치지 아니한다.
⑤ 효력제한기간 중 국내에서 선의로 제2항 또는 제3항에 따른 디자인등록출원된 디자인, 등록디자인 또는 이와 유사한 디자인을 업으로 실시하거나 이를 준비하고 있는 자는 그 실시하거나 준비하고 있는 디자인 및 사업목적의 범위에서 그 디자인권에 대하여 통상실시권을 가진다.
⑥ 제5항에 따라 통상실시권을 갖는 자는 디자인권자 또는 전용실시권자에게 상당한 대가를 지급하여야 한다.

디자인권의 설정등록을 받고자 하는 자 또는 디자인권자는 등록료 납부기간이 경과한 후에도 6월 이내에 등록료를 추가납부할 수 있다. 등록료를 추가납부할 때에는 납부하여야 할 등록료의 2배의 금액을 납부하여야 한다.

납부기간 내에 등록료를 추가납부하지 아니한 때에는 디자인권의 설정등록을 받고자 하는 자의 디자인등록출원은 이를 포기한 것으로 보며, 디자인권자의 디자인권은 등록료를 납부할 기간이 경과한 때에는 소급하여 그 디자인권이 소멸된 것으로 본다.

한편 디자인보호법은 책임질 수 없는 사유로 등록료를 납부하지 못한 자에게까지 출원포기 간주, 디자인권 소멸의 불이익을 주는 것은 가혹하므로 일정한 경우에 있어 추가납부를 할 수 있도록 하였다. 즉 디자인권의 설정등록을 받고자 하는 자 또는 디자인권자가 책임질 수 없는 사유로 인하여 제84조 제1항의 규정에 의한 추가납부기간 이내에 등록료를 추가납부할 수 없었던 때에는 그 사유가 없어진 날부터 2개월 이내에 그 등록료를 내거나 보전할 수 있다. 다만, 추가납부기간의 만료일 또는 보전기간의 만료일 중 늦은 날부터 1년이 지났을 때에는 그러하지 아니하다.

이때 그 디자인등록출원은 포기되지 아니한 것으로 보며, 그 디자인권은 등록료 납부기간이 경과한 때로 소급하여 존속하고 있던 것으로 본다. 다만 디자인등록출원 또는 디자인권의 효력은 등록료 추가납부기간이 경과한 날부터 추가납부한 날까지의 기간 중에 다른 사람이 그 디자인 또는 이와 유사한 디자인을 실시한 행위에 대하여는 효력이 미치지 아니한다. 효력제한기간 중 국내에서 선의로 디자인등록출원된 디자인, 등록 디자인 또는 이와 유사한 디자인을 업으로 실시하거나 이를 준비하고 있는 자는 그 실시 또는 준비를 하고 있는 디자인 또는 사업목적의 범위 안에서 그 디자인권에 대하여 통상실시권을 가진다. 또한 통상실시권을 가진 자는 디자인권자 또는 전용실시권자에게 상당한 대가를 지급하여야 한다.

3. 등록

1) 디자인등록원부

제88조(디자인등록원부)

① 특허청장은 특허청에 디자인등록원부를 갖추어 두고 다음 각 호의 사항을 등록한다.

1. 디자인권의 설정·이전·소멸·회복 또는 처분의 제한
2. 전용실시권 또는 통상실시권의 설정·보존·이전·변경·소멸 또는 처분의 제한
3. 디자인권·전용실시권 또는 통상실시권을 목적으로 하는 질권의 설정·이전·변경·소멸 또는 처분의 제한

② 제1항에 따른 디자인등록원부는 그 전부 또는 일부를 전자적 기록매체 등으로 작성할 수 있다.
③ 제1항 및 제2항에서 규정한 사항 외에 등록사항 및 등록절차 등에 관하여 필요한 사항은 대통령령으로 정한다.

제89조(디자인등록증의 발급)
① 특허청장은 디자인권의 설정등록을 하였을 때에는 산업통상자원부령으로 정하는 바에 따라 디자인권자에게 디자인등록증을 발급하여야 한다.
② 특허청장은 디자인등록증이 디자인등록원부나 그 밖의 서류와 맞지 아니할 때에는 신청에 의하여 또는 직권으로 디자인등록증을 회수하여 정정발급하거나 새로운 디자인등록증을 발급하여야 한다.

특허청장은 특허청에 디자인등록원부를 비치하고 ① 디자인권의 설정·이전·소멸·회복 또는 처분의 제한, ② 전용실시권 또는 통상실시권의 설정·보존·이전·변경·소멸 또는 처분의 제한, ③ 디자인권·전용실시권 또는 통상실시권을 목적으로 하는 질권의 설정·이전·변경·소멸 또는 처분의 제한의 사항을 등록한다.

이때 디자인등록원부는 그 전부 또는 일부를 전자적 기록매체 등으로 작성할 수 있다.

2) 설정등록의 효력

(1) 실체적 효력

디자인권자는 자신의 등록디자인 또는 이와 유사한 디자인에 대해 타인의 경합적 실시를 배제하고 독점적으로 실시할 수 있는 권리를 말하며, 넓게는 실시행위 이외에 수익·처분행위도 포함된다. 한편 디자인권은 독점배타권이기 때문에 제3자는 디자인권자에 대하여 불가침의 의무가 부여되며, 정당한 권원 및 이유없

이 업으로서 등록디자인 또는 이와 유사한 디자인을 실시하면 디자인권침해가 된다. 이러한 디자인권의 배타적 효력을 디자인권의 소극적 효력이라 한다.

디자인권의 존속기간은 설정등록이 있는 날로부터 출원일 후 20년간 존속한다. 디자인권의 경우에는 출원공고제도가 없으므로 존속기간이 특허와 달리 보호기간과 동일하다. 관련디자인의 존속기간 만료일은 기본디자인권의 존속기간의 만료일이 된다.

(2) 절차상의 효과

디자인권자는 등록디자인에 관한 물품 또는 그 물품의 용기나 포장 등에 디자인등록의 표시를 할 수 있다. 디자인등록표시는 타인에게 모방당하는 것을 미연에 방지하고 디자인권 침해시 과실추정을 강화하는 효과를 가진다.

특허나 실용신안의 경우에는 출원 중에 공개·공고되나 디자인에서는 신청에 의해 출원공개되는 경우 외에는 설정등록이 되고 난 후, ⅰ) 주소, ⅱ) 디자인의 대상이 되는 물품의 명칭 및 그 분류번호, ⅲ) 창작자의 성명, 주소, ⅳ) 출원번호 및 출원연월일, ⅴ) 등록번호 및 등록연월일, 도면 등을 디자인공보에 게재한다. 한편 비밀디자인의 경우에는 서지적 사항만을 기재하고 도면은 비밀기간이 경과한 후에 게재해야 한다.

(3) 특유디자인 설정등록의 효력

가. 한 벌의 물품의 디자인권 한 벌의 물품의 디자인권은 개개의 구성물품의 권리의 집합이 아니라 하나의 디자인권만이 발생하므로, 구성물품만의 이전, 실시권 설정, 무효심판 등은 허용되지 않는다.

나. 관련디자인권 관련디자인의 디자인권은 그 기본디자인권과 독자적인 권리범위를 갖는다(§92). 따라서 관련디자인의 디자인권은 기본디자인의 디자인권의 존속기간 내에서만 존속하고, 관련디자인권만의 이전, 질권 설정 등은 할 수 없다.

다. 비밀디자인권 출원시에 청구한 비밀기간 동안 당해 디자인권의 실질적 내용이 공포되지 않고 비밀로 유지되며, 따라서 디자인보호법 제116조에 의한 과실추정 규정은 적용받지 않는다.

라. 복수디자인등록의 경우 복수디자인등록의 경우는 설정등록된 경우 각각의 디자인에 대하여 권리가 인정되므로, 각 디자인권마다 분리하여 이전이 가능하고, 일부 이의신청, 일부 무효심판청구가 가능하다.

(4) 디자인권자의 의무발생

디자인권설정등록을 받고자 하는 자 또는 디자인권자는 디자인등록료를 납부하여야 한다. 미납시에는 디자인등록출원을 포기한 것으로 보거나 등록료를 납부할 기간이 경과한 때에는 소급하여 그 디자인권이 소멸된 것으로 본다.

4. 등록공고

제90조(디자인권의 설정등록)
① 디자인권은 설정등록에 의하여 발생한다.
② 특허청장은 다음 각 호의 어느 하나에 해당하는 경우에는 디자인권을 설정하기 위한 등록을 하여야 한다.
1. 제79조 제1항에 따라 등록료를 냈을 때
2. 제82조 제1항에 따라 등록료를 추가납부하였을 때
3. 제83조 제2항에 따라 등록료를 보전하였을 때
4. 제84조 제1항에 따라 등록료를 내거나 보전하였을 때
5. 제86조 제1항 제1호 또는 제2항에 따라 그 등록료가 면제되었을 때
③ 특허청장은 제2항에 따라 등록한 경우에는 디자인권자의 성명·주소 및 디자인등록번호 등 대통령령으로 정하는 사항을 디자인공보에 게재하여 등록공고를 하여야 한다.

1) 의의

등록공고는 심사를 거쳐 디자인등록결정을 받고 등록료를 납부하여 디자인권 설정등록이 이루어진 디자인의 내용을 공보에 게재하여 공중에게 공표하는 절차를 말한다. 이는 등록된 디자인을 공개하여 그 권리내용을 공시하고 타인의 중복

투자를 방지함과 아울러 디자인문헌으로서의 역할을 수행하도록 하기 위함이다.

2) 등록공고의 대상

심사관은 디자인등록출원에 일정한 등록요건을 갖추었는지 심사를 한 후 거절이유를 발견할 수 없는 때에는 디자인등록결정을 하여야 하며, 출원인이 디자인등록결정을 받은 디자인에 대하여 등록료를 납부하면 특허청장은 등록료를 납부한 디자인에 대하여 디자인권 설정등록을 하여야 하며, 설정등록된 디자인에 대하여 이를 디자인공보에 게재하여 등록공고하여야 한다.

특허청장은 디자인권설정등록이 있는 때에는 디자인권자의 성명 및 주소, 디자인등록번호, 설정 등의 연월일을 디자인공보에 게재하여야 한다.

디자인공보는 산업통상자원부령이 정하는 바에 의하여 전자적 매체로 발행할 수 있으며, 특허청장은 전자적 매체로 디자인공보를 발행하는 경우에는 정보통신망을 활용하여 디자인공보의 발행사실, 주요목록 및 공시송달에 관한 사항을 알려야 한다.

3) 등록공고의 효과

등록공고된 디자인은 그 공고일로부터 간행물에 의하여 공지된 것으로 보며, 등록공고일은 이의신청 기간의 기산점이 된다. 또한 등록디자인이 디자인등록공보에 게재되어 공고되면 제3자는 이를 자유롭게 열람, 복사할 수 있으므로 디자인등록공보는 제3자에게는 디자인문헌으로서 역할을 가지며, 등록공고일 전까지의 후출원 디자인에 대하여 확대된 선출원의 지위를 갖게 된다.

제6장 디자인권

제6장 디자인권

제1절 서설

제90조(디자인권의 설정등록)
① 디자인권은 설정등록에 의하여 발생한다.

제91조(디자인권의 존속기간)
① 디자인권은 제90조 제1항에 따라 설정등록한 날부터 발생하여 디자인등록출원일 후 20년이 되는 날까지 존속한다. 다만, 제35조에 따라 관련디자인으로 등록된 디자인권의 존속기간 만료일은 그 기본디자인의 디자인권 존속기간 만료일로 한다.
② 정당한 권리자의 디자인등록출원이 제44조 및 제45조에 따라 디자인권이 설정등록된 경우에는 제1항의 디자인권 존속기간은 무권리자의 디자인등록출원일 다음 날부터 기산한다.

제92조(디자인권의 효력)
디자인권자는 업으로서 등록디자인 또는 이와 유사한 디자인을 실시할 권리를 독점한다. 다만, 그 디자인권에 관하여 전용실시권을 설정하였을 때에는 제97조 제2항에 따라 전용실시권자가 그 등록디자인 또는 이와 유사한 디자인을 실시할 권리를 독점하는 범위에서는 그러하지 아니하다.

제93조(등록디자인의 보호범위)
등록디자인의 보호범위는 디자인등록출원서의 기재사항 및 그 출원서에 첨부된 도면·사진 또는 견본과 도면에 적힌 디자인의 설명에 따라 표현된 디자인에 의하여 정하여진다.

디자인권이 성립하기 위해서는 먼저 디자인의 성립성과 등록요건을 갖추어서 특허청에 디자인출원하여 심사절차를 거쳐 거절결정을 받지 않은 것은 디자인등록을 받을 수 있다. 이러한 디자인권은 설정등록에 의하여 그 효력이 발생한다(디§90①). 즉 디자인등록출원에 대하여 일정한 심사절차를 거쳐 그 등록을 허여한다는 등록결정이 있으면(디§65) 소정의 기간 내에 등록료를 납부함으로써(디§79①) 당해 디자인의 설정등록이 되는 것이다. 이렇게 설정등록된 것을 등록디자인이라고 한다. 디자인권은 출원일로부터 20년이 존속기간이다(디§91①). 그리고 관련디자인으로 등록된 디자인권의 존속기간 만료일은 그 기본디자인의 디자인권 존속기간 만료일로 한다(디§91①단).

디자인권은 특허청 심사관에 의해 심사를 받고 (기본디자인과 관련디자인) 설정등록에 의하여 발생하는 독점배타적인 권리이다(디§90①, 디§92). 타인의 이용을 배제할 수 있는 권리이다(디§113). 따라서 디자인권자는 등록디자인을 이용(사용)하여 수익을 올릴 수도 있고 타인에게 처분(양도)할 수도 있다.

법률의 범위 내에서 그 소유물을 사용·수익·처분할 권리(민§211)를 가진 소유권과 같이 디자인권은 전면적인 지배권이다. 이러한 디자인권은 디자인권자의 개인적 이익을 보호하는 사권(私權)이며, 또 재산적인 가치를 가지고 경제거래의 대상이 되므로 일종의 재산권이다.

이러한 디자인권의 이용형태는 디자인권자 자신이 직접 실시할 수도 있고, 타인에게 이용(실시)하게 하여 그 대가로 로열티를 받을 수도 있다. 또 일정의 절차를 거쳐 설정등록된 권리라도 시간적·장소적 또는 내용적인 제한[1])이 있을 수

1) 독점적인 디자인권이 발생하였다고 하여, 타법을 배제하면서까지 그 실시를 허여하는 것은 아니다.

있으며, 또 무효가 될 수 있다. 그러므로 디자인권은 민법상의 다른 소유권에 비해 불안정한 권리라고도 말할 수 있다.

제2절 디자인권의 효력

디자인권이란 등록디자인 또는 이와 유사한 디자인을 독점배타적으로 실시할 수 있는 권리를 말한다.

1. 디자인권의 효력 범위

디자인권의 효력 범위는 디자인보호법 제93조에 의한다. 즉, 등록디자인의 보호범위는 디자인등록출원서의 기재사항 및 그 출원서에 첨부된 도면·사진 또는 견본과 도면에 적힌 디자인의 설명에 따라 표현된 디자인에 의하여 정하여진다.

※ 등록요건에 정해진 것 외에도 시간적 요건과 지역적 요건이 있다.

디자인권은 물품의 동일 또는 이와 유사한 범위 및 디자인의 동일 또는 이와 유사한 범위에까지 그 효력이 미친다. 이 중 물품의 동일 또는 이와 유사한 범위와 관련하여 동일물품이란 용도[2]와 기능[3]이 동일한 것을 말한다. 그리고 유사물품이란 예를 들어 '볼펜'과 '만년필'과 같이 용도가 동일하고 기능이 다른 것을 말한다. 한편 디자인의 동일 또는 이와 유사한 범위에 있어서는 동일하거나 유사한 물품 간에서만 디자인의 유사여부를 판단한다.[4]

2) 용도란 물품이 실현하려는 사용목적을 말한다.
3) 기능이란 용도를 실현할 수 있는 구조·작용 등을 말한다.
4) 대법원 1999. 12. 28. 선고 98후492 판결.

디자인의 유사여부는 전체적으로 관찰하여 종합적으로 판단한다. 여기서 관찰은 육안으로 비교하여 관찰하는 것을 원칙으로 하되, 디자인에 관한 물품의 거래에서 물품의 형상 등을 확대하여 관찰하는 것이 통상적인 경우에는 확대경, 현미경 등을 사용하여 관찰할 수 있다. 또한 전체적으로 판단한다는 것은 디자인을 구성하는 각 요소를 분리하여 개별적으로 대비할 것이 아니라 그 외관을 전체적으로 대비 관찰하여 보는 사람으로 하여금 상이한 심미감을 느끼게 하는지 여부에 따라 판단하여야 한다는 것이므로 그 지배적인 특징이 유사하다면 세부적인 점에 다소 차이가 있더라도 유사한 것으로 본다.

디자인의 유사여부는 유통과정에서의 일반수요자를 기준으로 판단한다. 즉 디자인의 유사여부 판단은 디자인의 대상이 되는 물품이 유통과정에서 일반수요자를 기준으로 관찰하여 다른 물품과 혼동할 우려가 있는 경우에는 유사한 디자인으로 본다. 또한 혼동할 우려가 있을 정도로 유사하지는 않더라도 그 디자인 분야의 형태적 흐름을 기초로 두 디자인을 관찰하여 창작의 공통성이 인정되는 경우에도 유사한 디자인으로 본다.

2. 디자인권의 효력

제92조(디자인권의 효력)
디자인권자는 업으로서 등록디자인 또는 이와 유사한 디자인을 실시할 권리를 독점한다. 다만, 그 디자인권에 관하여 전용실시권을 설정하였을 때에는 제97조 제2항에 따라 전용실시권자가 그 등록디자인 또는 이와 유사한 디자인을 실시할 권리를 독점하는 범위에서는 그러하지 아니하다.

제113조(권리침해에 대한 금지청구권 등)
① 디자인권자 또는 전용실시권자는 자기의 권리를 침해한 자 또는 침해할 우려가 있는 자에 대하여 그 침해의 금지 또는 예방을 청구할 수 있다.
③ 디자인권자 또는 전용실시권자는 제1항에 따른 청구를 할 때에는 침해행위를 조성한 물품의 폐기, 침해행위에 제공된 설비의 제거, 그 밖에 침해의 예방에 필요

한 행위를 청구할 수 있다.

第114조(침해로 보는 행위)
등록디자인이나 이와 유사한 디자인에 관한 물품의 생산에만 사용하는 물품을 업으로서 생산·양도·대여·수출 또는 수입하거나 업으로서 그 물품의 양도 또는 대여의 청약을 하는 행위는 그 디자인권 또는 전용실시권을 침해한 것으로 본다.

第115조(손해액의 추정 등)
① 디자인권자 또는 전용실시권자는 고의나 과실로 인하여 자기의 디자인권 또는 전용실시권을 침해한 자에 대하여 그 침해에 의하여 자기가 입은 손해의 배상을 청구하는 경우 그 권리를 침해한 자가 그 침해행위를 하게 한 물건을 양도하였을 때에는 그 물건의 양도수량에 디자인권자 또는 전용실시권자가 그 침해행위가 없었다면 판매할 수 있었던 물건의 단위수량당 이익액을 곱한 금액을 디자인권자 또는 전용실시권자가 입은 손해액으로 할 수 있다.

第117조(디자인권자 등의 신용회복)
법원은 고의나 과실로 디자인권 또는 전용실시권을 침해함으로써 디자인권자 또는 전용실시권자의 업무상 신용을 떨어뜨린 자에 대하여는 디자인권자 또는 전용실시권자의 청구에 의하여 손해배상을 갈음하여 또는 손해배상과 함께 디자인권자 또는 전용실시권자의 업무상 신용회복을 위하여 필요한 조치를 명할 수 있다.

第220조(침해죄)
① 디자인권 또는 전용실시권을 침해한 자는 7년 이하의 징역 또는 1억원 이하의 벌금에 처한다.
② 제1항의 죄는 고소가 없으면 공소를 제기할 수 없다.

디자인권은 디자인권자가 업(業)으로서 디자인(등록디자인 또는 이와 유사한 디자인)을 직접 실시하고 이용할 수 있는 권리(디§92)와 타인이 실시하는 것을 배제할 수 있는 권리[5]가 있다. 전자를 적극적 권리라 하고 후자를 소극적 권리라고 한다.

5) 소극적 권리는 타인이 정당한 권원이나 이유 없이 등록디자인 또는 이와 유사한 디자인을 업(業)으

등록디자인이 독점배타적인 권리로서 보호받는 범위는 디자인등록출원서의 기재사항 및 그 출원서에 첨부한 도면·사진 또는 견본과 도면에 기재된 디자인의 설명에 표현된 디자인에 의하여 정하여진다(디§93). 도면의 기재사항 중 창작내용의 요점을 권리범위 판단대상에서 제외한 것은 출원인이 기재형식에 구애받지 않고 보다 명확히고 자세히 기재하도록 하여 이를 심사에 활용하고자 함이다.

1) 적극적 효력

제2조(정의)

7. "실시"란 디자인에 관한 물품을 생산·사용·양도·대여·수출 또는 수입하거나 그 물품을 양도 또는 대여하기 위하여 청약(양도나 대여를 위한 전시를 포함한다. 이하 같다)하는 행위를 말한다.

(1) 실시

'실시'는 디자인보호법 제2조 제7호에 정의된 '실시'를 의미하며, 따라서 물품의 실시에 한정된다.

물품의 실시는 물품을 생산·사용·양도·대여·수출 또는 수입하거나 그 물품을 양도 또는 대여하기 위하여 청약(양도나 대여를 위한 전시를 포함한다. 이하 같다)하는 행위를 말한다(디§2vii).

(2) 업(業)으로서의 실시

업으로서의 실시는 단순히 영업을 목적으로 하는 경우에 한하는 것은 아니며, 광의의 경제활동의 하나로서 실시하는 것을 말한다. 다만, 개인 또는 가정 내에서의 실시는 공정한 경쟁질서를 저해하지 않는다는 이유에서 제외된다.

(3) 독점

디자인권자는 설정등록된 디자인을 독점적으로 실시할 수 있으며, 다른 사람

로서 실시하게 되면 독점권을 침해하게 되는 것으로서 디자인권자는 그 실시를 중지할 것을 청구할 수 있고, 침해자가 침해행위로 이익을 받은 때에는 부당이득반환을 청구할 수 있으며 또한 침해로 인하여 손해가 있으면 손해배상을 청구할 수 있는 등 민사상의 구제방법이 있고(디§113, §115, 민§741), 형사상으로 제재를 가할 수도 있다(디§220).

은 정당한 이유 없이 이를 실시할 수 없다. 따라서 타인이 정당한 이유 없이 등록디자인을 실시하는 경우에는 디자인권을 침해하는 것이 되며 디자인권자는 침해자에게 그 실시를 중지할 것을 청구할 수 있고, 침해행위로 인하여 손해가 발생한 경우에는 손해배상을 청구하는 등의 여러 구제조치를 취할 수 있다.

2) 소극적 효력

디자인권은 적극적으로 당해 디자인을 실시할 수 있는 효력뿐만 아니라 정당한 이유가 없는 타인이 등록디자인을 업으로서 실시할 때에는 이를 디자인권의 침해로 보아 당해 행위를 금지하게 할 수 있는 소극적인 효력을 갖는다(디§92, §114).

제3절 디자인권의 효력제한

1. 시간적 제한

디자인권의 존속기간은 법정(法定)(디§91①)되어 있기 때문에 그 기간이 경과되면 당연히 소멸된다. 즉 디자인권의 행사(등록디자인의 실시)를 하거나 하지 않아도 그 기간(설정등록일부터 출원일 후 20년) 내에는 디자인권이 존재하나 그 후에는 소멸한다.[6]

2. 장소적 제한

우리나라에서 설정등록된 디자인권의 효력은 우리나라 영역 내에 한한다. 즉 대부분의 국가들은 속지주의(屬地主義)를 채택하고 있다. 이것은 특허제도가 일국

6)

	특 허	실 용	디자인	상 표	저 작
시 작	출 원	출 원	출 원	등 록	창작(완성)
기간(년)	20	10	20	10+α	(사후) 70

(一國)의 산업정책과 밀접한 관계가 있으므로 각국은 그 산업정책상 자국(自國)에서 부여하는 권리를 보호하는 것이기 때문에 디자인권의 성립·소멸·이전 등은 각국의 특허법이 별도로 정하여 그에 따르게 하고 있다.

3. 내용적 제한

디자인권 효력의 내용적인 제한은 디자인권의 행사에 있어서의 제한과 디자인권의 특수성에 근거한 제한으로 나눌 수 있다. 디자인권의 행사는 헌법 제22조 제2항,[7] 제23조 제1항[8]에 근거하여 재산권으로 보호받을 수 있으나, 공공의 복리에 적합하지 않은 것은 당연히 제한되고(헌§23②), 또 신의성실의 원칙에 반하여(민§2①)[9] 행사하는 것은 권리의 남용이 되므로(민§2②)[10] 당연히 제한된다.

1) 공공의 이익을 위한 제한

산업정책이나 공공의 이용 등에 의해 특정의 행위 또는 특정물에 대해 불특정인과의 관계에서 디자인권의 효력이 제한된다.

디자인권은 독점배타적인 권리이나 시간적·장소적 제한 외에도 공익상 또는 산업정책상의 이유로 그 효력이 제한되는 경우가 있다.

제94조(디자인권의 효력이 미치지 아니하는 범위)
① 디자인권의 효력은 다음 각 호의 어느 하나에 해당하는 사항에는 미치지 아니한다.

---

7) 헌법 제22조 ②: 저작자·발명가·과학기술자와 예술가의 권리는 법률로써 보호한다.

8) 헌법 제23조 ①: 모든 국민의 재산권은 보장된다. 그 내용과 한계는 법률로 정한다.

9) 민법 제2조 제1항(신의성실의 원칙) … 윤리적 규범
모든 사람은 사회공동생활의 일원으로서 서로 상대방의 신뢰를 헛되이 하지 않도록 성의 있게 행동하여야 한다는 원칙.

10) 민법 제2조 제2항(권리남용금지의 원칙)
권리가 법률상 인정되어 있는 사회목적에 반하여 부당하게 행사하는 것. 즉 외형상으로는 권리의 행사인 듯하나 그 사회성·공공성에 반하므로 정당한 권리의 행사로 볼 수 없는 경우.

1. 연구 또는 시험을 하기 위한 등록디자인 또는 이와 유사한 디자인의 실시
2. 국내를 통과하는 데에 불과한 선박·항공기·차량 또는 이에 사용되는 기계·기구·장치, 그 밖의 물건
3. 디자인등록출원 시부터 국내에 있던 물건

② 글자체가 디자인권으로 설정등록된 경우 그 디자인권의 효력은 다음 각 호의 어느 하나에 해당하는 경우에는 미치지 아니한다.
1. 타자·조판 또는 인쇄 등의 통상적인 과정에서 글자체를 사용하는 경우
2. 제1호에 따른 글자체의 사용으로 생산된 결과물인 경우

디자인권을 인정하는 것보다 제한하는 것이 오히려 공익과 산업발전에 기여된다고 하여 제한하는 경우이다.

1) 연구 또는 시험을 하기 위한 등록디자인의 실시(디§94① i)
2) 국내를 통과하는 데 불과한 선박·항공기·차량 또는 이에 사용되는 기계·기구·장치 기타의 물건(디§94① ii)
3) 디자인등록출원시부터 국내에 있는 물건(디§94①iii)
4) 글자체가 디자인권으로 설정등록된 경우 타자·조판 또는 인쇄 등의 통상적인 과정에서 글자체를 사용하거나 이러한 글자체의 사용으로 생산된 결과물(디§94②)
5) 등록료 추가납부에 의한 디자인권 회복에 따른 효력제한기간중의 실시(디§84④)
6) 재심청구등록 전에 선의로 수입 또는 국내에서 생산하거나 취득한 물품(디§161①)

2) 이용·저촉관계에 의한 제한

제95조(타인의 등록디자인 등과의 관계)
① 디자인권자·전용실시권자 또는 통상실시권자는 등록디자인이 그 디자인등록출원일 전에 출원된 타인의 등록디자인 또는 이와 유사한 디자인·특허발명·등록실용신안 또는 등록상표를 이용하거나 디자인권이 그 디자인권의 디자인등록출원일 전

에 출원된 타인의 특허권·실용신안권 또는 상표권과 저촉되는 경우에는 그 디자인권자·특허권자·실용신안권자 또는 상표권자의 허락을 받지 아니하거나 제123조에 따르지 아니하고는 자기의 등록디자인을 업으로서 실시할 수 없다.
② 디자인권자·전용실시권자 또는 통상실시권자는 그 등록디자인과 유사한 디자인이 그 디자인등록출원일 전에 출원된 타인의 등록디자인 또는 이와 유사한 디자인·특허발명·등록실용신안 또는 등록상표를 이용하거나 그 디자인권의 등록디자인과 유사한 디자인이 디자인등록출원일 전에 출원된 타인의 디자인권·특허권·실용신안권 또는 상표권과 저촉되는 경우에는 그 디자인권자·특허권자·실용신안권자 또는 상표권자의 허락을 받지 아니하거나 제123조에 따르지 아니하고는 자기의 등록디자인과 유사한 디자인을 업으로서 실시할 수 없다.
③ 디자인권자·전용실시권자 또는 통상실시권자는 등록디자인 또는 이와 유사한 디자인이 그 디자인등록출원일 전에 발생한 타인의 저작물을 이용하거나 그 저작권에 저촉되는 경우에는 저작권자의 허락을 받지 아니하고는 자기의 등록디자인 또는 이와 유사한 디자인을 업으로서 실시할 수 없다.

등록디자인 또는 이와 유사한 디자인이 타인의 선출원(先出願) 권리와 이용·저촉 관계에 있을 때에 디자인권의 효력은 제한을 받는다(디§95).

즉 이용관계가 성립하기 위해서는 선등록출원이거나 후출원 디자인과는 유사하지 않아야 하며, 선등록출원 및 권리의 요지를 전부 포함하고 있어야 한다. 저촉이란 양 권리가 중복되어서 일방의 권리의 실시가 상대방의 권리를 침해하는 것을 말한다.

(1) 자신의 디자인권과 타인의 특허권·실용신안권 또는 상표권과 저촉되는 경우

디자인권자·전용실시권자 또는 통상실시권자는 등록디자인이 그 디자인등록출원일 전에 출원된 타인의 등록디자인 또는 이와 유사한 디자인·특허발명·등록실용신안 또는 등록상표를 이용하거나 디자인권이 그 디자인권의 디자인등록출원일 전에 출원된 타인의 특허권·실용신안권 또는 상표권과 저촉되는 경우에는 그 디자인권자·특허권자·실용신안권자 또는 상표권자의 허락을 받지 아니하거나 제123조에 따르지 아니하고는 자기의 등록디자인을 업으로서 실시할 수 없

다(디§95①).

(2) 자신의 유사한 디자인권과 타인의 특허권·실용신안권 또는 상표권과 저촉되는 경우

디자인권자·전용실시권자 또는 통상실시권자는 그 등록디자인과 유사한 디자인이 그 디자인등록출원일 전에 출원된 타인의 등록디자인 또는 이와 유사한 디자인·특허발명·등록실용신안 또는 등록상표를 이용하거나 그 디자인권의 등록디자인과 유사한 디자인이 디자인등록출원일 전에 출원된 타인의 디자인권·특허권·실용신안권 또는 상표권과 저촉되는 경우에는 그 디자인권자·특허권자·실용신안권자 또는 상표권자의 허락을 받지 아니하거나 제123조에 따르지 아니하고는 자기의 등록디자인과 유사한 디자인을 업으로서 실시할 수 없다(디§95②).

(3) 자신의 디자인권과 타인의 저작물에 저촉되는 경우

디자인권자·전용실시권자 또는 통상실시권자는 등록디자인 또는 이와 유사한 디자인이 그 디자인등록출원일 전에 발생한 타인의 저작물을 이용하거나 그 저작권에 저촉되는 경우에는 저작권자의 허락을 받지 아니하고는 자기의 등록디자인 또는 이와 유사한 디자인을 업으로서 실시할 수 없다(디§95③).

: 관련 판례

선 등록디자인과 후 디자인이 이용관계에 있는 경우에는 후 디자인은 선 등록디자인의 권리범위에 속하게 되는바, 후 디자인이 선 등록디자인을 이용하는 관계라고 함은 후 디자인이 전체로서는 선 등록디자인과 유사하지 않지만, 선 등록디자인의 요지를 전부 포함하고 선 등록디자인의 본질적 특징을 손상시키지 않은 채 그대로 자신의 디자인 내에 도입하고 있어, 후 디자인을 실시하면 필연적으로 선 등록디자인을 실시하는 관계에 있는 경우를 의미한다(99후888 및 2009후2968).

3) 실시권의 존재에 의한 효력제한

디자인권자와의 계약에 의한 실시권(전용실시권·통상실시권)이 허여된 경우에는 자신의 디자인권이지만 내용적·시간적·장소적인 제한을 받을 수 있다. 그 외에도 법정실시권과 강제실시권에 의하여도 제한을 받을 수 있다. 구체적인 것은 실시권을 참조하기 바란다.

제4절 디자인권자의 의무

디자인이 등록되면 디자인권자는 법률의 범위 내에서 정당하게 사용할 의무를 진다. 그 외에도 등록료를 납부하여야 히는 등의 의무도 특허법과 동일하다.

제5절 디자인권의 변동

디자인권은 설정등록에 의하여 재산적 가치가 있으므로 상속, 일반승계, 양도, 질권의 실행에 의하여 이전할 수 있다. 이 외에도 디자인권을 포기하는 경우(디§105), 존속기간이 만료되는 경우(디§91), 등록료를 납부하지 않은 경우(디§82③), 상속인이 없는 경우(디§111)에는 독점배타적인 권리가 소멸된다.

디자인권의 변동에는 그 소유주체가 변동되어 디자인권이 제3자에게 이전되는 경우와 디자인권 그 자체가 일정한 사유로 소멸해 버리는 경우가 있다.

1. 디자인권의 이전

제96조(디자인권의 이전 및 공유 등)

① 디자인권은 이전할 수 있다. 다만, 기본디자인의 디자인권과 관련디자인의 디자인권은 같은 자에게 함께 이전하여야 한다.

② 디자인권이 공유인 경우에 각 공유자는 다른 공유자의 동의를 받지 아니하면 그 지분을 이전하거나 그 지분을 목적으로 하는 질권을 설정할 수 없다.

③ 디자인권이 공유인 경우에는 각 공유자는 계약으로 특별히 약정한 경우를 제외하고는 다른 공유자의 동의를 받지 아니하고 그 등록디자인 또는 이와 유사한 디자인을 단독으로 실시할 수 있다.

④ 디자인권이 공유인 경우에는 각 공유자는 다른 공유자의 동의를 받지 아니하면 그 디자인권에 대하여 전용실시권을 설정하거나 통상실시권을 허락할 수 없다.
⑤ 복수디자인등록된 디자인권은 각 디자인권마다 분리하여 이전할 수 있다.
⑥ 기본디자인의 디자인권이 취소, 포기 또는 무효심결 등으로 소멸한 경우 그 기본디자인에 관한 2 이상의 관련디자인의 디자인권을 이전하려면 같은 자에게 함께 이전하여야 한다.

디자인권의 이전이란 디자인권의 주체가 변경되는 것을 말한다. 디자인권은 재산권이므로 이전할 수 있다(디§96①). 즉 디자인권자 자신이 직접 등록디자인을 실시하는 것보다도 타인에게 그 등록디자인을 실시케 하거나, 타인과 공동으로 실시하는 것이 유리하다고 생각되는 경우에 디자인권을 이전할 수 있다.

1) 이전의 유형[11]

제44조(무권리자의 디자인등록출원과 정당한 권리자의 보호)
디자인 창작자가 아닌 자로서 디자인등록을 받을 수 있는 권리의 승계인이 아닌 자(이하 "무권리자"라 한다)가 한 디자인등록출원이 제62조 제1항 제1호에 해당하여 디자인등록거절결정 또는 거절한다는 취지의 심결이 확정된 경우에는 그 무권리자의 디자인등록출원 후에 한 정당한 권리자의 디자인등록출원은 무권리자가 디자인등록출원한 때에 디자인등록출원한 것으로 본다. 다만, 디자인등록거절결정 또는 거절한다는 취지의 심결이 확정된 날부터 30일이 지난 후에 정당한 권리자가 디자인등록출원을 한 경우에는 그러하지 아니하다.

제45조(무권리자의 디자인등록과 정당한 권리자의 보호)
무권리자라는 사유로 디자인등록에 대한 취소결정 또는 무효심결이 확정된 경우에

11) 이전
- 양도
  - 일부양도
  - 전부양도
- 일반승계
  - 상속
  - 회사합병

는 그 디자인등록출원 후에 한 정당한 권리자의 디자인등록출원은 취소 또는 무효로 된 그 등록디자인의 디자인등록출원 시에 디자인등록출원을 한 것으로 본다. 다만, 취소결정 또는 무효심결이 확정된 날부터 30일이 지난 후에 디자인등록출원을 한 경우에는 그러하지 아니하다.

이전에는 당사자의 의사에 기한 이전행위인 양도와 법률의 규정에 의한 일반승계가 있다. 양도는 다시 전주(前主)가 갖는 모든 권한을 승계하는 전부양도와 디자인권자 등으로부터 실시권·담보권 등을 설정하는 것과 같이 전주의 권리내용의 일부를 승계하는 일부양도가 있다. 그리고 일반승계에는 상속이나 회사합병·포괄유증 등이 있다. 이 외에도 무권리자에 의한 출원(디§44, §45), 질권(質權)에 의한 경락, 강제집행에 의한 이전, 판결, 공용수용에 의한 이전이 있다. 디자인권이 공유인 경우에는 타디자인권자(공유자)의 동의를 얻지 않으면 그 지분을 양도할 수 없다(디§96②).

2) 효력발생요건

디자인권 내지 전용실시권의 이전은 상속 기타 일반승계의 경우를 제외하고는 등록을 하지 않으면 효력을 발생하지 아니하며(디§98①), 포기에 의한 권리의 소멸, 처분의 제한 등의 경우에도 등록하지 않으면 효력이 발생하지 않는다(디§98).

2. 디자인권의 소멸

디자인권의 소멸이란 일단 유효하게 발생한 효력이 일정한 소멸원인에 의하여 그 효력이 상실되는 것을 말한다. 디자인권의 소멸원인에는 ⅰ) 존속기간의 만료, ⅱ) 등록료의 불납, ⅲ) 상속인의 부존재, ⅳ) 디자인권의 포기, ⅴ) 디자인권의 무효 등이 있다.

1) 디자인권 존속기간의 만료

제91조(디자인권의 존속기간)
① 디자인권은 제90조 제1항에 따라 설정등록한 날부터 발생하여 디자인등록출원일 후 20년이 되는 날까지 존속한다. 다만, 제35조에 따라 관련디자인으로 등록된 디자인권의 존속기간 만료일은 그 기본디자인의 디자인권 존속기간 만료일로 한다.
② 정당한 권리자의 디자인등록출원이 제44조 및 제45조에 따라 디자인권이 설정등록된 경우에는 제1항의 디자인권 존속기간은 무권리자의 디자인등록출원일 다음 날부터 기산한다.

소유권은 동산, 부동산과 같이 소유권자의 자유의사에 따라 무한하게 존속할 수도 있지만 디자인권은 유한한 권리이다. 디자인는 산업발전에 기여하도록 일정의 기간에 있어 독점성을 보장하고, 그 후는 누구나 실시하도록 하여 보다 나은 기술을 기대하기 위한 제도이다. 여기서 '일정의 기간'이란 디자인등록출원일 후 20년이 되는 날까지를 말한다(디§91①).

2) 등록료의 불납

제79조(디자인등록료)
① 제90조 제1항에 따른 디자인권의 설정등록을 받으려는 자는 설정등록을 받으려는 날부터 3년분의 디자인등록료(이하 "등록료"라 한다)를 내야 하며, 디자인권자는 그 다음 해부터의 등록료를 그 권리의 설정등록일에 해당하는 날을 기준으로 매년 1년분씩 내야 한다.
② 제1항에도 불구하고 디자인권자는 그 다음 해부터의 등록료는 그 납부연도 순서에 따라 수년분 또는 모든 연도분을 함께 낼 수 있다.
③ 제1항 및 제2항에 따른 등록료, 그 납부방법 및 납부기간, 그 밖에 필요한 사항은 산업통상자원부령으로 정한다.

디자인권자는 소정의 기간 내에 일정의 등록료를 납부할 의무가 있다(디§79, §90① i). 이를 태만한 때는 그 디자인권이 소멸한다.

3) 상속인의 부존재

제111조(상속인이 없는 경우의 디자인권 소멸)
디자인권의 상속이 개시되었으나 상속인이 없는 경우에는 그 디자인권은 소멸된다.

일반 소유권의 경우에 상속인이 없으면, 그 재산은 국가에 귀속되지만(민§1058), 특허권은 상속인이 없을 때에는 소멸된다(디§111). 즉 디자인보호법에서 상속인이 없는 경우는 소멸시킨 것이라고 볼 수 있다. 그러나 공유인 경우에는 소멸되지 않고 타공유자에게 귀속된다.

4) 디자인권의 포기

제105조(디자인권의 포기)
디자인권자는 디자인권을 포기할 수 있다. 이 경우 복수디자인등록된 디자인권은 각 디자인권마다 분리하여 포기할 수 있다.

제106조(디자인권 등의 포기의 제한)
① 디자인권자는 전용실시권자·질권자 및 제97조 제4항·제99조 제1항 또는 「발명진흥법」 제10조 제1항에 따른 통상실시권자의 동의를 받지 아니하면 디자인권을 포기할 수 없다.
② 전용실시권자는 질권자 및 제97조 제4항에 따른 통상실시권자의 동의를 받지 아니하면 전용실시권을 포기할 수 없다.
③ 통상실시권자는 질권자의 동의를 받지 아니하면 통상실시권을 포기할 수 없다.

디자인권은 원칙적으로 자유로이 포기할 수 있지만 전용실시권, 질권, 직무디자인, 디자인권자의 허락에 의한 통상실시권이 있는 때에는, 이러한 권리를 가진 자의 승낙을 받은 경우에 한하여 그 디자인권을 포기할 수 있다(디§106). 복수디자인등록된 디자인권은 각 디자인권마다 분리하여 포기할 수 있다(디§105).

5) 디자인권의 무효

제121조(디자인등록의 무효심판)

① 이해관계인 또는 심사관은 디자인등록이 다음 각 호의 어느 하나에 해당하는 경우에는 무효심판을 청구할 수 있다. 이 경우 제41조에 따라 복수디자인등록출원된 디자인등록에 대하여는 각 디자인마다 청구하여야 한다.

1. 제3조 제1항 본문에 따른 디자인등록을 받을 수 있는 권리를 가지지 아니하거나 같은 항 단서에 따라 디자인등록을 받을 수 없는 경우
2. 제27조, 제33조, 제34조, 제35조 제2항·제3항, 제39조 및 제46조 제1항·제2항에 위반된 경우
3. 조약에 위반된 경우
4. 디자인등록된 후 그 디자인권자가 제27조에 따라 디자인권을 누릴 수 없는 자로 되거나 그 디자인등록이 조약에 위반된 경우

② 제1항에 따른 심판은 디자인권이 소멸된 후에도 청구할 수 있다.

③ 디자인등록을 무효로 한다는 심결이 확정된 때에는 그 디자인권은 처음부터 없었던 것으로 본다. 다만, 제1항 제4호에 따라 디자인등록을 무효로 한다는 심결이 확정된 경우에는 디자인권은 그 디자인등록이 같은 호에 해당하게 된 때부터 없었던 것으로 본다.

④ 심판장은 제1항의 심판이 청구된 경우에는 그 취지를 해당 디자인권의 전용실시권자나 그 밖에 디자인에 관한 권리를 등록한 자에게 통지하여야 한다.

디자인권의 무효란 설정등록된 디자인권이 일정한 무효사유에 해당되어(디§121①) 특허심판원의 심결이나 법원의 판결에 의해, 그 특허권의 효력이 처음부터 존재하지 아니하게 되는 것을 말한다(디§121③). 디자인권에 무효사유가 존재한다고 해서 당연히 무효로 되는 것은 아니고 이해관계인 또는 심사관의 무효심판청구에 의해 특허심판원의 심결이나 법원의 판결에 의해서만 무효가 될 수 있다. 그리고 심결이나 판결에 의하여 무효로 확정된 때에는 그 디자인권은 처음부터 없었던 것으로 본다.

제 7 장
실시권

제7장 실시권

제1절 서설

등록디자인을 업으로서 실시할 수 있는 권리를 독점하는 자는 디자인권자(디§92)이지만, 디자인보호법은 디자인권자 이외의 자에게도 등록디자인을 적법하게 업으로서 실시할 수 있도록 하고 있다(디§97①, §99①). 후자의 권리를 실시권이라고 하며 이것은 전용실시권과 통상실시권으로 대별된다. 이 외에도 실시할 수 있는 권리를 한 사람에게만 주느냐 아니냐에 따라, 독점적 실시권과 비독점적 실시권으로 나눌 수 있다.

여기에서는 우리 디자인보호법상의 분류방법에 따라 전용실시권과 통상실시권으로 나누어서 보기로 한다.

제2절 전용실시권

제97조(전용실시권)

① 디자인권자는 그 디자인권에 대하여 타인에게 전용실시권을 설정할 수 있다. 다만, 기본디자인의 디자인권과 관련디자인의 디자인권에 대한 전용실시권은 같은 자에게 동시에 설정하여야 한다.

② 전용실시권을 설정받은 전용실시권자는 그 설정행위로 정한 범위에서 그 등록디자인 또는 이와 유사한 디자인을 업으로서 실시할 권리를 독점한다.

③ 전용실시권자는 실시사업(實施事業)과 같이 이전하는 경우 또는 상속이나 그 밖의 일반승계의 경우를 제외하고는 디자인권자의 동의를 받지 아니하면 그 전용실시권을 이전할 수 없다.

④ 전용실시권자는 디자인권자의 동의를 받지 아니하면 그 전용실시권을 목적으로 하는 질권을 설정하거나 통상실시권을 허락할 수 없다.

⑤ 전용실시권에 관하여는 제96조 제2항부터 제4항까지의 규정을 준용한다.

⑥ 기본디자인의 디자인권이 취소, 포기 또는 무효심결 등으로 소멸한 경우 그 기본디자인에 관한 2 이상의 관련디자인의 전용실시권을 설정하려면 같은 자에게 함께 설정하여야 한다.

제98조(디자인권 및 전용실시권 등록의 효력)

① 다음 각 호에 해당하는 사항은 등록하지 아니하면 효력이 발생하지 아니한다.

1. 디자인권의 이전(상속이나 그 밖의 일반승계에 의한 경우는 제외한다), 포기에 의한 소멸 또는 처분의 제한
2. 전용실시권의 설정·이전(상속이나 그 밖의 일반승계에 의한 경우는 제외한다)·변경·소멸(혼동에 의한 경우는 제외한다) 또는 처분의 제한
3. 디자인권 또는 전용실시권을 목적으로 하는 질권의 설정·이전(상속이나 그 밖의 일반승계에 의한 경우는 제외한다)·변경·소멸(혼동에 의한 경우는 제외한다) 또는 처분의 제한

② 제1항 각 호에 따른 디자인권·전용실시권 및 질권의 상속이나 그 밖의 일반승계의 경우에는 지체 없이 그 취지를 특허청장에게 신고하여야 한다.

1. 의의

전용실시권이란 디자인권자 이외의 자가 디자인권자와의 계약에 의해 내용·지역·기간을 정하여 그 범위 내에서 등록디자인을 독점적으로 실시할 권리를 말한다(디§97②). 따라서 전용실시권은 그 범위 내에서는 디자인권자일지라도 업으로서 실시할 수 없다는 것이므로 물권적인 성질을 가진다.

2. 효력발생요건

전용실시권은 등록을 함으로써 효력이 발생한다. 즉 전용실시권은 특허권자와의 계약에 의하여 발생되는 허락실시권으로 설정등록[1](디§98①)을 하지 않으면 그 효력이 발생하지 않는다(디§98①ⅱ). 이러한 전용실시권의 설정은 디자인권자와의 계약에 의한 경우가 대부분이지만, 유언에 의해서도 설정될 수도 있다. 한편, 디자인권이 공유인 경우에는 타(他)공유자의 동의가 필요하다(디§96).

3. 범위

전용실시권자는 그 설정행위로 정한 범위 내에서 업으로서 그 설정등록디자인을 실시할 권리를 독점한다(디§97②). 전용실시권의 범위란 디자인권자가 전용실시권자에게 업으로 실시할 권리를 독점적으로 허여하는 것이지만, 이 경우 시간적 범위(디자인권의 존속기간 내에서 특정의 기간), 지역적 범위(국내의 특정지역), 내용적 범위을 정하여 하는 것이 일반적이다. 그러나 디자인권자가 업으로 실시할 수 있는 전 범위를 전용실시권자에게 허여한 경우 디자인권자에게는 ⅰ) 디자인권자로서

1) 등록대상은 ⅰ) 특허권의 이전(상속 기타 일반승계에 의한 경우는 제외)·포기에 의한 소멸 또는 처분의 제한, ⅱ) 전용실시권의 설정·이전(상속 기타 일반승계에 의한 경우는 제외)·변경·소멸(혼동에 의한 경우는 제외) 또는 처분의 제한, ⅲ) 특허권 또는 전용실시권을 목적으로 하는 질권의 설정·이전(상속 기타 일반승계에 의한 경우는 제외)·변경·소멸(혼동에 의한 경우는 제외) 또는 처분의 제한의 경우이다.

의 명예로운 지위의 유지(保持), ⅱ) 디자인권침해에 대한 소권(訴權), ⅲ) 전용실시권의 이전이나, 통상실시권 및 질권의 설정에 대한 동의권만 남는다. 이를 통해 전용실시권자가 독단으로 권리 행사를 할 수 없게끔 한다.

4. 침해에 대한 구제

전용실시권의 침해에 대해서는 디자인권과 마찬가지로 권리의 침해에 대하여 침해금지를 비롯하여 신용회복청구에 이르기까지 소권(訴權)을 행사할 수 있다(디§113~§118).

5. 이전

전용실시권의 자유양도는 금지되나, ⅰ) 실시(實施)하는 사업과 함께 이전하는 경우, ⅱ) 디자인권자의 동의를 얻은 경우, ⅲ) 상속 기타 일반승계의 경우에 한해서 이전할 수 있다(디§96). 다만 ⅰ)과 ⅱ)에 의한 이전은 등록하지 않으면 그 효력이 발생하지 않으며(디§98①), ⅲ)의 경우는 지체 없이 그 취지를 특허청장에게 신고하여야 한다(디§98②).

6. 재실시권 및 질권

재실시권(sub license)이란 실시권자가 디자인권자로부터 실시허락을 받은 등록디자인을 제3자에게 다시 실시허락하는 것이다. 이러한 경우에는 디자인권자의 동의가 원칙적으로 필요하며, 재실시권의 범위는 원실시권계약의 범위 내로 한정된다. 또한, 이러한 재실시권은 원실시권 계약이 종료됨과 동시에 소멸되는 것으로 보나 특단의 사유가 있는 경우에는 그러하지 않다고 본다.

전용실시권자는 디자인권자의 동의를 얻어 질권(質權)을 설정하거나 통상실시권을 허락할 수 있다(디§97④). 후자의 통상실시권을 재실시권이라고 한다.

7. 소멸

전용실시권은 i) 디자인권의 소멸, ii) 계약에 의한 설정기간의 만료, iii) 계약의 해제·취소, iv) 포기(질권자, 통상실시권자의 승낙 필요) 등에 의하여 소멸된다.

디자인보호법은 디자인권자 이외의 자에게도 등록디자인과 이와 유사한 디자인을 적법하게 업으로서 실시할 수 있도록 하고 있다(디§92단, §97, §99).

이 실시권 제도는 특허법상의 실시권과 원칙적으로 동일하므로 여기서는 도표와 더불어 간단하게 살펴본다.

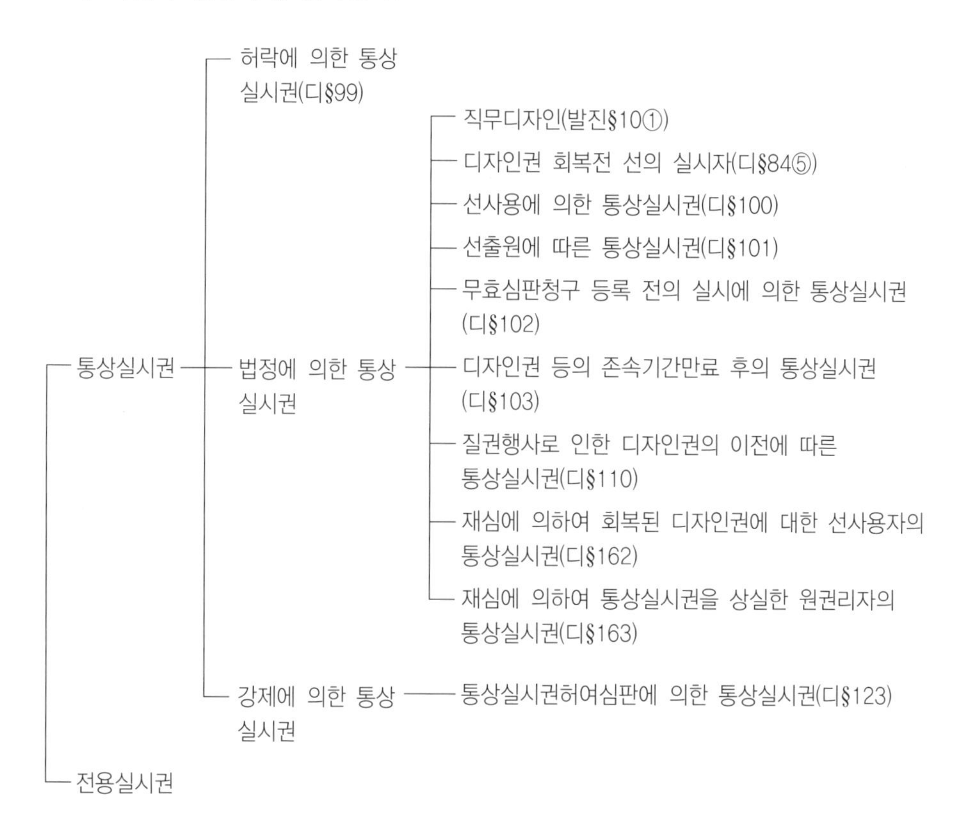

제3절 통상실시권

제99조(통상실시권)

① 디자인권자는 그 디자인권에 대하여 타인에게 통상실시권을 허락할 수 있다.

② 통상실시권자는 이 법에 따라 또는 설정행위로 정한 범위에서 그 등록디자인 또는 이와 유사한 디자인을 업으로서 실시할 수 있는 권리를 가진다.

③ 제123조에 따른 통상실시권은 그 통상실시권자의 해당 디자인권·전용실시권 또는 통상실시권과 함께 이전되고 해당 디자인권·전용실시권 또는 통상실시권이 소멸되면 함께 소멸된다.

④ 제3항 외의 통상실시권은 실시사업과 같이 이전하는 경우 또는 상속이나 그 밖의 일반승계의 경우를 제외하고는 디자인권자(전용실시권자로부터 통상실시권을 허락받은 경우에는 디자인권자 및 전용실시권자)의 동의를 받지 아니하면 이전할 수 없다.

⑤ 제3항 외의 통상실시권은 디자인권자(전용실시권자로부터 통상실시권을 허락받은 경우에는 디자인권자 및 전용실시권자)의 동의를 받지 아니하면 그 통상실시권을 목적으로 하는 질권을 설정할 수 없다.

⑥ 통상실시권에 관하여는 제96조 제2항·제3항을 준용한다.

1. 의의

통상실시권이란 등록디자인을 실시하고자 하는 자가 디자인권자와의 실시계약이나 법률의 규정에 의하거나 또는 행정청의 강제처분에 의하여 일정한 범위 내에서 특허발명을 실시할 수 있는 권리를 말한다. 다만, 디자인권이 공유인 경우 통상실시권을 허락하기 위해서는 다른 공유자의 동의가 필요하다(디§96). 이러한 통상실시권은 전용실시권과 달리 그 통상실시권을 설정한 후에도 디자인권자 자신도 실시할 뿐만 아니라 제3자에게 똑같은 통상실시권을 2 이상 허락할 수도 있다. 이러한 통상실시권은 전용실시권과 달리 독점실시할 수 없는 권리이므로 채권적인 성질을 가진다고 할 것이다.

2. 통상실시권의 종류와 범위

통상실시권은 그 발생원인에 따라 i) 약정에 의한 허락실시권, ii) 법령의 규정에 의하여 당연히 발생하는 법정실시권 및 iii) 행정청의 처분에 의하여 발생하는 강제실시권이 있다. 그리고 통상실시권의 범위는 법률이나 계약으로 설정된 범위 안에서 업으로서 그 특허발명을 실시할 수 있는 권리를 가진다(디§99②).

1) 허락실시권(디§99)

허락실시권은 디자인권자의 허락에 의하여 발생하는 실시권으로 전용실시권과 같이 한 사람에게만 실시허락할 수도 있고(독점적 통상실시권),[2] 특정다수인에게 같은 내용을 허락할 수도 있다(비독점적 통상실시권).

2) 법정실시권

법정실시권은 디자인권자의 의사와 관계없이 법령의 규정에 의해 당연히 발생하는 실시권이다. 이 실시권의 종류는 다음과 같은 것이 있다.

(1) 직무디자인에 대한 사용자등의 통상실시권[3](발진§10①)

발명진흥법 제10조(직무발명)

① 직무발명에 대하여 종업원등이 특허, 실용신안등록, 디자인등록(이하 "특허등"이라 한다)을 받았거나 특허등을 받을 수 있는 권리를 승계한 자가 특허등을 받으면 사용자등은 그 특허권, 실용신안권, 디자인권(이하 "특허권등"이라 한다)에 대하여 통상실시권(通常實施權)을 가진다. 다만, 사용자등이 「중소기업기본법」 제2조에 따른 중소기업이 아닌 기업인 경우 종업원등과의 협의를 거쳐 미리 다음 각 호의 어느 하나에 해당하는 계약 또는 근무규정을 체결 또는 작성하지 아니한 경우에는 그러하지 아니하다.

2) 특허권자가 한 사람에게만 통상실시권 허락을 하는 경우를 독점적 통상실시권이라 하는데, 독점적 통상실시권을 허락하면서 그 허락 이후에는 특허권자도 그 실시권을 행사하지 않는다는 취지의 특약을 체결하는 것도 가능하다고 본다. 이를 완전 독점적 통상실시권이라 부른다.

3) 무상(無償).

1. 종업원등의 직무발명에 대하여 사용자등에게 특허등을 받을 수 있는 권리나 특허권등을 승계시키는 계약 또는 근무규정
2. 종업원등의 직무발명에 대하여 사용자등을 위하여 전용실시권을 설정하도록 하는 계약 또는 근무규정

(2) 선사용에 의한 통상실시권[4][선사용권(先使用權): 디§100]

제100조(선사용에 따른 통상실시권)
디자인등록출원 시에 그 디자인등록출원된 디자인의 내용을 알지 못하고 그 디자인을 창작하거나 그 디자인을 창작한 사람으로부터 알게 되어 국내에서 그 등록디자인 또는 이와 유사한 디자인의 실시사업을 하거나 그 사업의 준비를 하고 있는 자는 그 실시 또는 준비를 하고 있는 디자인 및 사업의 목적 범위에서 그 디자인등록출원된 디자인의 디자인권에 대하여 통상실시권을 가진다.

디자인등록출원 시에 그 디자인등록출원된 디자인의 내용을 알지 못하고 그 디자인을 창작하거나 그 디자인을 창작한 사람으로부터 알게 되어 국내에서 그 등록디자인 또는 이와 유사한 디자인의 실시사업을 하거나 그 사업의 준비를 하고 있는 자는 그 실시 또는 준비를 하고 있는 디자인 및 사업의 목적 범위에서 그 디자인등록출원된 디자인의 디자인권에 대하여 통상실시권을 가진다(디§100).

디자인출원 당시 선의[5]로 국내에서 그 디자인의 실시사업(實施事業)을 하거나 그 사업의 준비를 하고 있는 자는 그 실시 또는 준비를 하고 있는 디자인 및 사업 목적의 범위 내에서 통상실시권을 가진다. 이 권리의 부여에 대해서는 여러 학설이 있으나, 최근에는 공평설과 경제설이 대립하고 있다.

디자인권자의 디자인과 같은 내용의 디자인을 디자인출원 전에 선의로 실시하고 있는 자에게 통상실시권을 허여하는 것이다. 디자인출원시 이미 실시사업을 하고 있거나 실시준비를 하고 있던 선의의 실시자가 후의 출원에 의해 등록된 디자인권에 의해 그 사업을 계속할 수 없다면 공평의 원칙에 어긋난다. 이를 위해

4) 무상(無償).
5) 여기서 '선의'란 특허출원시에 그 특허출원된 발명의 내용을 알지 못하고 그 발명을 하거나 그 발명을 한 자로부터 지득(知得)한 것을 말한다.

법으로 디자인출원 전에 실시하고 있던 자에게는 그 실시를 계속할 수 있게 한 것이다.

이러한 선사용권은 법정요건을 충족시키면 등록 없이도 특허권·전용실시권의 취득자에게 대항할 수 있다. 이러한 선사용권은 일반승계를 제외하고 특허권자의 승낙이 있을 경우와 실시사업과 함께 할 경우에 양도할 수 있다.

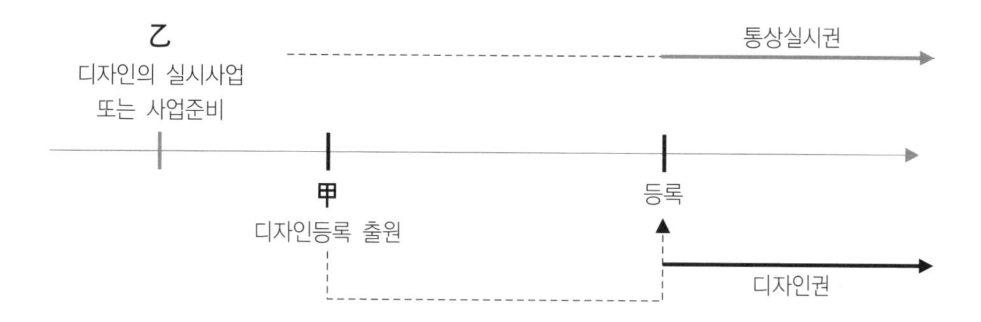

(3) 선출원에 따른 통상실시권(디§101)

제101조(선출원에 따른 통상실시권)
타인의 디자인권이 설정등록되는 때에 그 디자인등록출원된 디자인의 내용을 알지 못하고 그 디자인을 창작하거나 그 디자인을 창작한 사람으로부터 알게 되어 국내에서 그 디자인 또는 이와 유사한 디자인의 실시사업을 하거나 그 사업의 준비를 하고 있는 자(제100조에 해당하는 자는 제외한다)는 다음 각 호의 요건을 모두 갖춘 경우에 한정하여 그 실시 또는 준비를 하고 있는 디자인 및 사업의 목적 범위에서 그 디자인권에 대하여 통상실시권을 가진다.

1. 타인이 디자인권을 설정등록받기 위하여 디자인등록출원을 한 날 전에 그 디자인 또는 이와 유사한 디자인에 대하여 디자인등록출원을 하였을 것
2. 타인의 디자인권이 설정등록되는 때에 제1호에 따른 디자인등록출원에 관한 디자인의 실시사업을 하거나 그 사업의 준비를 하고 있을 것
3. 제1호 중 먼저 디자인등록출원한 디자인이 제33조 제1항 각 호의 어느 하나에 해당하여 디자인등록거절결정이나 거절한다는 취지의 심결이 확정되었을 것

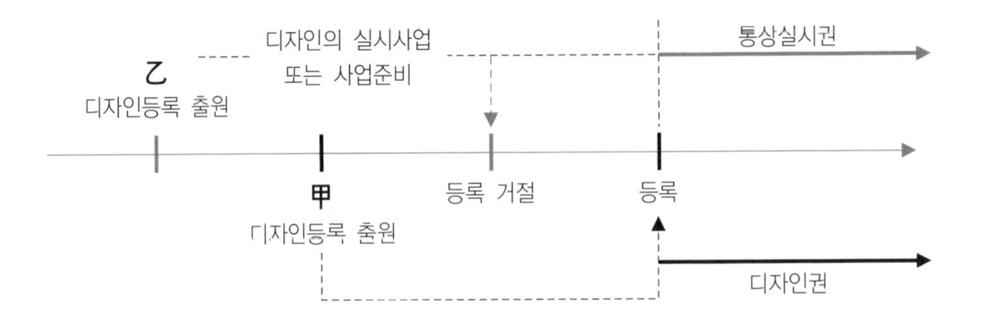

(4) 무효심판 청구등록 전의 실시에 의한 통상실시권[6][중용권(中用權)[7]: 디 §102]

제102조(무효심판청구 등록 전의 실시에 의한 통상실시권)

① 다음 각 호의 어느 하나에 해당하는 자가 디자인등록에 대한 무효심판청구의 등록 전에 자기의 등록디자인이 무효사유에 해당하는 것을 알지 못하고 국내에서 그 디자인 또는 이와 유사한 디자인의 실시사업을 하거나 그 사업의 준비를 하고 있는 경우에는 그 실시 또는 준비를 하고 있는 디자인 및 사업의 목적 범위에서 그 디자인권에 대하여 통상실시권을 가진다.

1. 동일하거나 유사한 디자인에 대한 2 이상의 등록디자인 중 그 하나의 디자인등록을 무효로 한 경우의 원(原)디자인권자
2. 디자인등록을 무효로 하고 동일하거나 유사한 디자인에 관하여 정당한 권리자에게 디자인등록을 한 경우의 원디자인권자

② 제1항 제1호 및 제2호의 경우에 있어서 그 무효로 된 디자인권에 대하여 무효심판청구 등록 당시에 이미 전용실시권이나 통상실시권 또는 그 전용실시권에 대한 통상실시권을 취득한 자로서 다음 각 호의 어느 하나에 해당하는 자는 통상실시권을 가진다.

1. 해당 통상실시권 또는 전용실시권의 등록을 받은 자
2. 제104조 제2항에 해당하는 통상실시권을 취득한 자

---

6) 유상(有償).

7) 이 실시권은 특허출원 후에 생긴 일정한 사실에 의하여 발생하는 실시권이라는 점에서 중용권이라고 한다.

③ 제1항 및 제2항에 따라 통상실시권을 가지는 자는 디자인권자 또는 전용실시권자에게 상당한 대가를 지급하여야 한다.

이 실시권은 등록된 디자인권에 무효사유가 있는 것을 알지 못하고 디자인권자가 그 등록디자인의 실시사업을 하거나 사업의 준비를 하고 있던 중에 해당 디자인권이 무효가 되는 경우에 주어지는 실시권이다. 즉 등록디자인에 무효원인이 있음에도 불구하고 잘못 권리가 부여되었을 경우나, 정당하게 권리가 부여되었으나 사후적으로 무효사유가 발생한 경우(외국인 특허권자가 권리능력을 상실한 경우) 그 디자인권에 무효사유가 있는 것을 알지 못하고, 무효심판청구의 등록 전에 그 디자인에 관한 실시사업을 하거나 그 사업의 준비를 하고 있는 자는 그 범위 내에서 이들 권리가 무효로 된 때에 선출원(先出願) 등에 관계된 권리에 의하여 방해받는 일 없이 현존하는 동일의 디자인에 관한 디자인권에 관하여 통상실시권을 가진다.[8] 이러한 통상실시권을 가진 자는 디자인권자 또는 전용실시권자에게 상당한

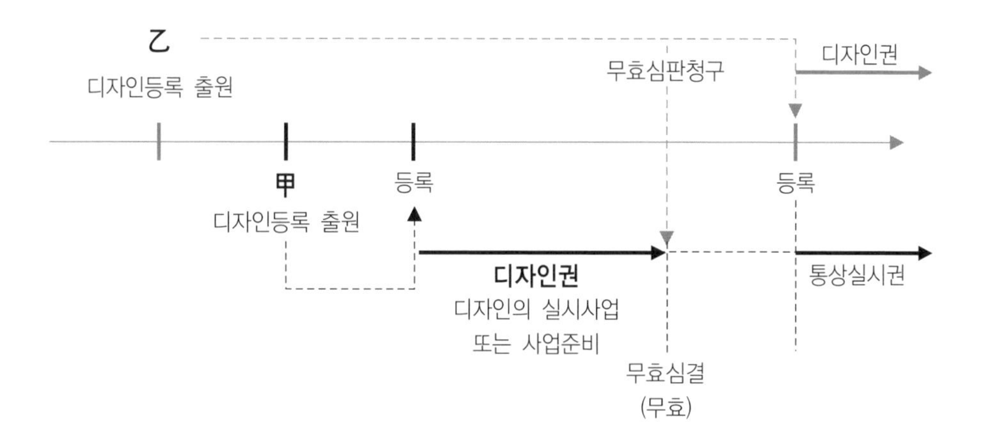

8) 특허법 제104조 제1항 각호
1. 동일한 발명에 대한 둘 이상의 특허 중 그 하나의 특허를 무효로 한 경우 그 무효로 된 특허의 원특허권자
2. 특허발명과 등록실용신안이 동일하여 그 실용신안등록을 무효로 한 경우 그 무효로 된 실용신안등록의 원실용신안권자
3. 특허를 무효로 하고 동일한 발명에 관하여 정당한 권리자에게 특허를 한 경우 그 무효로 된 특허의 원특허권자
4. 실용신안등록을 무효로 하고 그 고안과 동일한 발명에 관하여 정당한 권리자에게 특허를 한 경우 그 무효로 된 실용신안의 원실용신안권자

대가를 지급하여야 한다(디§102③).

(5) 디자인권 등의 존속기간 만료 후의 통상실시권[9](디§103③)

제103조(디자인권 등의 존속기간 만료 후의 통상실시권)
① 등록디자인과 유사한 디자인이 그 디자인등록출원일 전 또는 디자인등록출원일과 같은 날에 출원되어 등록된 디자인권(이하 "원디자인권"이라 한다)과 저촉되는 경우 원디자인권의 존속기간이 만료되는 때에는 원디자인권자는 원디자인권의 범위에서 그 디자인권에 대하여 통상실시권을 가지거나 원디자인권의 존속기간 만료 당시 존재하는 그 디자인권의 전용실시권에 대하여 통상실시권을 가진다.
② 제1항의 경우 원디자인권의 만료 당시 존재하는 원디자인권에 대한 전용실시권자 또는 제104조 제1항에 따라 등록된 통상실시권자는 원권리의 범위에서 그 디자인권에 대하여 통상실시권을 가지거나 원디자인권의 존속기간 만료 당시 존재하는 그 디자인권의 전용실시권에 대하여 통상실시권을 가진다.
③ 등록디자인 또는 이와 유사한 디자인이 그 디자인등록출원일 전 또는 디자인등록출원일과 같은 날에 출원되어 등록된 특허권·실용신안권과 저촉되고 그 특허권 또는 실용신안권의 존속기간이 만료되는 경우에 관하여는 제1항 및 제2항을 준용한다.
④ 제2항(제3항에서 준용하는 경우를 포함한다)에 따라 통상실시권을 갖는 자는 그 디자인권자 또는 그 디자인권에 대한 전용실시권자에게 상당한 대가를 지급하여야 한다.

특허권과 디자인권이 저촉하는 경우에 있어 특허권·실용신안권이 디자인등록출원보다 먼저이거나 또는 동일(同日)인 경우 특허권자는 디자인존속기간 중에는 디자인권자로부터 제약을 받지 않고 자유로이 자기의 등록디자인을 실시할 수 있다.[10] 그러나 그 디자인권의 존속기간이 만료하고, 특허권이 존속하고 있는 때에는 디자인권자이었던 자는 자기 자신이 실시하던 디자인을 실시할 수 없다. 이

9) 원디자인권자는 무상(無償)이나 특허권자나 전용실시권자는 유상(有償).

10) 예를 들어 자동차 타이어의 경우 디자인권자는 특허권자로부터 제약을 받지 않고 자유로이 디자인 실시가 가능하다.

러한 불합리를 시정하기 위하여 원(原)디자인권자의 실시를 확보하는 본조항을 입법하였다. 디자인권자가 갖는 통상실시권은 무상이나, 전용실시권자나 통상실시권자는 대가를 지급하여야 한다(디§103④).

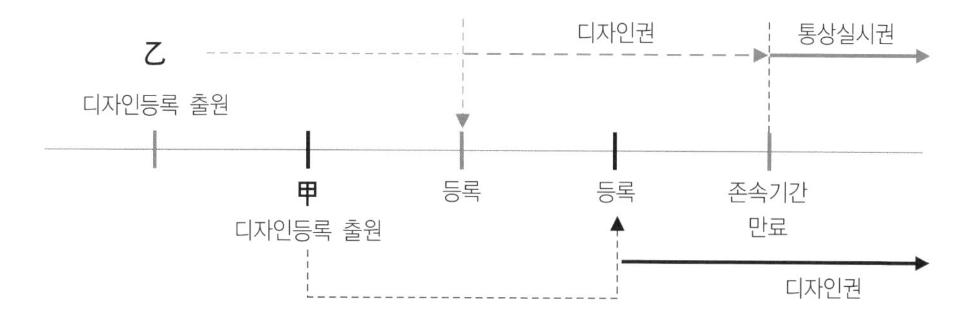

(6) 질권행사로 인한 디자인권의 이전에 따른 통상실시권[11](디§110)

제110조(질권행사로 인한 디자인권의 이전에 따른 통상실시권)
디자인권자는 디자인권을 목적으로 하는 질권설정 전에 그 등록디자인 또는 이와 유사한 디자인을 실시하고 있는 경우에는 그 디자인권이 경매 등에 의하여 이전되더라도 그 디자인권에 대하여 통상실시권을 가진다. 이 경우 디자인권자는 경매 등에 의하여 디자인권을 이전받은 자에게 상당한 대가를 지급하여야 한다.

이 실시권은 디자인권자가 자신의 디자인권을 가지고 사업을 하다가 질권을 설정한 그 디자인권이 경매에 의하여 제3자(경락인)에게 이전되는 경우에 원디자인권자에게 실시허락하는 제도이다. 즉 질권설정된 디자인권이 경매 등에 의해 이

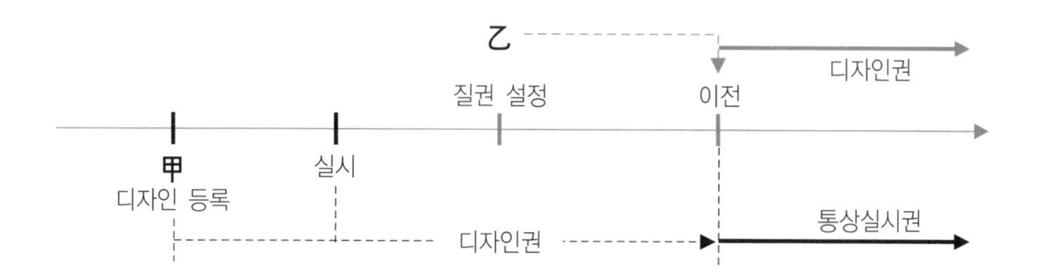

11) 유상(有償).

전되더라도 질권설정 이전에 디자인권자가 등록디자인을 실시하고 있는 경우에는 그 디자인권자는 통상실시권을 가진다. 이 경우 전 디자인권자는 현 디자인권자(경매 등에 의하여 특허권을 이전받은 자)에게 상당한 대가를 지급하여야 한다(디§110).

(7) 재심에 의하여 회복한 디자인권에 대한 선사용자의 통상실시권[후용권(後用權): 디§162]

제162조(재심에 의하여 회복한 디자인권에 대한 선사용자의 통상실시권)
제161조 제1항 각 호의 어느 하나에 해당하는 경우에 해당 심결이 확정된 후 재심청구 등록 전에 국내에서 선의로 그 디자인의 실시사업을 하고 있는 자 또는 그 사업을 준비하고 있는 자는 실시하고 있거나 준비하고 있는 디자인 및 사업의 목적 범위에서 그 디자인권에 관하여 통상실시권을 가진다.

이 실시권은 심결확정 후 재심청구 등록 전에 선의로 실시하던 자를 보호하기 위한 실시권이다. 즉 심결확정 후 재심청구 등록 전에 선의로 국내에서 그 디자인을 실시하고 있거나 또는 사업준비를 하고 있는 자가 그 실시 또는 준비를 하고 있는 디자인 및 사업목적의 범위 내에서 그 디자인을 계속 실시할 수 있는 권리이다.

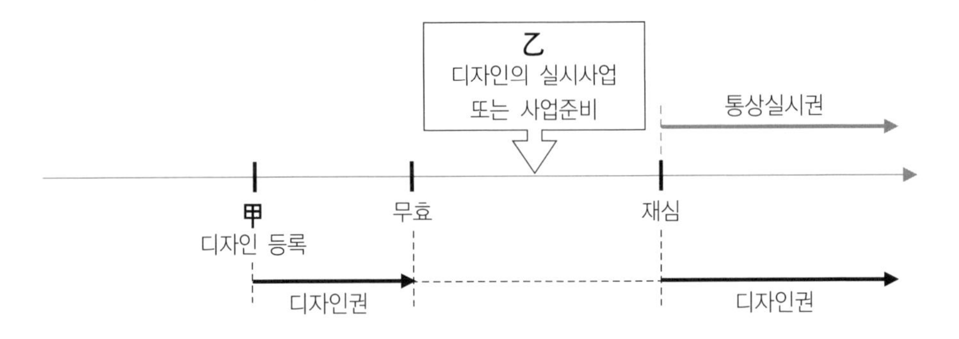

(8) 재심에 의하여 통상실시권을 상실한 원권리자의 통상실시권(디§163)

제163조(재심에 의하여 통상실시권을 상실한 원권리자의 통상실시권)
① 제123조 제1항 또는 제2항에 따라 통상실시권을 허락한다는 심결이 확정된 후 재심에서 이에 상반되는 심결이 확정된 경우에는 재심청구 등록 전에 선의로 국내에서 그 디자인의 실시사업을 하고 있는 자 또는 그 사업을 준비하고 있는 자는 원

통상실시권의 사업 목적 및 디자인의 범위에서 그 디자인권 또는 재심의 심결이 확정된 당시에 존재하는 전용실시권에 대하여 통상실시권을 가진다.
② 제1항에 따라 통상실시권을 가진 자는 디자인권자 또는 전용실시권자에게 상당한 대가를 지급하여야 한다.

통상실시권 허여심판의 규정에 의하여 통상실시권 허여심결이 확정(강제실시권의 발생)된 후 재심에 의하여 통상실시권이 소멸된 경우, 재심청구등록 전에 선의로 디자인의 실시 등을 하고 있는 자를 위하여 인정되는 법정실시권을 말하는데, 이는 확정된 심결을 신뢰하여 디자인의 실시사업 등을 하고 있는 자를 보호하고 사업설비의 유지라고 하는 사회 경제적인 견지를 고려하여 선의의 실시자에게 통상실시권을 인정하여 주는 것이다.

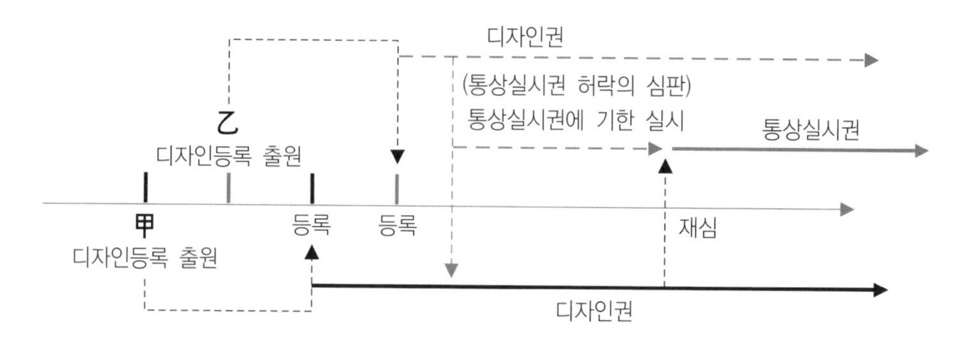

3) 강제실시권(强制實施權): 디§123

제123조(통상실시권 허락의 심판)
① 디자인권자·전용실시권자 또는 통상실시권자는 해당 등록디자인 또는 등록디자인과 유사한 디자인이 제95조 제1항 또는 제2항에 해당하여 실시의 허락을 받으려는 경우에 그 타인이 정당한 이유 없이 허락하지 아니하거나 그 타인의 허락을 받을 수 없을 때에는 자기의 등록디자인 또는 등록디자인과 유사한 디자인의 실시에 필요한 범위에서 통상실시권 허락의 심판을 청구할 수 있다.
② 제1항에 따른 심판에 따라 통상실시권을 허락한 자가 그 통상실시권을 허락받은 자의 등록디자인 또는 이와 유사한 디자인을 실시할 필요가 있는 경우에 그 통

상실시권을 허락받은 자가 실시를 허락하지 아니하거나 실시의 허락을 받을 수 없을 때에는 통상실시권을 허락받아 실시하려는 등록디자인 또는 이와 유사한 디자인의 범위에서 통상실시권 허락의 심판을 청구할 수 있다.
③ 제1항 및 제2항에 따라 통상실시권을 허락받은 자는 특허권자·실용신안권자·디자인권자 또는 그 전용실시권자에게 대가를 지급하여야 한다. 다만, 자기가 책임질 수 없는 사유로 지급할 수 없는 경우에는 그 대가를 공탁하여야 한다.
④ 제3항에 따른 통상실시권자는 그 대가를 지급하지 아니하거나 공탁을 하지 아니하면 그 특허발명·등록실용신안 또는 등록디자인이나 이와 유사한 디자인을 실시할 수 없다.

디자인권은 특허권와 같이 사유재산권이기 때문에 등록디자인에 대한 사용, 수익, 처분은 본래 디자인권자 자신에게 있다. 그리하여 디자인권자 자신이 실시하거나 제3자에게 통상실시권을 허락할 것인지 여부도 디자인권자의 의사에 의한다.

그러나 일정한 사유가 있을 때 디자인권자의 의사와 관계없이 실시를 허락하는 경우가 있고 이를 강제실시권이라 한다. 즉, 강제실시권은 행정기관의 처분이나 심판에 의해 강제적으로 설정되는 실시권을 말한다. 디자인보호법상 강제실시권에는 제123조에 규정된 통상실시권 허여심판에 의한 실시권이 있다.

디자인보호법 제95조에서는 디자인권자·전용실시권자 또는 통상실시권자는 등록디자인이 그 디자인등록출원일 전에 출원된 타인의 등록디자인 또는 이와 유사한 디자인·특허발명·등록실용신안 또는 등록상표를 이용하거나 디자인권이 그 디자인권의 디자인등록출원일 전에 출원된 타인의 특허권·실용신안권 또는 상표권과 저촉되는 경우에는 그 디자인권자·특허권자·실용신안권자 또는 상표권자의 허락을 받지 아니하거나 제123조에 따르지 아니하고는 자기의 등록디자인을 업으로서 실시할 수 없다고 규정하고 있는데 이 경우가 통상실시권심판에 의해 실시하는 경우이다.

3. 효력

제104조(통상실시권 등록의 효력)
① 통상실시권을 등록한 경우에는 그 등록 후에 디자인권 또는 전용실시권을 취득한 자에 대하여도 그 효력이 발생한다.
② 제84조 제5항, 제100조부터 제103조까지, 제110조, 제162조, 제163조 및 「발명진흥법」 제10조 제1항에 따른 통상실시권은 등록이 없더라도 제1항에 따른 효력이 발생한다.
③ 통상실시권의 이전·변경·소멸 또는 처분의 제한, 통상실시권을 목적으로 하는 질권의 설정·이전·변경·소멸 또는 처분의 제한은 등록하지 아니하면 제3자에게 대항할 수 없다.

통상실시권은 전용실시권과 달리 등록이 없더라도 효력이 발생하나 등록하지 않으면 제3자에게 대항할 수 없다(디§104②③). 그러나 강제실시권은 특허청장에 의하여 직권등록되며, 법정실시권도 통상실시권이지만 각각 특수한 필요에 따라서 디자인권자와의 합의에 의하지 아니하고 발생 또는 설정되므로 등록이 없더라도 그 이후의 디자인권·전용실시권을 취득한 제3자에게 대항할 수 있다(디§104②).

4. 통상실시권의 이전

제123조에 의한 통상실시권은 통상실시권자의 해당 디자인권과 함께 이전할 수 있다. 그러나 강제실시권을 제외하고는 실시사업을 이전하거나 상속 기타 일반 승계의 경우를 제외하고는 디자인권자 또는 전용실시권자의 동의를 얻지 아니하면 이전할 수 없다(디§99④).[12]

또 질권(質權)의 설정도 통상실시권허여심판 이외는 특허권자의 동의를 얻어

12) 허락에 의한 통상실시권은 전용실시권과 달리 재실시허락(서브라이센스)은 특허권자의 승낙이 없으면 인정되지 않는 것이 통상이다. 그러나 현실에서는 재실시허락이 행해지고 있으며, 이것을 인정하는 설도 있다(中山信弘, 「工業所有權法」, 弘文堂, 1998, 447頁).

서 질권을 설정할 수 있다(디§99⑤).

5. 통상실시권의 소멸

통상실시권은 ⅰ) 디자인권 또는 전용실시권의 소멸, ⅱ) 설정기간의 만료, ⅲ) 실시계약의 해제, ⅳ) 실시권의 포기 또는 상속인이 없는 경우에 소멸되며, 법정실시권에 특유한 소멸사유로 실시사업의 폐지가 있다.

디자인권 침해에 대한 구제 및 벌칙

제8장 디자인권 침해에 대한 구제 및 벌칙

제1절 디자인권 침해

1. 서설

제92조(디자인권의 효력)
디자인권자는 업으로서 등록디자인 또는 이와 유사한 디자인을 실시할 권리를 독점한다. 다만, 그 디자인권에 관하여 전용실시권을 설정하였을 때에는 제97조 제2항에 따라 전용실시권자가 그 등록디자인 또는 이와 유사한 디자인을 실시할 권리를 독점하는 범위에서는 그러하지 아니하다.

디자인권의 침해란 정당한 권원이 없는 제3자가 등록디자인에 대하여 독점배타적인 권리를 직접적 또는 간접적으로 침해하는 것을 말한다. 디자인권은 재산권의 일종이기 때문에 공공복지 등의 경우를 제외하고는 디자인권자가 그 등록디자인을 업으로서 실시할 권리를 독점하며(적극적 효력), 이와 함께 타인이 무단으로 디자인권자의 등록디자인을 실시할 경우에는 그 등록디자인을 실시할 수 없도록 할 권리(소극적 효력)를 가진다. 즉 디자인권의 침해를 배제하는 것이 가능하다.

디자인권의 객체는 무체물이기 때문에 점유가 불가능하므로 침해가 용이하다. 침해라고 인정되었다 하더라도 그 손해액 산정이 곤란하다. 따라서 디자인보호법은 이러한 침해에 대한 구제를 위해 여러 가지 제도를 두고 있다.

2. 권리침해의 유형

권리의 침해를 직접침해와 간접침해로 나누어 볼 수 있다. 직접침해란 정당한 권원이 없는 자가 등록디자인 또는 이와 유사한 디자인을 실시하거나 기타의 방법으로 직접적인 침해행위를 하는 것을 말한다(디§92). 간접침해란 등록디자인이나 이와 유사한 디자인에 관한 물품의 생산에만 사용하는 물품을 업으로서 생신·양도·대여 또는 수입하거나 그 물품의 양도 또는 대여의 청약을 하는 행위를 디자인권 또는 전용실시권을 침해한 것으로 보는 것을 말한다(디§114).

1) 직접침해(디§92)

디자인권의 직접침해란 디자인권자 이외의 자가 정당한 권한 없이 등록디자인을 업으로서 실시하는 행위를 말한다. 디자인보호법 제92조 본문에서는 "디자인권자는 업으로서 등록디자인 또는 이와 유사한 디자인을 실시할 권리를 독점한다"라고 규정하고 있다. 그 요건으로는 ⅰ) 디자인권이 유효하게 존속하고 있을 것, ⅱ) 그 등록디자인 또는 이와 유사한 디자인의 범위에 속하는 디자인이 실시되고 있을 것, ⅲ) 그 실시를 업으로서 하고 있을 것, ⅳ) 실시자가 그 실시를 정당한 이유 없이 할 것(違法行爲) 등이다. 전용실시권의 침해에 대해서도 같이 취급된다. 디자인권침해로 되는 '실시'행위란 디자인에 관한 물품을 생산·사용·양도·대여·수출 또는 수입하거나 그 물품을 양도 또는 대여하기 위하여 청약(양도나 대여를 위한 전시를 포함한다. 이하 같다)하는 행위를 말한다(디§29vii). 또 일련의 행위로서 실시되는 것만이 아니고, 행위가 각각 독립해서 실시되어도 침해행위가 된다(실시행위 독립의 원칙).

: 관련 판례 대법원 1996. 1. 26. 선고 95후1135 판결

등록된 의장이 신규성이 있는 창작이 가미되어 있지 아니하고 공지된 의장이나 출원 전에 반포된 간행물에 기재된 의장과 동일, 유사한 경우에는 그 등록무효심판의 유무에 관계없이 그 권리범위를 인정할 수 없다.

유아용 운동화에 관한 이 사건 등록의장을 그 출원 전에 간행된 간행물에 게재된 인용의장(1)과 비교하여, 양 의장에 있어서 가장 주의를 끌기 쉬운 요부는 신발 앞부분의 토끼의 특징적인 얼굴 모습인 눈, 코, 입 및 긴 수염과 길다란 귀의 모습에 있다 할 것인바 양 의장의 지배적인 특징이 서로 유사하여 일반 수요자가 느끼는 심미감에 차이가 없다 할 것이고, 양 의장은 유사한 의장이라고 인정한 후, 따라서 이 사건 (가)호의장은 이 사건 등록의장의 권리범위에 속하지 않는 것이라고 판단하였다.

2) 간접침해(디§114)

제114조(침해로 보는 행위)

등록디자인이나 이와 유사한 디자인에 관한 물품의 생산에만 사용하는 물품을 업으로서 생산·양도·대여·수출 또는 수입하거나 업으로서 그 물품의 양도 또는 대여의 청약을 하는 행위는 그 디자인권 또는 전용실시권을 침해한 것으로 본다.

제116조(과실의 추정)

① 타인의 디자인권 또는 전용실시권을 침해한 자는 그 침해행위에 대하여 과실이 있는 것으로 추정한다. 다만, 제43조 제1항에 따라 비밀디자인으로 설정등록된 디자인권 또는 전용실시권의 침해에 대하여는 그러하지 아니하다.
② 디자인일부심사등록디자인의 디자인권자·전용실시권자 또는 통상실시권자가 그 등록디자인 또는 이와 유사한 디자인과 관련하여 타인의 디자인권 또는 전용실시권을 침해한 경우에는 제1항을 준용한다.

디자인권은 유체물과 달리 권리의 객체를 사실상 점유하는 것이 불가능하여 침해의 발견 등이 용이하지 않으므로 디자인보호법은 디자인권의 침해를 직접침해 이외에도 일정한 사실이 있으면 등록디자인을 실시한 것으로 추정하는 간접침해 규정을 두어 디자인권자를 보호하고 있다.

간접침해라 함은 현실적인 침해라고는 보기 어렵지만 침해행위의 전단계에

있어 등록디자인침해로 보여지는 예비적인 행위를 말한다.[1] 즉 그 행위가 직접적으로는 침해가 되지 않지만, 그 행위가 앞으로는 디자인권자의 이익을 해할 우려가 있거나 디자인권을 침해할 우려가 높은 경우에는 침해로 보는 것이다.

이러한 침해로 보는 행위는 등록디자인이나 이와 유사한 디자인에 관한 물품의 생산에만 사용하는 물품을 업으로서 생산·양도·대여·수출 또는 수입하거나 업으로서 그 물품의 양도 또는 대여의 청약을 하는 행위를 의미한다(디§114).

3. 디자인권 침해의 성립요건

디자인권의 침해가 성립하기 위해서는 i) 디자인권이 유효하게 존재하여야 하고, ii) 디자인권자 및 정당한 권원이 있는 자 이외의 자가 실시해야 하고, iii) 업으로서 실시해야 하고, iv) 등록디자인 또는 이와 유사한 디자인을 실시해야 한다.

제2절 침해의 구제방법

침해의 구제방법을 대별하면 민사적 구제방법과 형사적 규제방법으로 나눌 수 있다.

1) 대법원 2001. 1. 30. 선고 98후2580 판결.

1. 민사적인 구제방법

1) 침해금지 및 예방청구권

제113조(권리침해에 대한 금지청구권 등)
① 디자인권자 또는 전용실시권자는 자기의 권리를 침해한 자 또는 침해할 우려가 있는 자에 대하여 그 침해의 금지 또는 예방을 청구할 수 있다.
② 제43조 제1항에 따라 비밀로 할 것을 청구한 디자인의 디자인권자 및 전용실시권자는 산업통상자원부령으로 정하는 바에 따라 그 디자인에 관한 다음 각 호의 사항에 대하여 특허청장으로부터 증명을 받은 서면을 제시하여 경고한 후가 아니면 제1항에 따른 청구를 할 수 없다.
1. 디자인권자 및 전용실시권자(전용실시권자가 청구하는 경우만 해당한다)의 성명 및 주소(법인인 경우에는 그 명칭 및 주된 사무소의 소재지를 말한다)
2. 디자인등록출원번호 및 출원일
3. 디자인등록번호 및 등록일
4. 디자인등록출원서에 첨부한 도면·사진 또는 견본의 내용

③ 디자인권자 또는 전용실시권자는 제1항에 따른 청구를 할 때에는 침해행위를 조성한 물품의 폐기, 침해행위에 제공된 설비의 제거, 그 밖에 침해의 예방에 필요한 행위를 청구할 수 있다.

침해금지 및 예방청구권이란 디자인권자 또는 전용실시권자가 자기의 권리를 침해한 자 또는 침해할 우려가 있는 자에 대해 그 침해의 금지 또는 예방을 법원에 청구할 수 있는 것이다(디§113).

요건으로는 ⅰ) 위법한 사실상의 침해가 있거나 침해할 우려가 있을 것, ⅱ) 침해자의 고의 또는 과실을 묻지 않고 객관적인 위법요소만 있으면 침해가 된다.

또 침해금지를 청구할 때에는 침해행위를 조성한 물품의 폐기, 침해행위에 제공된 설비의 제거, 기타 침해의 예방에 필요한 행위를 청구할 수 있다(디§113③). 이 청구는 독립하여 할 수 없고, 금지청구에 부대하여서만 가능하다. 그리하여 부대청구권이라고 한다.

2) 손해배상청구권

제115조(손해액의 추정 등)

① 디자인권자 또는 전용실시권자는 고의나 과실로 인하여 자기의 디자인권 또는 전용실시권을 침해한 자에 대하여 그 침해에 의하여 자기가 입은 손해의 배상을 청구하는 경우 그 권리를 침해한 자가 그 침해행위를 하게 한 물건을 양도하였을 때에는 그 물건의 양도수량에 디자인권자 또는 전용실시권자가 그 침해행위가 없었다면 판매할 수 있었던 물건의 단위수량당 이익액을 곱한 금액을 디자인권자 또는 전용실시권자가 입은 손해액으로 할 수 있다.

② 제1항에 따라 손해액을 산정하는 경우 손해액은 디자인권자 또는 전용실시권자가 생산할 수 있었던 물건의 수량에서 실제 판매한 물건의 수량을 뺀 수량에 단위수량당 이익액을 곱한 금액을 한도로 한다. 다만, 디자인권자 또는 전용실시권자가 침해행위 외의 사유로 판매할 수 없었던 사정이 있을 때에는 그 침해행위 외의 사유로 판매할 수 없었던 수량에 따른 금액을 빼야 한다.

③ 디자인권자 또는 전용실시권자가 고의나 과실로 자기의 디자인권 또는 전용실시권을 침해한 자에 대하여 그 침해에 의하여 자기가 입은 손해의 배상을 청구하는 경우 권리를 침해한 자가 그 침해행위로 이익을 얻었을 때에는 그 이익액을 디자인권자 또는 전용실시권자가 받은 손해액으로 추정한다.

④ 디자인권자 또는 전용실시권자가 고의나 과실로 자기의 디자인권 또는 전용실시권을 침해한 자에 대하여 그 침해에 의하여 자기가 입은 손해의 배상을 청구하는 경우 그 등록디자인의 실시에 대하여 통상적으로 받을 수 있는 금액을 디자인권자 또는 전용실시권자가 입은 손해액으로 하여 손해배상을 청구할 수 있다.

⑤ 제4항에도 불구하고 손해액이 같은 항에 규정된 금액을 초과하는 경우에는 그 초과액에 대하여도 손해배상을 청구할 수 있다. 이 경우 디자인권 또는 전용실시권을 침해한 자에게 고의 또는 중대한 과실이 없을 때에는 법원은 손해배상액을 산정할 때 그 사실을 고려할 수 있다.

⑥ 법원은 디자인권 또는 전용실시권의 침해에 관한 소송에서 손해가 발생한 것은 인정되나 그 손해액을 증명하기 위하여 필요한 사실을 밝히는 것이 사실의 성질상 극히 곤란한 경우에는 제1항부터 제5항까지의 규정에도 불구하고 변론전체의 취지

와 증거조사의 결과에 기초하여 상당한 손해액을 인정할 수 있다.

제116조(과실의 추정)
① 타인의 디자인권 또는 전용실시권을 침해한 자는 그 침해행위에 대하여 과실이 있는 것으로 추정한다. 다만, 제43조 제1항에 따라 비밀디자인으로 설정등록된 디자인권 또는 전용실시권의 침해에 대하여는 그러하지 아니하다.
② 디자인일부심사등록디자인의 디자인권자·전용실시권자 또는 통상실시권자가 그 등록디자인 또는 이와 유사한 디자인과 관련하여 타인의 디자인권 또는 전용실시권을 침해한 경우에는 제1항을 준용한다.

손해배상청구권이란 디자인권자 또는 전용실시권자가 고의 또는 과실에 의해 자기의 디자인권 등을 침해한 자에 대해 손해의 배상을 청구할 수 있는 권리이다(디§115).

요건으로는 ⅰ) 고의 또는 과실이 있을 것, ⅱ) 위법한 침해가 있을 것, ⅲ) 위법한 침해로 손해가 발생하였을 것, ⅳ) 손해발생과 위법한 행위간에 인과관계가 있을 것, ⅴ) 책임능력이 있을 것 등이 있다.

타인의 디자인권 또는 전용실시권을 침해한 자는 그 침해행위에 대하여 과실이 있는 것으로 추정한다. 다만, 비밀디자인으로 설정등록된 디자인권 또는 전용실시권의 침해에 대하여는 그러하지 아니하다(디§116). 비밀디자인의 경우에는 디자인권이 발생하여도 그 내용이 공고되지 않기 때문에 디자인권을 침해한 자에게 과실이 있는 것으로 추정하는 것은 가혹하다고 보고 과실의 추정은 적용하지 않는 것이다.

손해의 산정방법으로 ⅰ) 침해자의 양도수량, ⅱ) 침해행위가 없었다면 권리자가 판매할 물건의 단위수량당 이익액, ⅲ) 권리자의 실시능력 등의 입증에 의한 손해액 산정의 특칙 규정이 있다. 그 외에 디자인보호법 제115조 제2항에서는 손해액의 추정, 제115조 제3항에서는 실시료 상당액의 청구, 제115조 제5항에서는 상당한 손해액의 인정 등의 규정을 두고 있다.

3) 신용회복청구권

제117조(디자인권자 등의 신용회복)
법원은 고의나 과실로 디자인권 또는 전용실시권을 침해함으로써 디자인권자 또는 전용실시권자의 업무상 신용을 떨어뜨린 자에 대하여는 디자인권자 또는 전용실시권자의 청구에 의하여 손해배상을 갈음하여 또는 손해배상과 함께 디자인권자 또는 전용실시권자의 업무상 신용회복을 위하여 필요한 조치를 명할 수 있다.

신용회복청구권이란 디자인권자 또는 전용실시권자 이외의 자가 고의 또는 과실로 디자인권 또는 전용실시권을 침해함으로써 디자인권자 또는 전용실시권자의 업무상의 신용을 실추시켰을 때 신용회복을 청구할 수 있는 것을 말한다. 이 경우 권리자는 손해배상에 갈음하거나 손해배상과 함께 업무상의 신용회복을 청구할 수 있다(디§117).

요건으로는 i) 고의 또는 과실이 있을 것, ii) 위법한 실시행위가 있을 것, iii) 업무상 신용이 실추되었을 것 등이 있다.

4) 부당이득반환청구권

부당이득반환청구권이란 디자인권자 또는 전용실시권자가 정당한 권원 없이 자기의 권리를 실시하여 이득을 얻고 자기에게 손해를 끼친 자에 대하여 그 손해를 기준으로 하여 이득의 반환을 청구할 수 있는 권리이다. 현행 디자인보호법은 이를 명문으로 규정하고 있지 않지만 민법상의 부당이득의 일반원리가 적용된다고 본다(민§741).

요건으로는 i) 이득을 얻을 것, ii) 타인에게 손해를 가하였을 것, iii) 이득이 법률상 원인이 없을 것 등이 있다.

2. 형사적인 규제방법

디자인권자나 전용실시권자는 자기 권리가 침해되었을 때는 민사적인 구제방법 이외에 형사적인 방법으로도 구제를 받을 수 있다.

1) 디자인권 침해죄

디자인권 또는 전용실시권을 침해한 자에 대하여는 7년 이하의 징역 또는 1억 원 이하의 벌금에 처한다(디§220①).

요건으로는 i) 형법상의 범죄의 구성요건과 디자인보호법상의 범죄 구성요건(보호범위에 속할 것)에 해당하고 위법성이 존재하여야 하고, ii) 침해행위가 있어야 하며, iii) 고의도 있어야 한다. 또 침해죄는 친고죄이다(디§220②).

2) 위증죄

제221조(위증죄)
① 이 법에 따라 선서한 증인, 감정인 또는 통역인이 특허심판원에 대하여 거짓의 진술·감정 또는 통역을 한 경우에는 5년 이하의 징역 또는 5천만원 이하의 벌금에 처한다. 〈개정 2017.3.21.〉
② 제1항에 따른 죄를 범한 자가 그 사건의 디자인등록여부결정, 디자인일부심사등록 이의신청에 대한 결정 또는 심결이 확정되기 전에 자수한 경우에는 그 형을 감경하거나 면제할 수 있다.

위증죄란 디자인보호법에 의해 선서한 증인·감정인 또는 통역인이 특허심판원에 대하여 거짓의 진술·감정 또는 통역을 한 경우로서 5년 이하의 징역 또는 5천만원 이하의 벌금에 처한다(디§221). 이는 국가의 사법적인 심판의 적정을 그릇되게 할 위험이 있기 때문에 처벌하는 것이다.

3) 허위표시죄

허위표시죄란 디자인등록을 하지 않은 디자인을 등록디자인인 것과 같이 사용하였거나 영업용간판·광고·표찰·상품의 포장 등에 사용한 자를 처벌하기 위한 것으로 이에 위반한 자는 3년 이하의 징역 또는 3천만원 이하의 벌금에 처한다(디§222).

이 죄는 디자인등록된 것이 아닌 것에 등록디자인표시를 하거나 이와 혼동하기 쉬운 표시를 하여 거래상 유리하게 하거나 디자인에 대한 공중의 신뢰를 악용하여 공중을 오인(誤認) 혼동케 하는 것을 방지하여 사회의 거래안전을 도모하기 위한 제도이다.

4) 거짓행위죄

거짓행위죄란 디자인등록 또는 심판과정 중에서 기만적인 방법을 사용하여 디자인등록 또는 심결을 받는 것을 말한다. 거짓이나 그 밖의 부정한 행위로써 디자인등록 또는 심결을 받은 자는 3년 이하의 징역 또는 3천만원 이하의 벌금에 처한다(디§223).

5) 비밀유지명령(디§217)

제217조(비밀유지명령)

① 법원은 디자인권 또는 전용실시권의 침해에 관한 소송에서 당사자가 보유한 영업비밀(「부정경쟁방지 및 영업비밀보호에 관한 법률」 제2조 제2호에 따른 영업비밀을 말한다. 이하 같다)에 대하여 다음 각 호의 사유를 모두 소명한 경우에는 그 당사자의 신청에 의하여 결정으로 다른 당사자(법인인 경우에는 그 대표자), 당사자를 위하여 소송을 대리하는 자, 그 밖에 그 소송으로 인하여 영업비밀을 알게 된 자에게 그 영업비밀을 그 소송의 계속적인 수행 외의 목적으로 사용하거나 그 영업비밀에 관계된 이 항에 따른 명령을 받은 자 외의 자에게 공개하지 아니할 것을 명할 수 있다. 다만, 그 신청 시점까지 다른 당사자(법인인 경우에는 그 대표자), 당사자를 위하여 소송을 대리하는 자, 그 밖에 그 소송으로 인하여 영업비밀을 알게 된 자가 제1호에 규정된 준비서면의 열람이나 증거 조사 외의 방법으로 그 영업비밀을 이미 취득하고 있는 경우에는 그러하지 아니하다.

1. 이미 제출하였거나 제출하여야 할 준비서면 또는 이미 조사하였거나 조사하여야 할 증거에 영업비밀이 포함되어 있다는 것
2. 제1호의 영업비밀이 그 소송 수행 외의 목적으로 사용되거나 공개되면 당사자의 영업에 지장을 줄 우려가 있어 이를 방지하기 위하여 영업비밀의 사용 또는 공개를 제한할 필요가 있다는 것

② 제1항에 따른 명령(이하 "비밀유지명령"이라 한다)의 신청은 다음 각 호의 사항

을 적은 서면으로 하여야 한다.
1. 비밀유지명령을 받을 자
2. 제1호의 영업비밀이 그 소송 수행 외의 목적으로 사용되거나 공개되면 당사자의 영업에 지장을 줄 우려가 있어 이를 방지하기 위하여 영업비밀의 사용 또는 공개를 제한할 필요가 있다는 것
② 제1항에 따른 명령(이하 "비밀유지명령"이라 한다)의 신청은 다음 각 호의 사항을 적은 서면으로 하여야 한다.
1. 비밀유지명령을 받을 자
2. 비밀유지명령의 대상이 될 영업비밀을 특정하기에 충분한 사실
3. 제1항 각 호의 사유에 해당하는 사실
③ 법원은 비밀유지명령이 결정된 경우에는 그 결정서를 비밀유지명령을 받은 자에게 송달하여야 한다.
④ 비밀유지명령은 제3항의 결정서가 비밀유지명령을 받은 자에게 송달된 때부터 효력이 발생한다.
⑤ 비밀유지명령의 신청을 기각 또는 각하한 재판에 대하여는 즉시항고를 할 수 있다.

법원은 디자인권 또는 전용실시권의 침해에 관한 소송에 있어서 그 당사자가 보유한 영업비밀에 대하여 당사자의 신청에 따라 결정으로 ① 당해 영업비밀을 당해 소송의 수행 목적 이외의 목적으로 사용하는 것, ② 당해 영업비밀에 관련하여 비밀유지명령을 받은 자 이외의 자에게 공개하는 것을 금지할 수 있다.

6) 비밀유지명령 위반죄(디§224)

국내외에서 정당한 사유없이 제217조 제1항에 따른 비밀유지명령을 위반한 자는 5년 이하의 징역 또는 5천만원 이하의 벌금에 처한다(디§224). 이 죄는 비밀유지명령을 신청한 자의 고소가 없으면 공소를 제기할 수 없다.

7) 비밀누설죄

제225조(비밀누설죄 등)

① 특허청 또는 특허심판원 직원이나 그 직원으로 재직하였던 사람이 디자인등록출원 중인 디자인(헤이그협정 제11조에 따라 연기 신청된 국제디자인등록출원 중인 디자인을 포함한다)에 관하여 직무상 알게 된 비밀을 누설하거나 도용한 경우에는 5년 이하의 징역 또는 5천만원 이하의 벌금에 처한다.

② 특허청 또는 특허심판원 직원이나 그 직원으로 재직하였던 사람이 제43조 제1항에 따른 비밀디자인에 관하여 직무상 알게 된 비밀을 누설한 경우에는 5년 이하의 징역 또는 5천만원 이하의 벌금에 처한다.

③ 제43조 제4항에 따라 비밀디자인을 열람한 자(제43조 제4항 제4호에 해당하는 자는 제외한다)가 같은 조 제5항을 위반하여 열람한 내용을 무단으로 촬영·복사 등의 방법으로 취득하거나 알게 된 내용을 누설하는 경우에는 2년 이하의 징역 또는 2천만원 이하의 벌금에 처한다.

④ 제185조 제1항에 따라 비밀사본을 열람한 자가 같은 조 제2항을 위반하여 열람한 내용을 무단으로 촬영·복사 등의 방법으로 취득하거나 알게 된 내용을 누설·도용하는 경우에는 2년 이하의 징역 또는 2천만원 이하의 벌금에 처한다.

8) 양벌규정

제227조(양벌규정)

법인의 대표자나 법인 또는 개인의 대리인, 사용인, 그 밖의 종업원이 그 법인 또는 개인의 업무에 관하여 제220조 제1항, 제222조 또는 제223조의 어느 하나에 해당하는 위반행위를 하면 그 행위자를 벌하는 외에 그 법인에는 다음 각 호의 구분에 따른 벌금형을, 그 개인에게는 해당 조문의 벌금형을 과(科)한다. 다만, 법인 또는 개인이 그 위반행위를 방지하기 위하여 해당 업무에 관하여 상당한 주의와 감독을 게을리하지 아니한 경우에는 그러하지 아니하다.

1. 제220조 제1항의 경우: 3억원 이하의 벌금
2. 제222조 또는 제223조의 경우: 6천만원 이하의 벌금

디자인보호법은 타인의 디자인을 침해한 경우, 허위표시한 경우, 거짓행위를 한 경우에는 행위자인 본인은 물론 법인 등에게도 벌금을 부과한다(디§227).

9) 몰수 등

제228조(몰수 등)

① 제220조 제1항에 해당하는 침해행위를 조성한 물건 또는 그 침해행위로부터 생긴 물건은 몰수하거나 피해자의 청구에 의하여 피해자에게 교부할 것을 선고하여야 한다.

② 피해자는 제1항에 따른 물건을 받은 경우에는 그 물건의 가액을 초과하는 손해액에 대하여만 배상을 청구할 수 있다.

3. 과태료

제229조(과태료)

① 다음 각 호의 어느 하나에 해당하는 자에게는 50만원 이하의 과태료를 부과한다.

1. 제145조에 따라 준용되는 「민사소송법」 제299조 제2항 및 제367조에 따라 선서를 한 자로서 특허심판원에 대하여 거짓 진술을 한 자
2. 특허심판원으로부터 증거조사 또는 증거보전에 관하여 서류나 그 밖의 물건 제출 또는 제시의 명령을 받은 자로서 정당한 이유 없이 그 명령에 따르지 아니한 자
3. 특허심판원으로부터 증인, 감정인 또는 통역인으로 출석요구된 사람으로서 정당한 이유 없이 출석요구에 응하지 아니하거나 선서·진술·증언·감정 또는 통역을 거부한 자

② 제1항에 따른 과태료는 대통령령으로 정하는 바에 따라 특허청장이 부과·징수한다.

디자인보호법은 ⅰ) 선서한 증인 등이 허위로 진술한 때(디§229① ⅰ), ⅱ) 서류 등을 제출하지 않은 경우(디§229① ⅱ), ⅲ) 불출석(디§229① ⅲ)의 경우에는 질서벌로

각각 과태료를 규정하고 있다.

4. 기타

그 밖에 침해한 자에 대하여 경고하거나 보상금청구권(디§53①②)을 행사할 수 있고, 적극적 권리범위확인심판(디§122)을 청구하여 다투어 보는 것도 가능하다. 디자인보호법상의 구제책 이외에도 증거보전 신청, 침해금지 가처분 신청 등을 통한 구제도 고려해볼 수 있다.

제 9 장 심판 및 소송

제9장 심판 및 소송

제1절 심판

1. 서설

디자인심판은 특허심판과 같이 대법원의 최종심을 전제로 행정관청인 특허청이 그 전심(前審)으로서 행정행위로 부여된 디자인권에 관한 분쟁을 해결하기 위하여 특허심판원 심판관의 합의체에 의하여 행하는 쟁송절차를 말한다.

디자인보호법은 특허법과 같이 디자인등록무효심판(디§121), 권리범위확인심판(디§122), 통상실시권허여심판(디§123), 등록거절결정 및 등록취소결정에 대한 심판(디§120), 보정각하결정에 대한 심판(디§119) 제도를 두고 있다. 다만, 특허법에서는 취소결정에 대한 심판과 보정각하결정에 대한 심판제도를 폐지하였다.

또 디자인보호법상 심판의 제반규정은 특허법을 준용하고 있었으나, 2009년 개정시 디자인보호법 제72조의2~제72조의33을 신설하여 별도로 규정하고 있다. 그리고 이는 다시 2013년 개정에 따라 디자인보호법 제126조~제157조로 변경되었다. 다만 디자인보호법에서는 존속기간연장등록무효심판, 정정(訂正)심판 및 정정무효심판과 PCT에 의한 특허무효심판을 채용하고 있지 않다. 즉 특허권이나 실용신안권은 명세서나 도면에 불완전한 것이 있을 때는 일정한 범위 내에서 정정심판을 청구할 수 있으나 디자인보호법에서는 도면의 변경이 곧 요지변경이므로 이 제도를 채용하지 않은 것이다.

1) 의의

디자인보호법상의 심판이란 행정기관인 특허심판원 심판관[1]의 합의체가 대법원의 최종심을 전제(헌§107)로 거절결정, 디자인 등의 처분에 대한 쟁송을 심리판단하는 준사법적 절차를 말한다.

즉 디자인심판은 디자인출원에 대한 심사관의 최종처분에 흠이 있는 경우, 즉 부당한 거절결정·무효사유가 있는 디자인권 및 디자인에 관한 분쟁을 해결할 목적으로 행하는 준사법적 행정쟁송절차이다.

2) 근거

법률상의 쟁송을 심판하는 권한은 원래 법원에 속한다(법조§2①). 그러나 행정기관이 최종심으로 재판을 할 수 없지만(헌§107③) 전심(前審)으로서의 심판은 할 수 있다고 한다(법조§2②). 디자인에 관한 쟁송의 처리에는 보호객체의 특수성에 의해 전문적 기술지식이 필요하기 때문에 그 심리판단이 특허심판원 심판관에 의해 심판하도록 하는 것이다.

이렇게 하여 심판한 행위를 사법행위로 볼 것인가 행정행위로 볼 것인가에 대해 논란이 있는데, 심판절차는 사법절차를 따르기 때문에 사법행위로 볼 수 있으나 삼권분립의 원칙에 따라 사법권은 법원에 속한다(헌§101①)는 사법국가주의에 반하고, 또 국민은 법관에 의해 재판을 받을 권리(헌§27①)에 반하여 이러한 자격이 없는 행정관청인 특허심판원 공무원에 의해 심판받기 때문에 행정행위로도 볼 수 있다. 그러나 심판은 법률에 구속되므로 준사법적 행정행위로 보는 것이 타당하다고 본다.

우리나라는 종래 법률심인 최종심만 법원에서 행하고 사실심인 1심은 특허청 특허심판원에서 행하고 있다. 특허심판원에 불복하는 경우에는 특허법원에서 다시 사실심리를 하게 하고, 이에 불복하는 경우에는 대법원에 상고할 수 있도록

1) 준사법기관에서 공권적 판단을 행하는 자를 말한다(예: 국제심판, 해난심판, 특허심판 등).

하고 있다.[2)]

2. 심판의 종류

심판은 독립적 심판[3)]과 부수적 심판[4)]으로 나눌 수 있으며 독립적 심판은 다시 당사자계심판과 결정계심판으로 나누어진다. 여기서 당사자계심판이란 일단 디자인권이 허여된 후 그 디자인의 내용에 대하여 당사자간에 분쟁이 발생하면 그 디자인내용 자체가 유효인가 무효인가를 판단하는 심판으로 당사자간의 대립이 존재하는 심판이다. 그에 반해 결정계심판이란 당사자의 대립에 의한 것이 아니라 거절결정이나 또는 등록취소결정이나 심판의 심결에 불복이 있는 경우에 특허청을 상대로 청구할 수 있는 심판이다.

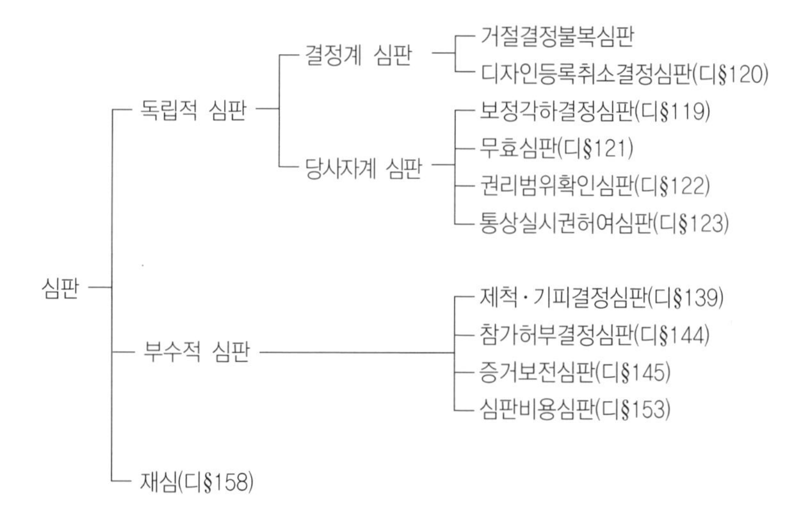

2)

	특허권 분쟁	일반소송
1심	특허청 특허심판원	일반 지방법원
2심	특허법원	고등법원
3심	대법원	대법원

3) 독립적 심판이란 심판의 청구취지가 독립되어 있는 것을 말한다(구체적 예는 도표를 참조).

4) 부수적 심판이란 그 자체만으로는 독립해서 심판의 대상이 되지 못하고 독립된 심판의 청구사항에 부수되거나 독립심판을 전제로 하여 청구하는 심판을 말한다(구체적인 예는 도표를 참조).

이상의 심판의 예로서는 당사자계 심판은 디자인등록무효심판, 권리범위 확인심판, 통상실시권 허여심판 등이고, 결정계 심판은 디자인거절결정에 대한 불복, 등록취소결정에 대한 심판(디§120), 보정각하결정에 대한 심판(디§119) 등이다. 또 확정된 심결에 대한 불복을 심판하는 것으로서 재심이 있고(디§158~§165), 이 제도는 비상구제절차이다.

1) 디자인등록무효심판

제121조(디자인등록의 무효심판)

① 이해관계인 또는 심사관은 디자인등록이 다음 각 호의 어느 하나에 해당하는 경우에는 무효심판을 청구할 수 있다. 이 경우 제41조에 따라 복수디자인등록출원된 디자인등록에 대하여는 각 디자인마다 청구하여야 한다.

1. 제3조 제1항 본문에 따른 디자인등록을 받을 수 있는 권리를 가지지 아니하거나 같은 항 단서에 따라 디자인등록을 받을 수 없는 경우
2. 제27조, 제33조, 제34조, 제35조 제2항·제3항, 제39조 및 제46조 제1항·제2항에 위반된 경우
3. 조약에 위반된 경우
4. 디자인등록된 후 그 디자인권자가 제27조에 따라 디자인권을 누릴 수 없는 자로 되거나 그 디자인등록이 조약에 위반된 경우

② 제1항에 따른 심판은 디자인권이 소멸된 후에도 청구할 수 있다.

③ 디자인등록을 무효로 한다는 심결이 확정된 때에는 그 디자인권은 처음부터 없었던 것으로 본다. 다만, 제1항 제4호에 따라 디자인등록을 무효로 한다는 심결이 확정된 경우에는 디자인권은 그 디자인등록이 같은 호에 해당하게 된 때부터 없었던 것으로 본다.

④ 심판장은 제1항의 심판이 청구된 경우에는 그 취지를 해당 디자인권의 전용실시권자나 그 밖에 디자인에 관한 권리를 등록한 자에게 통지하여야 한다.

(1) 의의

디자인등록무효심판이란 일단 유효하게 된 디자인권에 일정한 법정사유(디§121① 각호)가 있는 경우, 이해관계인 또는 심사관의 심판청구에 의하여 그 등록디자인을 무효

로 하고 소급적으로 디자인권의 효력을 소멸시키는 것을 목적으로 하는 심판이다.

(2) 성질

일단 유효하게 발생한 행정처분을 취소하고 새로운 행정처분을 하는 것, 즉 디자인권에 등록무효사유가 존재하고 있다고 해서 모두 무효가 되는 것이 아니라 행정기관인 특허청의 심판에 의해서만 무효[5]가 될 수 있으며, 그 디자인권의 무효가 확정되면 그 디자인권은 처음부터 효력이 없었던 것이 되기 때문에 이러한 행위는 확인적 행위가 아니라 형성적 행위라고 보아야 할 것이다.

(3) 당사자

디자인등록무효심판을 청구할 수 있는 자는 이해관계인과 심사관이다(디§121①본). 피청구인은 디자인권자이다. 여기에서는 이해관계인에 대하여 논란이 있으나, 그 디자인권이 유효하게 존속함으로 인하여 직접 또는 간접적으로 불이익을 받을 염려가 있는 자연인과 법인을 말한다.

: 관련 판례 대법원 2000. 1. 21. 선고 99후2198 판결

구 의장법(1997. 8. 22. 법률 제5354호로 개정되기 전의 것) 제68조 제1항의 규정에 의하면, 의장등록무효심판은 이해관계인 및 심사관에 한하여 이를 청구할 수 있는바, 심판청구 당시 이해관계가 있는 당사자라 하더라도 심판계속중에 당사자 사이에 다투지 아니하기로 하는 합의가 있다면 특별한 사정이 없는 한 이해관계는 소멸된다.

앞서 본 법리에 비추어 그 합의가 실체법상 효력이 없다는 등 특별한 사정이 없다면, 피고로서는 이 사건 심판을 청구할 이해관계가 소멸되었다고 보아야 할 것인바, 원심은, 피고가 합의의 전제사실인 의장권 침해사실을 착오로 인정하여 합의에 이른 것이어서 그 성립과정의 하자로 말미암아 합의가 무효라는 것이나, 이러한 이유만으로 원고와 피고 사이의 합의가 효력이 없다고 단정할 수는 없고, 합의의 효력에 대한 의심이 있다면, 원심으로서는 그와 관련된 특별한 사정에 대하여 더 심리해 본 다음 그 효력의 유무를 판단하였어야 할 것이다. 결국 원심판결에는 구 의장법 제68조 제1항의 이해관계인에 관한 법리를 오해하거나, 그에 대한 심리를 다하지 아니하여 판결에 영향을 미친 위법이 있고, 이 점을 지적하는 상고이유의 주장은 이유 있다.

5) 대법원 1998. 12. 22. 선고 97후1016, 1023, 1030 판결.

(4) 청구기간

디자인등록무효심판은 디자인권이 소멸된 후에도 청구할 수 있다(디§121②). 디자인권의 존속기간 만료 후에 존속기간 중의 침해행위에 대해서도 손해배상을 청구할 수 있기 때문에 디자인권 소멸 후에 있어서도 무효심판을 청구할 실익이 있다. 다만, 디자인권이 무효 심결에 의해 소급하여 소멸한 경우에는 그러하지 아니하다.

(5) 무효사유

등록디자인의 무효사유(디§121①)는 다음과 같다.

등록무효의 원인은 디자인을 무효로 하는 사유 및 사실이다. 그 사유는 i) 제3조(디자인등록을 받을 수 있는 자) 제1항 본문에 따른 디자인등록을 받을 수 있는 권리를 가지지 아니하거나 같은 항 단서에 따라 디자인등록을 받을 수 없는 경우, ii) 제27조(외국인의 권리능력), 제33조(디자인등록의 요건),[6] 제34조(디자인등록을 받을 수 없는 디자인), 제35조(관련디자인) 제2항·제3항, 제39조(공동출원), 제46조(선출원) 제1항 내지 제2항의 각 규정에 위반하여 등록된 경우, iii) 디자인등록된 후 그 디자인권자가 제27조에 따라 디자인권을 누릴 수 없는 자로 되거나 그 디자인등록이 조약에 위반된 경우, iv) 조약에 위반된 경우 등의 것에 한정되고, 이 이외의 것을 사유로 하여서는 무효심판을 청구할 수 없다. 이 규정은 제한열거주의를 취하고 있다.

(6) 청구의 범위

등록디자인무효심판의 청구는 제41조에 따라 복수디자인등록출원된 디자인등록에 대하여는 각 디자인마다 청구하여야 한다(디§121①후).

(7) 심리

제142조(심리 등)
① 심판은 구술심리 또는 서면심리로 한다. 다만, 당사자가 구술심리를 신청하였을 때에는 서면심리만으로 결정할 수 있다고 인정되는 경우 외에는 구술심리를 하여야

6) 대법원 1998. 12. 11. 선고 97후846 판결.

한다.
② 구술심리는 공개하여야 한다. 다만, 공공의 질서 또는 선량한 풍속을 문란하게 할 우려가 있으면 그러하지 아니하다.
③ 심판장은 제1항에 따라 구술심리로 심판을 할 경우에는 그 기일 및 장소를 정하고 그 취지를 적은 서면을 당사자 및 참가인에게 송달하여야 한다. 다만, 해당 사건에 출석한 당사자 및 참가인에게 알렸을 때에는 그러하지 아니하다.
④ 심판장은 제1항에 따라 구술심리로 심판을 할 경우에는 특허심판원장이 지정한 직원에게 기일마다 심리의 요지와 그 밖에 필요한 사항을 적은 조서를 작성하게 하여야 한다.
⑤ 제4항의 조서는 심판장 및 조서를 작성한 직원이 기명날인하여야 한다.
⑥ 제4항의 조서에 관하여는 「민사소송법」 제153조·제154조 및 제156조부터 제160조까지의 규정을 준용한다.
⑦ 심판에 관하여는 「민사소송법」 제143조·제259조·제299조 및 제367조를 준용한다.
⑧ 심판장은 구술심리 중 심판정 내의 질서를 유지한다.

심리는 서면심리 또는 구술심리에 의하나 실무상 서면심리가 원칙이다. 다만, 당사자가 구술심리를 신청한 때에는 서면심리만으로 결정할 수 있다고 인정되는 경우 외에는 구술심리를 하여야 한다(디§142①). 또한, 문제의 공익성 및 절차의 신속성을 고려하여 직권탐지, 직권진행 및 직권심리주의 등을 채택하고 있다. 또 심리의 공정성을 확보하기 위해 제척(除斥)·기피(忌避)제도, 제3자의 이해를 고려하여 참가(參加)제도를 두고 있다.

(8) 무효심결의 효력

등록디자인를 무효로 한다는 심결이 확정된 때에는 그 디자인권은 처음부터 없었던 것으로 본다. 단 후발적 사유(디§121③후)의 규정에 의하여 등록디자인을 무효로 한다는 심결이 확정된 때에는 그 디자인은 후발적 사유에 해당하게 된 때부터 디자인권의 효력이 없었던 것으로 본다(디§121③).

디자인등록무효심결이 확정된 때에는 누구나 그 디자인을 자유롭게 실시할 수 있고(대세적 효력), 동일사실 및 동일증거에 의하여 다시 심판을 청구할 수 없다.

다만, 확정등록된 심결이 각하심결인 경우에는 그러하지 아니하다(일사부재리의 효력: 디§151).

2) 권리범위확인심판(디§122)

제122조(권리범위 확인심판)
디자인권자·전용실시권자 또는 이해관계인은 등록디자인의 보호범위를 확인하기 위하여 디자인권의 권리범위 확인심판을 청구할 수 있다. 이 경우 제41조에 따라 복수디자인등록출원된 디자인등록에 대하여는 각 디자인마다 청구하여야 한다.

디자인권자는 업으로서 등록디자인을 실시할 권리를 독점하며, 그 권리행사의 효력은 동업자뿐만 아니라 널리 제3자에게도 영향을 미치는 것이다.

디자인권의 존속기간 중에 디자인권자가 제3자의 디자인권 또는 제3자가 실시하는 대상물 등에 관하여 그것이 자기의 등록디자인의 권리범위에 속하는지의 여부를 알고 싶은 경우, 또 디자인권자가 아닌 자(이해관계인)가 투자 내지 사업실시를 계획 중이거나 실시 중인 것에 관하여 그것이 디자인권자의 등록디자인의 권리범위에 속하는지 여부를 알고 싶은 경우가 생긴다.

이와 같은 경우에 문제가 되는 등록디자인의 권리범위에 관하여 고도의 전문적·기술적 식견을 가진 자가 엄정하고 중립적인 입장에서 권위 있는 판단을 신속하게 행하고, 그 판단을 구하는 자가 용이하게 이용할 수 있도록 제도적으로 보장함으로써 목적에 적합한 디자인의 보호와 이용을 도모하고 아울러 무익한 다툼이 발생되지 않도록 하는 것이 필요하다.

(1) 의의

권리범위확인심판이란 디자인권을 둘러싼 당사자 사이에 분쟁이 발생하면 분쟁대상물이 해당 등록디자인의 권리범위에 속하는가 아닌가를 판단하는 심판제도를 말한다. 즉 디자인권자도 권리범위에 속하는가 아닌가를 확인받아 둠으로써 디자인권을 둘러싼 당사자간의 분쟁에 있어 권리의 이용·저촉 문제, 권리침해 문제를 원만히 해결할 필요가 있다.

이러한 심판은 디자인권의 침해관계를 명확히 하기 위한 제도이다. 이 제도는 민사소송법상의 확인소송과 비슷하나, 민사소송법상의 확인의 소(訴)가 대세적 효력을 갖는 반면 이 심판은 대세적 효력이 없어 제3자를 구속하지 않는다는 점에서 다르다(다수설).

(2) 성질

어떤 분쟁대상물이 자기 디자인권의 권리범위 속에 포함된다고 확인을 구하는 심판(적극적 권리범위확인심판)과 그 분쟁대상물이 디자인권자의 디자인권의 범위 속에 포함되지 않는다고 확인을 구하는 심판(소극적 권리범위확인심판)[7]이 있을 수 있다.

이러한 권리범위의 확인심판을 심리할 수 있는 곳은 특허청 특허심판원에서만 가능하며, 이곳에서 행한 행위는 행정행위인바 이것이 민사소송에서의 확인의 소와 같은 것이냐 아니면 형성적 행정행위로서의 성질을 가지는 것이냐에 대하여 이론이 있다.

(3) 당사자

권리범위확인심판을 청구할 수 있는 자는 디자인권자·전용실시권자 또는 이해관계인이다(디§122).[8] 이 점은 무효심판과 다르다.

(4) 청구기간

권리범위확인심판의 청구기간에 대하여 특별한 규정을 두고 있지 않으므로 이론상으로는 청구의 이익이 있는 한 언제든지 청구할 수 있다고 볼 수 있으나, 디자인권의 존속기간 내라고 보는 것이 타당하다 하겠다.[9]

(5) 심판청구의 절차적 요건 및 청구범위

심판을 청구하고자 하는 자는 심판청구서와 등록디자인과 대비될 수 있는 설명서 및 필요한 도면(디§126)을 첨부하여 특허심판원장에게 제출하여야 한다(디§126①).

청구범위는 복수디자인등록출원된 디자인등록에 대하여는 각 디자인마다 청구하여야 한다(디§122). 심리는 서면심리 또는 구술심리에 의하나 실무상 서면심리가 원칙이다.

7) 대법원 1995. 12. 5. 선고 92후1660 판결.
8) 대법원 1985. 7. 23. 선고 85후51 판결.
9) 대법원 1970. 3. 10. 선고 68후21 판결; 대법원 1996. 9. 10. 선고 94후2223 특허권리범위 판결.

(6) 심판의 효력

디자인권의 권리범위확인심판의 심결이 확정되면 그 결과로서 권리범위가 확인되며 형성적 효력도 가지게 된다. 그러나 이 심판에 의해 권리가 확인되면 제3자도 이 확인심결에 구속을 받느냐는 논의가 있으나 구속력이 없다고 보는 것이(즉 대세적 효력이 발생하지 아니한다) 다수설이다. 그러나 특허심판원의 심판편람에서는 "특허발명의 권리범위에 관한 심판관의 심결은 감정적 성질을 갖는 데 그치는 것이 아니고, 당사자 또는 제3자에 대하여 법적 구속력을 갖는다."라고 한다.[10]

심결이 확정된 때에는 누구든지 동일사실 및 동일증거에 의하여 다시 심판을 청구할 수 없다(디§151). 즉 일사부재리의 효력이 발생한다.

3) 통상실시권허여심판(디§123)

제123조(통상실시권 허락의 심판)

① 디자인권자·전용실시권자 또는 통상실시권자는 해당 등록디자인 또는 등록디자인과 유사한 디자인이 제95조 제1항 또는 제2항에 해당하여 실시의 허락을 받으려는 경우에 그 타인이 정당한 이유 없이 허락하지 아니하거나 그 타인의 허락을 받을 수 없을 때에는 자기의 등록디자인 또는 등록디자인과 유사한 디자인의 실시에 필요한 범위에서 통상실시권 허락의 심판을 청구할 수 있다.

② 제1항에 따른 심판에 따라 통상실시권을 허락한 자가 그 통상실시권을 허락받은 자의 등록디자인 또는 이와 유사한 디자인을 실시할 필요가 있는 경우에 그 통상실시권을 허락받은 자가 실시를 허락하지 아니하거나 실시의 허락을 받을 수 없을 때에는 통상실시권을 허락받아 실시하려는 등록디자인 또는 이와 유사한 디자인의 범위에서 통상실시권 허락의 심판을 청구할 수 있다.

③ 제1항 및 제2항에 따라 통상실시권을 허락받은 자는 특허권자·실용신안권자·디자인권자 또는 그 전용실시권자에게 대가를 지급하여야 한다. 다만, 자기가 책임질 수 없는 사유로 지급할 수 없는 경우에는 그 대가를 공탁하여야 한다.

④ 제3항에 따른 통상실시권자는 그 대가를 지급하지 아니하거나 공탁을 하지 아

10) 특허심판원, 「심판편람」, 2014. 7. 31, 495면.

니하면 그 특허발명·등록실용신안 또는 등록디자인이나 이와 유사한 디자인을 실시할 수 없다.

(1) 의의

통상실시권허여심판이란 자신의 등록디자인이 선출원된 타인의 디자인권과 이용·저촉관계에 있을 때, 타인의 등록디자인을 실시하지 아니하고는 자기의 등록디자인을 실시할 수 없는 경우, 심판에 의해 그 타인의 권리를 실시할 수 있도록 하기 위한 제도이다.

즉 디자인권을 실시하는 데 있어서 등록디자인 상호간에 이용관계가 있거나 타 권리와 저촉관계에 있게 될 때 이용·저촉관계의 디자인권자는 타인의 선출원 권리자로부터 동의를 얻지 않으면 자신의 등록디자인을 업으로서 실시할 수 없고(디§95), 반대로 선출원디자인권자 측도 후출원디자인권자의 동의를 얻지 않으면 후출원의 디자인권을 실시할 수 없다. 이를 보완하기 위한 제도가 통상실시권허여심판이다(디§123①).

(2) 당사자

통상실시권허여심판의 청구인은 원칙적으로 저촉관계에 있는 후출원 디자인권자 또는 이와 유사한 디자인의 권리자이며, 피청구인은 선출원 디자인권자 등이 된다. 이 외에도 실용신안권자·디자인권자 또는 상표권·저작권자가 피청구인이 되는 경우도 있다.

(3) 사유

후출원의 디자인권자 등이 자신의 등록디자인을 실시함에 있어 선출원의 디자인권 등을 이용하지 않으면 실시할 수 없을 때, 선출원의 디자인권자 등에게 허락을 받으려고 하였으나 정당한 이유 없이 허락을 하지 아니하거나 실시허락을 받을 수 없는 경우이다(디§123②).

(4) 청구기간

1980년 이전 특허법에는 명시하였으나 현행법은 명시하고 있지 않다. 다만, 디자인권 설정등록일로부터 가능하다고 보겠다.

(5) 효과

통상실시권허여심판에 의하여 실시허락을 받은 자(즉 통상실시권자)는 특허권자·실용신안권자·디자인권자 또는 그 전용실시권자에 대해 대가를 지불하고(디§123③), 심결에 의해 정해진 범위 내에서 업으로서 그 등록디자인을 실시할 수 있다. 즉 그 대가를 지불하지 않거나 공탁하지 않으면 실시할 수 없다(디§123④).

4) 거절결정불복심판(디§120)

제63조(거절이유통지)
① 심사관은 제62조에 따라 디자인등록거절결정을 하려는 경우에는 디자인등록출원인에게 미리 거절이유(제62조 제1항부터 제3항까지에 해당하는 이유를 말하며, 이하 "거절이유"라 한다)를 통지하고 기간을 정하여 의견서를 제출할 수 있는 기회를 주어야 한다.
② 복수디자인등록출원된 디자인 중 일부 디자인에 대하여 거절이유가 있는 경우에는 그 디자인의 일련번호, 디자인의 대상이 되는 물품 및 거절이유를 구체적으로 적어야 한다.

제67조(디자인등록여부결정의 방식)
① 디자인등록여부결정은 서면으로 하여야 하며 그 이유를 붙여야 한다.
② 특허청장은 디자인등록여부결정을 한 경우에는 그 결정의 등본을 디자인등록출원인에게 송달하여야 한다.

제120조(디자인등록거절결정 또는 디자인등록취소결정에 대한 심판)
디자인등록거절결정 또는 디자인등록취소결정을 받은 자가 불복할 때에는 그 결정 등본을 송달받은 날부터 30일 이내에 심판을 청구할 수 있다.

(1) 의의

심사관의 심사에 있어서 거절결정을 받은 자(출원인)가 이에 불복하여, 그 결정의 취소와 출원디자인은 디자인을 받을 수 있는 것이라고 특허청 특허심판원에 심판을 청구하는 제도이다. 이 제도의 취지는 심사관의 판단에도 과오가 있을 수 있기 때문에 이를 시정하기 위해 재심사의 길을 만들어 놓은 것이라고 할 수 있다.[11]

(2) 성질

이 심판은 출원에 관한 심사관의 결정에 대한 출원인 측의 불복신청방법이다(디§120). 즉 심사에서의 심리절차나 결과를 전혀 무시하고 새로 처음부터 심리를 다시 하는 것이 아니고, 심사절차를 토대로 하여 심리를 속행하며, 새로운 자료도 보충하여 원결정(原決定)인 디자인출원의 거절·디자인의 여부에 대해 심리하는 것이다.

(3) 당사자

등록디자인출원에 대한 거절결정불복심판은 출원인만이 청구할 수 있고, 디자인등록취소결정을 받은 자만이 청구할 수 있다. 공동출원 및 공유인 경우는 전원이 공동으로 청구하여야 한다. 이 심판은 결정계이므로 피청구인은 특허청장이 된다.

(4) 청구기간

거절결정등본의 송달을 받은 날로부터 30일 이내에 청구하는 것이 원칙(디§120)이나 예외가 있다. 즉 기간의 해태(懈怠)가 천재·지변 기타 불가피한 사유로 인하여 법정기간을 준수할 수 없을 때는 그 사유가 소멸한 날로부터 14일 이내에 해태를 추후 보완할 수 있다. 특허청장 또는 특허심판원장은 교통이 불편한 지역에 있는 자를 위하여 직권 또는 청구에 의하여 그 기간(30일)을 연장할 수 있다(디§17①).

(5) 심판청구방식과 심리

거절결정에 대한 심판을 청구하려는 자는 필요한 사항을 기재한 심판청구서를 특허심판원장에게 제출하면 3인 또는 5인의 심판관으로 합의체를 구성하게 하여, 그 중 1인은 심판장으로서 심판사무를 총괄하게 한다. 이때의 심리는 실무상 서면심리를 원칙으로 한다.

11) 거절결정이 되기 전에 거절결정에 대한 심판을 청구한 경우에는 그 청구를 심결(審決)에 의하여 각하한다.

심판은 직권으로 심리하며, 청구인이 청구하지 않은 이유에 대해서도 심리할 수 있다.

(6) 심결의 효과

심결이 확정되면 청구인뿐만 아니라 일반 제3자도 구속된다.

5) 보정각하결정에 대한 심판

제48조(출원의 보정과 요지변경)
① 디자인등록출원인은 최초의 디자인등록출원의 요지를 변경하지 아니하는 범위에서 디자인등록출원서의 기재사항, 디자인등록출원서에 첨부한 도면, 도면의 기재사항이나 사진 또는 견본을 보정할 수 있다.
② 디자인등록출원인은 관련디자인등록출원을 단독의 디자인등록출원으로, 단독의 디자인등록출원을 관련디자인등록출원으로 변경하는 보정을 할 수 있다.
③ 디자인등록출원인은 디자인일부심사등록출원을 디자인심사등록출원으로, 디자인심사등록출원을 디자인일부심사등록출원으로 변경하는 보정을 할 수 있다.
④ 제1항부터 제3항까지의 규정에 따른 보정은 다음 각 호에서 정한 시기에 할 수 있다. 〈개정 2017.3.21.〉
1. 디자인등록여부결정의 통지서가 발송되기 전까지
2. 제64조에 따른 재심사를 청구할 때
3. 제120조에 따라 디자인등록거절결정에 대한 심판을 청구하는 경우에는 그 청구일부터 30일 이내
⑤ 제1항부터 제3항까지의 규정에 따른 보정이 최초의 디자인등록출원의 요지를 변경하는 것으로 디자인권의 설정등록 후에 인정된 경우에는 그 디자인등록출원은 그 보정서를 제출한 때에 디자인등록출원을 한 것으로 본다.

제49조(보정각하)
① 심사관은 제48조에 따른 보정이 디자인등록출원의 요지를 변경하는 것일 때에는 결정으로 그 보정을 각하하여야 한다.
② 심사관은 제1항에 따른 각하결정을 한 경우에는 그 결정등본을 디자인등록출원

인에게 송달한 날부터 30일이 지나기 전까지는 그 디자인등록출원(복수디자인등록출원된 일부 디자인에 대하여 각하결정을 한 경우에는 그 일부 디자인을 말한다)에 대한 디자인등록여부결정을 하여서는 아니 된다.
③ 심사관은 디자인등록출원인이 제1항에 따른 각하결정에 대하여 제119조에 따라 심판을 청구한 경우에는 그 심결이 확정될 때까지 그 디자인등록출원(복수디자인등록출원된 일부 디자인에 대한 각하결정에 대하여 심판을 청구한 경우에는 그 일부 디자인을 말한다)의 심사를 중지하여야 한다.
④ 제1항에 따른 각하결정은 서면으로 하여야 하며 그 이유를 붙여야 한다.

제119조(보정각하결정에 대한 심판)
제49조 제1항에 따른 보정각하결정을 받은 자가 그 결정에 불복할 때에는 그 결정 등본을 송달받은 날부터 30일 이내에 심판을 청구할 수 있다.

보정각하결정 불복심판(補正却下決定 不服審判)이란 출원인이 등록여부결정의 통지서가 송달 전에 제출한 디자인등록출원서의 기재사항, 디자인등록출원서에 첨부한 도면, 도면의 기재사항이나 사진 또는 견본에 관하여 한 보정(補正)이 그 디자인등록출원서, 도면, 사진 또는 견본의 요지를 변경한 것으로 되어 심사관으로부터 각하결정을 받은 자가 심사관이 한 결정처분을 취소 또는 변경하여 줄 것을 청구하는 심판을 말한다.

이 심판의 취지는 출원인이 제출한 디자인등록출원서의 기재사항, 디자인등록출원서에 첨부한 도면, 도면의 기재사항이나 사진 또는 견본이 적정하게 보정되었는가 아닌가를 다시 심사함으로써 심사의 적정을 기하고 과오(過誤)를 정정함으로써 출원인의 권익을 보호하기 위한 것이다.[12]

보정각하결정불복심판제도는 특허법에도 존재하였으나, 2001년 개정에 의하여 절차의 신속한 진행을 위하여 보정각하결정에 대한 심판제도는 폐지되었다.

12) 보정각하결정 불복심판: 보정각하결정 불복심판이 청구된 때에는 특허심판원 심판행정실은 ⅰ) 그 사실을 해당 심사국에 통보하고 출원서류를 인수받아 청구서와 같이 심판장에게 인계하며, ⅱ) 심판행정실은 원결정을 취소한다는 심결이 있을 때에는 그 등본을 첨부하여 출원서류를 특허청 해당 심사국에 송부한다. 또, ⅲ) 심판행정실은 심판청구를 기각한다는 심결이 확정되었을 때에는 그 등본을 첨부하여 특허청 해당 심사국으로 송부한다. 그 외 당사자, 청구기간, 심판청구방식과 심리, 심결의 효과는 거절결정 불복심판을 참고 바람.

6) 디자인등록 취소결정에 대한 불복심판(디§120)

제120조(디자인등록거절결정 또는 디자인등록취소결정에 대한 심판)
디자인등록거절결정 또는 디자인등록취소결정을 받은 자가 불복할 때에는 그 결정 등본을 송달받은 날부터 30일 이내에 심판을 청구할 수 있다.

등록된 디자인권이 취소결정이 확정되면 그 디자인권은 처음부터 없었던 것으로 간주되므로 디자인권자는 이에 불복하여 결정등본을 받은 날로부터 30일 이내에 심판을 청구할 수 있다(디§120).

제2절 소송

1. 심결취소소송

디자인에 관한 소송에 대해서는 특허법과 같이 디자인보호법 제166조~제172조에서 별도로 규정하고 있다. 디자인보호법에서 소송이라면 디자인권과 그 외의 디자인에 관한 소송사건 전부를 말한다. 즉, 디자인행정소송, 디자인민사소송, 디자인형사소송을 말하며 디자인보호법상의 협의의 의미로서는 디자인심결취소소송을 디자인소송이라 하여, 디자인보호법 제8장(디§166~§172)의 규정을 말한다. 즉 특허청 심판원의 심결에 대한 취소소송을 고등법원격인 특허법원에 제기하는 것을 말한다.

제166조(심결 등에 대한 소)
① 심결에 대한 소와 제124조 제1항(제164조에서 준용하는 경우를 포함한다)에 따라 준용되는 제49조 제1항에 따른 각하결정 및 심판청구나 재심청구의 각하결정에 대한 소는 특허법원의 전속관할로 한다.

② 제1항에 따른 소는 당사자, 참가인 또는 해당 심판이나 재심에 참가신청을 하였으나 그 신청이 거부된 자만 제기할 수 있다.
③ 제1항에 따른 소는 심결 또는 결정의 등본을 송달받은 날부터 30일 이내에 제기하여야 한다.
④ 제3항의 기간은 불변기간으로 한다.
⑤ 심판장은 주소 또는 거소가 멀리 떨어진 곳에 있거나 교통이 불편한 지역에 있는 자를 위하여 직권으로 제3항의 불변기간에 대하여 부가기간을 정할 수 있다.
⑥ 심판을 청구할 수 있는 사항에 관한 소는 심결에 대한 것이 아니면 제기할 수 없다.
⑦ 제150조 제2항 제5호에 따른 대가의 심결 및 제153조 제1항에 따른 심판비용의 심결 또는 결정에 대하여는 독립하여 제1항에 따른 소를 제기할 수 없다.
⑧ 제1항에 따른 특허법원의 판결에 대하여는 대법원에 상고할 수 있다.

제167조(피고적격)

제166조 제1항에 따른 소는 특허청장을 피고로 하여 제기하여야 한다. 다만, 제121조 제1항, 제122조, 제123조 제1항 및 제2항에 따른 심판 또는 그 재심의 심결에 대한 소는 그 청구인 또는 피청구인을 피고로 하여 제기하여야 한다.

제168조(소 제기 통지 및 재판서 정본 송부)

① 법원은 심결에 대한 소와 제124조 제1항(제164조에서 준용하는 경우를 포함한다)에 따라 준용되는 제49조 제1항에 따른 각하결정에 대한 소 또는 제166조 제8항에 따른 상고가 제기되었을 때에는 지체 없이 그 취지를 특허심판원장에게 통지하여야 한다.
② 법원은 제167조 단서에 따른 소에 관하여 소송절차가 완결되었을 때에는 지체 없이 그 사건에 대한 각 심급의 재판서 정본을 특허심판원장에게 보내야 한다.

제169조(심결 또는 결정의 취소)

① 법원은 제166조 제1항에 따라 소가 제기된 경우에 그 청구가 이유 있다고 인정할 때에는 판결로써 해당 심결 또는 결정을 취소하여야 한다.

② 심판관은 제1항에 따라 심결 또는 결정의 취소판결이 확정되었을 때에는 다시 심리를 하여 심결 또는 결정을 하여야 한다.
③ 제1항에 따른 판결에서 취소의 기본이 된 이유는 그 사건에 대하여 특허심판원을 기속한다.

제170조(대가에 관한 불복의 소)
① 제123조 제3항에 따른 대가에 대하여 심결·결정을 받은 자가 그 대가에 불복할 때에는 법원에 소송을 제기할 수 있다.
② 제1항에 따른 소송은 심결·결정의 등본을 송달받은 날부터 30일 이내에 제기하여야 한다.
③ 제2항에 따른 기간은 불변기간으로 한다.

제171조(대가에 관한 소송의 피고)
제170조에 따른 소송에서 제123조 제3항에 따른 대가에 대하여는 통상실시권자·전용실시권자 또는 디자인권자를 피고로 하여야 한다.

제172조(변리사의 보수와 소송비용)
소송을 대리한 변리사의 보수에 관하여는 「민사소송법」 제109조를 준용한다. 이 경우 "변호사"는 "변리사"로 본다.

1. 심결취소소송의 의의

심결취소소송이라 함은 특허심판원의 심결 또는 각하결정을 받은 자가 불복이 있을 때에 그 심결이나 결정이 법령에 위반된 것을 이유로 하는 경우에 한하여 심결 또는 결정 등본을 받은 날로부터 30일 이내에 특허법원에 그의 취소를 요구하는 것을 말한다.[13)]

13) 1998년 개정 전에는 특허사건은 전문적이고 특수하기 때문에 당사자간의 분쟁이 있거나 거절결정에 불복이 있을 때에는 먼저 행정기관인 특허청 심판소에서 사실심(事實審)을 판단하고, 그 심결에 불복이 있으면 다시 특허청 항고심판소에서 2심을 받을 수 있었다. 그런데 1998년 개정을 통해서 특허법원의 설립에 따라 현행의 체계를 갖추었다.

2. 심결취소소송의 성질

심결취소소송의 1심은 특허청 특허심판원에서 사실심 여부를 판단하고, 그 심결에 불복이 있으면 특허법원에 소(訴)를 다시 제기하여 심판을 할 수 있다.[14]

심결에 대한 소와 제124조(디자인등록거절결정) 제1항(제164조에서 준용하는 경우를 포함한다)에 따라 준용되는 제49조(보정각하) 제1항에 따른 각하결정 및 심판청구나 재심청구의 각하결정에 대한 소는 특허법원의 전속관할로 한다(디§166①). 특허법원에 소(訴)를 제기하려면 심결 또는 결정의 등본을 받은 날로부터 30일 이내에 제기하여야 한다(디§166③).

2심격인 특허법원의 판결에 불복이 있으면 대법원에 상고할 수 있도록 하고 있다(디§166⑧).

3. 특허법원

특허법원은 지방법원의 산업재산권 침해사건과 특허심판원의 심결에 대하여 불복하여 소를 제기하는 경우에 이에 대한 재판을 담당하고, 대법원에서 파기환송되는 사건을 담당한다.

또, 특허법원은 특허법원장(고등법원장급), 부장판사, 배석판사로 구성된 4개의 합의부와 기술심리관, 사무국으로 구성되고, 이곳의 심판은 합의부를 거치게 하였고, 사실심과 법률심을 다루며 심결취소소송과 침해사건을 관할하는 성격을 가진다.

이러한 특허법원은 일반 법원과 달리 전국을 관할하고 있다. 특허법원은 ⅰ) 디자인보호법 제166조가 정하는 제1심 사건과 ⅱ) 다른 법률에 의하여 특허법원의 권한에 속하는 사건을 담당한다.

4. 소제기의 기간 및 통지

특허법원에 소(訴)[15]를 제기하려는 자는 심판의 심결이나 결정등본 및 각하결

14) 이상경, 「지적재산권소송법」, 육법사, 1998, 49~50면에 의하면 "특허심판원의 심판에서의 심결과 특허법원의 소송과는 심급적 연결이 단절되고 있는 것이고, 오직 특허법원과 대법원의 심급적 연결이 되어 있을 뿐이고 일반 민사·행정소송사건이 3심제를 취하는 것과는 달리 2심제를 취하고 있다"라고 하여 심결취소소송은 사실심으로서 1심에 한정된 소송이라고 보고 있다.

15) 소(訴)라 함은 법원에 대하여 판결의 형식으로 권리보호를 해달라는 당사자의 신청이다. 즉, 원고가

정의 등본을 송달받은 날로부터 30일 이내에 특허법원에 소(訴)를 제기해야 하며(디§166③),[16] 기간은 불변기간(디§166④)이나 심판장은 주소 또는 거소가 멀리 떨어진 곳에 있거나 교통이 불편한 지역에 있는 자를 위하여 직권으로 제3항의 불변기간에 대하여 부가기간을 정할 수 있다(디§166⑤).

소(訴)를 제기하는 경우 특허심판원에 제출하지 않은 증거는 특허법원에서는 증거가 되지 아니하므로 처음부터 모든 증거를 제출하여야 한다. 한편, 소(訴)의 제기가 있을 때 또 그 상고가 있을 때에는 법원은 지체 없이 그 취지를 특허심판원장에게 통지하여야 하고(디§168①), 이러한 소송절차가 완결된 때에는 지체 없이 그 사건에 대한 각 심급(審級)의 재판서 정본을 특허심판원장에게 송부하여야 한다(디§168②).

5. 당사자적격

1) 원고적격

행정소송에 있어서는 행정청의 위반처분으로 말미암아 권리를 침해받은 자, 당사자계(當事者系) 행정소송에 있어서는 권리보호의 이익 또는 법률상 이익이 있는 자는 누구나 이의를 제기할 수 있으나, 디자인에 관한 심판에 대한 소송에 있어서는 그 심결을 받은 자 또는 각하결정을 받은 자, 참가인 또는 해당 심판이나 재심에 참가신청을 하였으나 그 신청이 거부된 자에 한하여 소(訴)를 제기할 수 있다(디§167②).

2) 피고적격

제167조(피고적격)
제166조 제1항에 따른 소는 특허청장을 피고로 하여 제기하여야 한다. 다만, 제121

피고를 상대방으로 하여 법원에 대하여 특정의 청구의 당부에 관한 심판을 요구하는 소송행위이다. 소의 종류에는 이행의 소, 확인의 소, 형성의 소의 세 가지가 있고, 특허소송은 심결을 취소하는 것이어서 그 중 형성의 소, 즉 형성요건의 존재를 확정하는 동시에 새로운 법률관계를 발생케 하고, 기존의 법률관계를 변동·소멸케 하는 판결을 목적으로 하는 소송으로 보아야 한다고 생각된다(정대훈, "특허소송의 諸問題," 1996년 변리사 민사소송실무연수자료, 20면).

16) 제소기간은 불변기간이다(특§186④). 그러나 심판장은 원격 또는 교통이 불편한 지역에 있는 자를 위하여 직권으로 제4항의 불변기간에 대하여는 부가기간을 정할 수 있다(특§186⑤).

조 제1항, 제122조, 제123조 제1항 및 제2항에 따른 심판 또는 그 재심의 심결에 대한 소는 그 청구인 또는 피청구인을 피고로 하여 제기하여야 한다.

소(訴)제기에 있어서는 특허청장을 피고로 하여야 한다. 다만, 당사자계 심판에 있어서는 청구인 또는 피청구인을 피고로 하여야 한다(디§167).

6. 소송요건

특허법원에서의 심결 등 취소소송절차에는 변리사법 제8조의 규정에 의하여 변호사 외에 변리사에게도 소송대리권을 부여하고 있다.

디자인소송에 있어서도 모든 당사자의 소송행위와 같이 소(訴)는 일련의 소송상의 요건을 충족시켜야 한다. 이 중 어느 한 가지라도 결여되어 있는 때에는 법원은 본안심리에 들어가 본안판결을 할 수 없으며, 소(訴)를 부적법하다고 하여 각하하여야 한다.

디자인소송은 특허법원의 전속관할이므로 특허법원에 소(訴)를 제기하여야 하고, 만약 다른 법원에 접수되었을 경우 특허법원으로 이송하여야 한다.

7. 판결의 효력

특허법원판결에서 취소의 기본이 된 이유는 그 사건에 대하여 특허심판원을 기속한다(디§169③). 즉 심결취소소송에서 그 청구가 이유가 있으면 판결로써 해당 심결 또는 결정을 취소하여야 하고(디§169①), 심판관은 다시 심리하여 심결 또는 결정을 하여야 한다(디§169②).

2. 상고

1) 의의

특허법원의 판결에 불복이 있을 때에는 대법원에 상고(上告)할 수 있다(디§166).

2) 상고기간

상고의 제기는 특허법원의 판결서가 송달된 날로부터 2주일 내에 원심법원인 특허법원에 상고장(上告狀)을 제출하여야 한다(민소§425, §396, §397).

3) 상고이유

민사소송법 제424조(절대적 상고이유)
① 판결에 다음 각호 가운데 어느 하나의 사유가 있는 때에는 상고에 정당한 이유가 있는 것으로 한다.
1. 법률에 따라 판결법원을 구성하지 아니한 때
2. 법률에 따라 판결에 관여할 수 없는 판사가 판결에 관여한 때
3. 전속관할에 관한 규정에 어긋난 때
4. 법정대리권·소송대리권 또는 대리인의 소송행위에 대한 특별한 권한의 수여에 흠이 있는 때
5. 변론을 공개하는 규정에 어긋난 때
6. 판결의 이유를 밝히지 아니하거나 이유에 모순이 있는 때

상고는 판결에 영향을 미친 헌법·법률·명령 또는 규칙의 위반이 있다는 것을 이유로 하는 때에만 할 수 있으며(민소§423), 민사소송법 제424조에서 규정하는 절대적 상고이유가 있는 경우에 할 수 있다.

4) 판결

판결에는 상고기각(上告棄却), 파기환송(破棄還送), 파기자판(破棄自判)이 있다.

제3절 재심

1. 의의

재심이라 함은 확정된 확정심결에 재심사유에 해당하는 중대한 하자가 있는 경우에 그 심결 등의 취소(파기)와 사건의 재심판(再審判)을 구하는 비상(非常)의 불복신청을 말한다. 이러한 재심은 다시 심리하는 비상수단적인 구제방법으로 확정판결에 대한 구제수단이라는 점에서 항소·상고와 구별되며, 사실인정의 오류를 시정한다는 점에서 법령의 해석적용의 잘못을 시정하는 비상상고와도 구별된다. 비상구제방법이므로 법령에 정한 사유에 한하여 그 신청을 허용한다.

디자인보호법에는 재심에 관한 규정(디§158~§165)을 두고 있는바, 특허법상의 재심과 동일하므로 민사소송법 제451조 및 제453조의 규정(디§158②)과 동법(同法) 제459조 제1항이 준용된다(디§165).

2. 취지

심결이 확정된 후에 단순히 그 판단이 부당하다거나 새로운 증거가 발견되었다는 이유로 모두 재심을 청구한다면 법적 안정성을 해칠 수 있다. 그러나 중대한 하자가 있음에도 불구하고 그냥 둔다면 심결의 신뢰성이 없어질 수 있으며, 또 사회공평성, 당사자 권리의 구제에도 문제가 발생할 수 있으므로 이를 시정하기 위해 재심을 허용하고 있다.

3. 재심사유

1) 일반재심사유(디§158 ②)

재심의 사유는 민사소송법 제451조와 제453조의 규정을 준용한다(디§158②)고 하였으므로 이 규정을 디자인보호법의 재심에 준용(準用)해 보면 다음과 같다.

(1) 심판의 합의체를 구성하지 아니한 때. 예를 들면 심판관의 정족수를 갖추지 못한 심판부를 구성한 경우 등이다.

(2) 디자인보호법상 그 심결에 관여하지 못할 심판관이 심결에 관여했을 경우[17]

(3) 디자인의 출원, 심사, 심판절차에 있어서의 대리행위에 있어서 대리권의 흠결이 있는 경우

(4) 심판에 관여한 심판관이 그 사건에 관하여 직무에 관한 죄를 범한 경우

(5) 형사상 처벌을 받을 타인의 행위로 인하여 당사자가 자백을 하였거나 심결에 영향을 미칠 공격 또는 방어 방법의 제출을 방해당하였을 경우. 예를 들면 형법상의 협박 또는 강요된 행위에 의한 경우 등이다.

(6) 심결의 증거가 된 문서 기타 물건이 위조나 변조된 것인 경우

(7) 증인, 감정인, 통역인, 선서한 당사자나 법정대리인의 허위진술이 심결의 증거가 된 경우

(8) 심판의 기초로 된 민사 또는 형사의 판결, 기타의 행정처분이 그 후의 재판 또는 행정처분에 의하여 변경된 경우

(9) 심결에 영향을 미칠 중요한 사항에 관하여 판단을 유탈(遺脫)한 경우

(10) 재심을 제기할 심결이 전에 심결한 확정심결과 저촉되는 경우

(11) 당사자가 상대방의 주소 또는 영업소를 알고 있었음에도 불구하고 소재불명 또는 허위의 주소나 거소(居所)로 하여 심판을 청구한 경우

이상의 경우라도 당사자가 상소(上訴)에 의하여 그 사유를 주장하였거나 이를 알고 주장하지 않은 때에는 허용되지 않는다(민소§451).

2) 사해심결에 관한 재심사유(디§159)[18]

심판의 당사자가 공모하여 제3자의 권리 또는 이익을 사해(詐害)할 목적으로 심결을 하게 한 경우에는 제3자는 그 확정된 심결에 대하여 재심을 청구할 수 있

17) 대법원 1997. 6. 27. 선고 97후235 판결.

18) 대법원 1987. 7. 21. 선고 87후55 판결: "심결이 대리인에게 송달되었을 때에는 그 대리인은 특별한 사정이 없는 한 그 송달을 받을 당시에 그 심결에 판단유탈이 있는 여부를 알았다고 할 것이고, 그 대리인이 판단유탈 유무를 안 경우에는 특별한 사정이 없는 한 당사자도 그 판단유탈의 유무를 알았을 것이라고 보아야 할 것이므로 확정심결에 대하여 판단유탈이 있음을 이유로 한 재심청구 제기기간은 대리인이 판결의 송달을 받은 때에 안 것으로 하여 계산하여야 한다."

다(디§159①).

4. 재심의 청구인·피청구인

당사자는 확정된 심결에 대하여 재심을 청구할 수 있다(디§158①, 민소§451).

1) 일반재심인 경우

재심의 청구인은 사해심결에 대한 재심의 경우를 제외하고는 원칙적으로 심결을 받은 당사자[전(前)심결의 당사자로서 전부 또는 일부 패소(敗訴)한 자]이다. 즉 결정계 심판의 심결에 대한 재심에 있어서는 심판청구인 또는 피청구인이 재심의 청구인이 된다. 당사자계 심결에 대한 재심청구의 경우에는 심판의 상대방을 재심의 피청구인으로 하여야 한다.

2) 사해심결에 대한 재심의 경우

사해심결에 대한 재심청구의 경우에는 당해 심결에 의하여 권리의 침해나 손실을 입은 제3자만이 청구인이 될 수 있다. 이 경우의 피청구인은 원(原)심판의 청구인 및 피청구인을 공동피청구인으로 해야 한다(디§159②).

5. 재심청구기간

재심은 당사자가 심결확정 후 재심의 사유를 안 날로부터 30일 이내에 청구해야 한다(디§160①). 심결이 확정된 날로부터 3년이 경과한 때에는 법적 안정성의 견지에서 재심을 청구할 수 없다(디§160③).

단 재심사유가 심결확정 후에 생긴 때에는 위의 3년의 기산일은 그 사유가 발생한 날의 다음 날부터 이를 기산(起算)한다(디§160④). 그러나 당해 심결 이전에 행하여진 확정심결과 저촉한다는 이유로 재심을 청구하는 경우에는 기간의 제한이 없다(디§160⑤).

6. 재심의 심리

재심의 청구는 확정심결에 대해 그 취소와 함께 그 확정심결을 대신할 만한 심결을 구하는 복합적인 성격의 것이다. 즉 디자인무효의 심결에 대한 재심에 있어서는 디자인무효의 심편과 같은 심리를 하고 거절심결에 대한 재심에 있어서는 거절결정불복심판과 같은 심리를 해야 한다. 그러므로 이에 관한 심판절차도 각 해당 심판의 절차에 관한 규정을 준용한다. 다만, 재심에 관하여 특별한 규정이 있는 경우는 예외이다(디§164).

재심의 심리는 재심청구이유의 범위 내에서 하여야 한다(디§165, 민소§459①).

재심은 재심을 제기할 원심판결을 한 심급(審級)의 전속관할이다(디§158②, 민소§453①).

7. 재심에 의해 회복한 디자인권의 효력

재심에 의해 회복한 특허권의 효력에는 공평의 원칙에 따라 일정한 제한을 두고 있다.

1) 재심에 의하여 회복된 특허권의 효력제한

(1) 다음 각 호의 어느 하나에 해당하는 경우에 디자인권의 효력은 해당 심결이 확정된 후 재심청구 등록 전에 선의로 수입 또는 국내에서 생산하거나 취득한 물품에는 미치지 아니한다(디§161①).

가. 무효가 된 디자인권(디자인등록취소결정에 대한 심판에 의하여 취소가 확정된 디자인권을 포함한다)이 재심에 의하여 회복된 경우

나. 디자인권의 권리범위에 속하지 아니한다는 심결이 확정된 후 재심에 의하여 그 심결과 상반되는 심결이 확정된 경우

다. 거절한다는 취지의 심결이 있었던 디자인등록출원에 대하여 재심에 의하여 디자인권이 설정등록된 경우

(2) 위의 사항의 1에 해당하는 경우의 디자인권의 효력은 다음의 행위에 미치지 아니한다(디§161②).

가. 해당 심결이 확정된 후 재심청구 등록 전에 한 해당 디자인의 선의의 실시

나. 등록디자인과 관련된 물품의 생산에만 사용하는 물품을 해당 심결이 확정된 후 재심청구 등록 전에 선의로 생산·양도·대여·수출 또는 수입하거나 양도 또는 대여의 청약을 하는 행위

2) 재심에 의하여 회복한 디자인권에 대한 선사용자(先使用者)의 통상실시권

제161조(재심에 의하여 회복한 디자인권의 효력 제한) 제1항 각 호의 어느 하나에 해당하는 경우에 해당 심결이 확정된 후 재심청구 등록 전에 국내에서 선의로 그 디자인의 실시사업을 하고 있는 자 또는 그 사업을 준비하고 있는 자는 실시하고 있거나 준비하고 있는 디자인 및 사업의 목적 범위에서 그 디자인권에 관하여 통상실시권을 가진다(디§162).

3) 재심에 의하여 통상실시권을 상실한 원권리자의 통상실시권

실시권 허여심판에 의해 통상실시권을 허여한다는 심결이 확정된 후 재심에서 이에 상반되는 심결이 확정된 경우에는 재심청구 등록 전에 선의로 국내에서 그 디자인의 실시사업을 하고 있는 자 또는 그 사업을 준비하고 있는 자는 원통상실시권의 사업 목적 및 디자인의 범위에서 그 디자인권 또는 재심의 심결이 확정된 당시에 존재하는 전용실시권에 대하여 통상실시권을 가진다(디§163①). 이 통상실시권은 등록을 하지 않아도 효력은 발생하나 통상실시권자는 디자인권자 또는 전용실시권자에게 상당한 대가를 지급하여야 한다(디§163②).

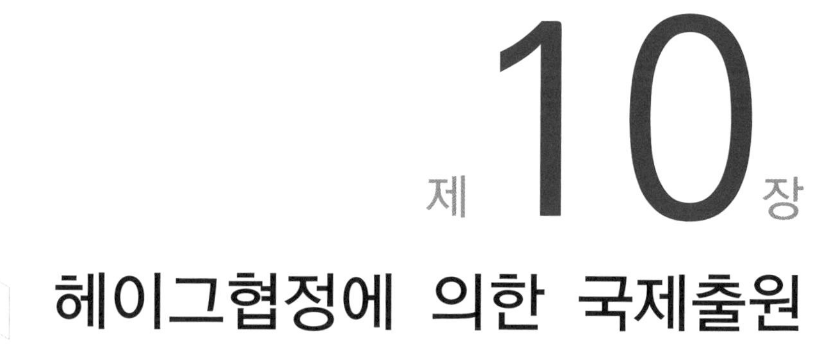

제 10 장 헤이그협정에 의한 국제출원

제10장 헤이그협정에 의한 국제출원

최근 디자인의 국제화 및 글로벌 경쟁의 가속화로 우리 기업이 신속·간편하게 해외 디자인권을 확보할 수 있는 인프라 구축이 필요하게 되었다. 특히 대한민국 국민이 국제출원을 하기 위해서는 개별 국가별로 출원해야 하므로 절차의 복잡성 및 출원비용이 가중됨에 따라 해외에서 우리 기업들의 디자인권 획득비용 절감, 출원·관리의 효율성을 제고하기 위해서 국제출원시스템 도입이 필요하게 되었다. 이에 헤이그 협정에 따라 하나의 출원서를 국제지적재산권기구(WIPO)에 제출하면 복수의 지정국에 출원한 효과를 부여하는 국제출원 절차를 도입하게 된 것이다. 즉 디자인산업의 새로운 환경변화에 적극적으로 대응하기 위해 디자인권의 보호대상을 확대하고, 국제출원방식에 대한 출원인의 선택의 폭을 확대하여 국내 우수 디자인이 해외에서 쉽고 간편하게 보호받을 수 있도록 「산업디자인의 국제등록에 관한 헤이그협정」을 반영한 디자인의 국제출원 및 등록절차를 도입하게 되었다. 따라서 우리나라 디자인보호법은 제9장에 「산업디자인의 국제등록에 관한 헤이그협정」에 따른 국제출원을 신설하여, 국내 출원인이 특허청을 통하여 국제출원하는 절차로 국제출원인 적격, 국제출원 절차, 국제출원 기재사항, 수수료, 국제출원일의 인정 등을 규정하였다. 한편 한국을 지정한 국제출원에 대한 심사의 특례를 신설하여 대한민국을 지정한 국제출원은 원칙적으로 국내 심사절차를 따르며, 심사/일부심사 출원의 구분, 보정, 거절통지, 존속기간의 특례 등 조약과 우리 법이 상충되는 부분에 대해서는 특례를 마련하였다. 이는 헤이그협정이 대한민국에 대하여 효력을 발생하는 날부터 시행(디§173~§205)한다. 따라서 여기서는 간단히 소개하고 시행시에 구체적으로 설명하고자 한다.

1. 국내 특허청을 통한 국제출원 절차

「산업디자인의 국제등록에 관한 헤이그협정」(1999년 세계지적재산기구에 의하여 제네바 외교회의에서 채택된 조약을 말하며, 이하 "헤이그협정"이라 한다) 제1조(vi)에 따른 국제등록(이하 "국제등록"이라 한다)을 위하여 출원을 하려는 자는 특허청을 통하여 헤이그협정 제1조(vii)에 따른 국제출원(이하 "특허청을 통한 국제출원"이라 한다)을 할 수 있다(디§173).

1) 국제출원을 할 수 있는 자

특허청을 통한 국제출원을 할 수 있는 자는 i) 대한민국 국민, ii) 대한민국에 주소(법인인 경우에는 영업소를 말한다)가 있는 자, iii) 그 밖에 산업통상자원부령으로 정하는 바에 따라 대한민국에 거소가 있는 자 중 어느 하나에 해당하여야 한다. 2인 이상이 공동으로 출원하는 경우에는 각자 모두가 위 각 호의 어느 하나에 해당하여야 한다(디§174).

2) 국제출원의 절차(디§175)

특허청을 통한 국제출원을 하려는 자는 산업통상자원부령으로 정하는 방식에 따라 작성된 국제출원서 및 그 출원에 필요한 서류(헤이그협정의 특정 체약당사자가 요구하는 서류 등을 말한다)를 특허청장에게 제출하여야 한다(디§175①).

3) 국제출원서 등 서류제출의 효력발생시기(디§176)

국제출원서, 그 출원에 필요한 서류 및 제177조 제2항에 따른 서류는 특허청장에게 도달한 날부터 그 효력이 발생한다. 우편으로 제출된 경우에도 또한 같다(디§176).

4) 기재사항의 확인

특허청장은 국제출원서가 도달한 날을 국제출원서에 적어 관계 서류와 함께 헤이그협정 제1조(xxviii)에 따른 국제사무국에 보내고, 그 국제출원서 사본을 특허청을 통한 국제출원을 한 자(국제출원인)에게 보내야 한다(디§177①).

〈헤이그협정에 의한 국제출원절차〉

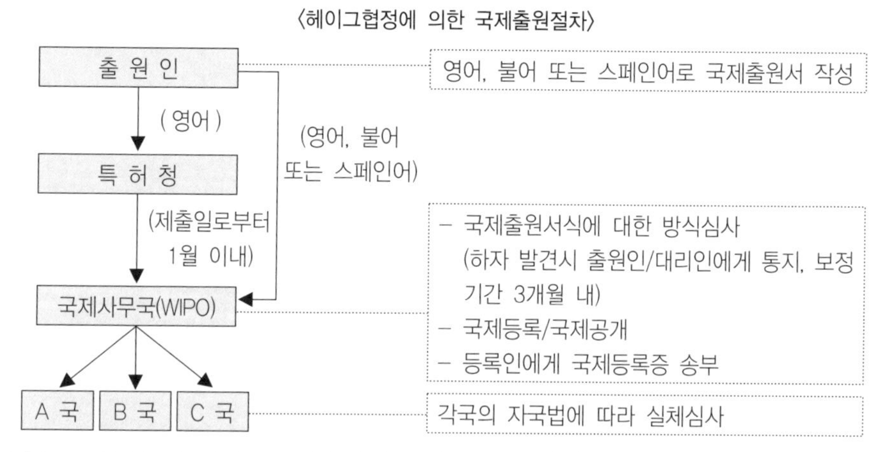

※ 출처: 특허청 디자인심사정책과, 디자인보호대상 확대, 디자인국제출원제도 도입 등을 위한 디자인보호법 전부개정 법률(안) 주요내용, 특허청, 2012. 9.

5) 송달료의 납부(디§178)

특허청을 통한 국제출원을 하려는 자는 특허청장이 국제출원서 및 출원에 필요한 서류를 국제사무국으로 보내는 데에 필요한 금액(송달료)을 특허청장에게 내야 한다(디§178①). 또한 특허청장은 특허청을 통한 국제출원을 하려는 자가 송달료를 내지 아니한 경우에는 상당한 기간을 정하여 보정을 명하여야 하는데(디§178③), 보정명령을 받은 자가 지정된 기간에 송달료를 내지 아니한 경우에는 해당 절차를 무효로 할 수 있다(디§178④).

2. 국제디자인등록출원에 대한 특례

헤이그협정 제1조(vi)에 따른 국제등록으로서 대한민국을 지정국으로 지정한 국제등록(이하 "국제디자인등록출원"이라 한다)은 이 법에 따른 디자인등록출원으로 본다(디§179①). 또한 헤이그협정 제10조(2)에 따른 국제등록일은 이 법에 따른 디자인등록출원일로 본다(디§179②).

1) 디자인등록출원 등에 관한 특례

국제디자인등록출원에 대하여 이 법을 적용할 때에 국제등록공개는 디자인등록출원서의 제출로 본다(디§181①). 또한 조약에 따른 우선권 주장과 관련하여 우선권을 주장한 자가 최초로 출원한 국가의 정부가 인정하는 출원연월일을 적은 서면 및 도면의 등본을 디자인등록출원일부터 3개월 이내에 특허청장에게 제출하는 경우(디§51④), "디자인등록출원일"은 "헤이그협정 제10조(3)에 따른 국제등록공개가 있은 날"로 한다(디§188). 이외 관련하여 "제52조에 따른 출원공개"는 "헤이그협정 제10조(3)에 따른 국제등록공개"로 하며, 같은 조 제2항 및 제6항을 국제디자인등록출원에 대하여 적용할 때 "제52조에 따라 출원공개된"은 각각 "헤이그협정 제10조(3)에 따라 국제등록공개된"으로 한다(디§190).

2) 거절결정 등에 관한 특례(디자인등록출원 심사에 관한 특례)

국제디자인등록출원에 대하여 심사관이 디자인등록거절결정을 하여 디자인등록출원인에게 미리 거절이유를 통지하고 기간을 정하여 의견서를 제출할 수 있는 기회를 주려는 경우(디§63①) "디자인등록출원인에게"는 "국제사무국을 통하여 국제디자인등록출원인에게"로 한다(디§194).

3) 디자인권에 관한 특례(디자인권의 설정등록에 관한 특례)

국제등록디자인권의 존속기간을 헤이그협정 제17조(2)에 따라 갱신하려는 자 또는 국제디자인등록출원인은 산업통상자원부령으로 정하는 물품 및 물품류에 따라 같은 협정 제7조(1)에 따른 표준지정수수료 또는 같은 협정 제7조(2)에 따른 개별지정수수료를 국제사무국에 내야 한다(디§196①). 그리고 특허청장은 국제디자인등록출원에 대하여 디자인등록결정이 있는 경우에는 디자인권을 설정하기 위한 등록을 하여야 한다(디§198②).

4) 디자인권에 관한 특례

국제등록디자인권은 국내에서 설정등록된 날부터 발생하여 헤이그협정 제10조(2)에 따른 국제등록일 후 5년이 되는 날까지 존속한다. 다만, 국제등록일 후 5년이 되는 날(이하 이 항에서 "국제등록만료일"이라 한다) 이후에 등록결정이 되어 국내에서 설정등록된 경우에는 설정등록된 날부터 발생하여 국제등록만료일 후 5년이 되는 날까지 존속한다(디§199①). 또한 국제등록디자인권의 존속기간은 헤이그협정 제17조(2)에 따라 5년마다 갱신할 수 있다(디§199②).

국제등록디자인권의 보호범위는 보정 여부에 따라 보정이 없는 경우에는 '국제등록부에 등재된 사항, 도면 및 디자인의 설명', 보정이 있는 경우에는 '각각 보정된 디자인등록출원서의 기재사항, 도면 및 디자인의 설명'을 그 보호범위로 한다(디§200).

한편 국제등록디자인권의 이전, 포기에 의한 소멸 또는 존속기간의 갱신은 국제등록부에 등재함으로써 효력이 발생한다. 다만, 특허청장이 국제등록디자인권의 이전이 제96조 제1항 단서 또는 같은 조 제2항에 위반되어 효력이 발생하지 아니한다고 국제사무국에 통지한 경우에는 그러하지 아니하다(디§201①).

판례 색인

※ 색명조 표기부분은 관련판례에 언급된 판례임

사항 색인

저자 약력

東京大学 大学院 法学政治学研究科BLC 客員教授 역임
특허법·실용신안법·상표법·의장법·디자인보호법 개정위원, 저작권법 개정위원, 대한상사중재원 중재인 및 국제중재인, 인터넷분쟁조정위원회 조정위원, 산업재산권 분쟁조정위원, 사법시험·군법무관시험·행정고시·입법고시 위원, 변호사시험·변리사 시험위원 등 역임
한국산업재산권법학회 회장, 한국중재학회 회장, 한국산업보안연구학회 회장
現 한국지식재산학회 회장
　한양대학교 법학전문대학원 교수

주요 저서

대조식 공업소유권법령집(편저), 법경출판사(1986)
무체재산권법 개설(역저), 법경출판사(1991)
영업비밀개설, 법경출판사(1991)
주해 특허법(공역), 한빛지적소유권센터(1994)
지적소유권법(공저), 한빛지적소유권센터(1996)
국제계약법 이론과 실무, 법률출판사(1997)
로스쿨 지적재산권법(공저), 법문사(2010)
영업비밀보호법(공저), 법문사(2012)
부정경쟁방지법(공저), 법문사(2012)
특허법(제5판), 법문사(2013)
기술이전계약론(공저), 법문사(2013)
로스쿨 특허법(2정판), 세창출판사(2015)
지적재산권법(16정판), 세창출판사(2016)
상표법(2016년 전면개정에 따른)(제4판), 법문사(2016)
특허의 이해(제3판), 법문사(2017)
디자인보호법의 이해, 박영사(2018)

디자인보호법의 이해

초판발행　2018년 2월 25일

지은이　윤선희
펴낸이　안종만

편　집　이승현
기획/마케팅　송병민
표지디자인　김연서
제　작　우인도·고철민

펴낸곳　(주) 박영사
서울특별시 종로구 새문안로3길 36, 1601
등록 1959. 3. 11. 제300-1959-1호(倫)
전　화　02)733-6771
f a x　02)736-4818
e-mail　pys@pybook.co.kr
homepage　www.pybook.co.kr
ISBN　979-11-303-3120-1　93360

정　가　19,000원